粤港澳大湾区
与广东经济发展研究

——《广东财经大学学报》

"粤商与广东经济"栏目论文选集

广东财经大学学报编辑部 编

科学技术文献出版社
SCIENTIFIC AND TECHNICAL DOCUMENTATION PRESS

·北京·

图书在版编目（CIP）数据

粤港澳大湾区与广东经济发展研究：《广东财经大学学报》"粤商与广东经济"栏目论文选集 / 广东财经大学学报编辑部编. —北京：科学技术文献出版社，2019.7

ISBN 978-7-5189-5617-3

Ⅰ.①粤… Ⅱ.①广… Ⅲ.①城市群—区域经济发展—研究—广东、香港、澳门 Ⅳ.① F299.276.5

中国版本图书馆 CIP 数据核字（2019）第 110057 号

粤港澳大湾区与广东经济发展研究

——《广东财经大学学报》"粤商与广东经济"栏目论文选集

策划编辑：孙江莉　　　责任编辑：马新娟　　　责任校对：张吲哚　　　责任出版：张志平

出 版 者	科学技术文献出版社	
地 址	北京市复兴路15号　邮编 100038	
编 务 部	(010) 58882938, 58882087 (传真)	
发 行 部	(010) 58882868, 58882870 (传真)	
邮 购 部	(010) 58882873	
官方网址	www.stdp.com.cn	
发 行 者	科学技术文献出版社发行　全国各地新华书店经销	
印 刷 者	北京虎彩文化传播有限公司	
版 次	2019 年 7 月第 1 版　2019 年 7 月第 1 次印刷	
开 本	710×1000　1/16	
字 数	258千	
印 张	14.75	
书 号	ISBN 978-7-5189-5617-3	
定 价	68.00元	

目　录

第一章　粤港澳大湾区建设研究

第二章　广东产业结构研究

第三章 广东企业创新研究

第四章 广东城乡经济研究

第一章

粤港澳大湾区城市间产业协同的灰色关联分析与协调机制创新

陈 燕，林仲豪*

2017 年，粤港澳大湾区生产总值达到 100 594 亿元（合 15 976 亿美元），比 2016 年增长 7.6%，仅次于东京湾区（约 19 181 亿美元），逐步接近一流湾区规模。IiMedia Research（艾媒咨询）预测粤港澳大湾区未来 5 年经济总量仍将保持稳定增长，2022 年粤港澳经济总量将达到 14.76 万亿元，有望超越东京湾区，成为世界经济总量第一的湾区。随着粤港澳大湾区城市群规划的研究制定，粤港澳合作将进入新的阶段，从过去的跨境产业合作、以区域政府间合作为主的模式，转向由国家规划目标引导的跨境协同发展与跨境区域治理。那么，粤港澳大湾区城市间产业关联度如何？大湾区的产业协同发展的方向在哪里？回答这些问题对于粤港澳大湾区跨境协同发展及区域治理具有重要的现实意义。

一、理论基础及文献回顾

德国学者哈肯（1974）[1]最早提出协调理论，该理论认为通过协同效应、伺服原理和自组织原理可以实现组织内各系统的协调，从而产生合作协同效应；赵双琳和朱道才（2009）[2]从区域经济学的区位理论、均衡发展理论、增长极理论等角度概括了产业协同理论；魏丽华（2016）[3]指出，马克思主义理论体系里分工协作理论包含了协同理论思想。此外，熵变理论、产业动态支撑理论、产业关联理论等也可以作为产业协同理论的基础理论。Mowery 和 Rosenberg（1979）[4]认为产业的形成发展是一个非常复杂的过程，是科学技术和市场需求共同发挥作用的结果，二者缺一不可。通过产业聚集能够构建紧密相连的创新网络关系，获得创新优势，如企业利用集群创新网络，搭建协同创新系

---

* 陈燕，广东财经大学经济学院讲师，博士；林仲豪，广东财经大学佛山现代服务业研究院院长，教授，博士。

统，共享与整合信息、知识、人才、技术等各类要素，开展协同研发和成果转化，有利于降低研发成本与风险，达到单一企业无法获得的整体创新效应[5-7]。Heriberto（2005）[8]从系统角度分析工业、农业、自然的关系，并指出产业生态系统具有稳定性和可持续性，强调工业生态化发展需要与工业、农业、自然等协同发展，在整个系统内保持稳定的"食物网"关系。喻登科等（2012）[9]从价值链视角提出了促进协同发展的策略。

关于粤港澳大湾区与产业关联问题，学者们主要从以下角度进行研究。第一，关于粤港澳大湾区城市间的产业关系。有的学者认为是竞争关系，如邝祺纶和毛艳华（2017）[10]、黄丽华（2017）[11]等；有的学者认为是优势互补关系，尤其体现在港澳的服务业和珠三角的制造业之间，如张光南等（2016）[12]。郑天祥（2005）[13]认为，港口不存在竞争，仅是地理位置关系，竞争关系主要体现在临港企业之间，可以考虑多港合体或供应链结合方式实现竞合。第二，关于湾区各城市的功能定位和产业布局。陈德宁等（2010）[14]提出广州和香港的"双核"湾区建设构想。陈朝萌（2016）[15]实证分析了粤港澳大湾区港口群定位为"一心、一体、两翼"的港口群形态。王宏彬（2014）[16]认为构建现代的湾区产业体系要提升生产性服务业和提升全球制造业基地两手抓。邓江年（2016）[17]认为，在产业布局方面，香港应打造金融、科技咨询服务等现代服务业，澳门博彩业转型于观光旅游业，广东扩大自贸试验区投资开放的力度。第三，关于湾区城市间的协调机制。辜胜阻等（2018）[18]提出从优化产业分工布局、聚集人才资源、完善金融服务、推进创新合作、深化对外开放、加强基础设施互联互通等多方面的协作，进一步激发湾区的创新发展潜力、提升国际竞争力，共同打造世界一流的湾区城市群。申明浩（2017）[19]认为粤港澳大湾区城市群协同发展的路径包括交通共连、产业共兴、市场共建、体制机制互通。杨广生（2017）[20]认为要实现粤港澳大湾区城市群协同，最迫切的是建立最佳交流平台。陈文鸿（2009）[21]认为应构建区域内规划、监管治理及协同开发机制。赵细康（2017）[22]提出成立粤港澳大湾区发展合作委员会，通过法律、法规赋予的权力来强化核心城市的引领辐射作用，促进跨行政区域的分工与协作。纵观现有粤港澳大湾区与产业关联发展的研究，主要还是集中在粤港澳大湾区城市间产业关系、城市群建设及协同、功能定位和产业布局等角度，从关联度角度进行产业协同研究的文献较少，本文将围绕粤港澳大湾区城市间产业协同发展展开论述。

关于产业协同的测度，学者们主要运用哈肯模型、耦合协调模型、空间计量模型、复合系统协调度模型、灰色关联度等方法进行实证分析。李琳和刘莹

(2014)[23]采用哈肯模型分阶段序参量实证分析了我国 29 省市经济协同发展的驱动要素;武玉英等 (2016)[24]运用 TOPSIS、灰色关联和距离协同模型及熵理论构建要素与产业协同度测度模型,以京津冀为实证对象进行分析;苑清敏 (2015)[25]等构建产业耦合协调模型,对我国沿海省市战略性新兴产业间的耦合度和协调度进行测度;李少林 (2015)[26]运用空间计量模型对我国省际面板数据进行了产业协同度影响因素的测度;李蓉等 (2014)[27]从我国工业集聚与区域经济竞争力双系统协调发展角度出发,通过构建复合系统协调度模型进行评价。也有不少学者采用灰色关联度分析方法 (柯丽菲,2013;吴爱东和庞绪庆,2014;彭继增等,2015;王晓文和王卓,2015)[28-31],对京津冀地区的产业协同问题、路径、发展评估等进行研究 (王晓文和王卓,2015;孙久文和原倩,2014;李春生,2015;刘雪芹和张贵,2015;廖红伟和张楠,2016)[31-35]。关注粤港澳大湾区的产业协同合作发展的文献较少,本文拟立足于粤港澳大湾区城市间的产业协同发展的关联度测算,运用灰色关联度分析法,探讨较优的粤港澳大湾区城市间产业协调机制,以便为粤港澳大湾区的发展路径提供新的思路。

二、粤港澳大湾区产业发展现状分析

粤港澳大湾区包括珠三角九市和 2 个特别行政区,按照经济发展水平可以分成 3 个梯队:第一梯队为深圳、香港、广州;第二梯队为佛山、东莞;第三梯队为惠州、中山、澳门、江门、珠海、肇庆。第一梯队的 3 个城市定位不同,深圳是全国科技创新中心,香港主要是金融和物流中心,广州是岭南文化中心;第二梯队的佛山和东莞是全国制造业基地;第三梯队的澳门是全球最大赌业中心之一,珠海是华南地区的旅游宜居城市,中山市是我国白色家电基地等。目前已经形成了深港、广佛和珠澳的 3 个大湾区发展内核及"广佛肇""深莞惠""珠中江"的"3 + 3 + 3"空间结构。粤港澳大湾区正在实施创新驱动战略,逐步形成科技创新优势,打造仅次于美国硅谷的高科技产业引领区。以深圳为例,2016 年高新技术产业增加值为 7847.72 亿元,占 GDP 比重为50.4%。深圳全社会研发投入 (R&D) 占全市 GDP 比重达到 4.1%,PCT 拥有量达到 2 万件,涌现了像华为、大疆创新等一批世界领先的高科技企业[36]。

但是,从整体上看,粤港澳大湾区产业发展不均衡,主要体现在以下两方面。

(一) 城市间产业发展水平不均衡

从全球城市经济排名来看,我国港湾城市未能进入世界前 3 名,深圳、香港、广州等沿海城市都排在 20 名以外。2017 年，粤港澳大湾区珠三角九市与港澳之间经济总量差距巨大，深圳是肇庆的 10 倍之多，详见表 1。从人均地区生产总值来看，澳门、香港、深圳、广州、珠海和佛山均在 10 万元以上，其中，澳门达到488 443元，而江门和肇庆均在 54 000 元以下。从产业结构来看，香港和澳门主要以第三产业为主，占比高达90%以上；广州、深圳、东莞和珠海呈现的是"三二一"型产业结构，其中，广州和深圳的服务业占比在 60%以上，说明这两大城市已经进入后工业化阶段；东莞和珠海的第二产业和第三产业比重相差不大，说明其正从工业化的后期往后工业化阶段发展；另外，几个城市的产业结构都是以第二产业为主导，其中，佛山、惠州和中山的第二产业占比均在 50%以上，唯独肇庆市的第一产业比例高达 15.21%，详见表 2。从产业经济发展水平和产业结构发展状况来看，粤港澳大湾区的各城市在产业发展过程中存在明显的梯度差异。

表 1　2017 年粤港澳大湾区经济发展情况

城市	香港	澳门	广州	深圳	珠海	东莞	佛山	江门	中山	惠州	肇庆
GDP/亿元	21 800	3102	21 500	22 438	2554	7580	9500	2600	3500	3830	2190
GDP 增速	3.7%	10.9%	7.0%	8.8%	9.0%	8.2%	8.6%	8.0%	7.5%	8.0%	5.0%

表 2　2016 年粤港澳大湾区产业结构状况

	地区生产总值/万元	人均地区生产总值/元	第一产业占GDP 的比例	第二产业占GDP 的比例	第三产业占GDP 的比例
香港	213 002 000	291 959	0.10%	7.30%	92.40%
澳门	29 760 000	488 443	0.00%	8.89%	91.11%
广州	195 474 420	141 933	1.22%	29.42%	69.35%
深圳	194 926 012	167 411	0.04%	39.91%	60.05%
珠海	22 263 700	134 546	1.96%	48.50%	49.54%
东莞	68 276 868	82 682	0.35%	46.48%	53.17%
佛山	86 300 002	115 891	1.68%	59.63%	38.69%
江门	24 187 806	53 374	7.81%	47.58%	44.61%
中山	32 027 780	99 471	2.13%	52.37%	45.50%
惠州	34 121 671	71 605	5.03%	53.85%	41.12%
肇庆	20 840 190	51 178	15.21%	47.96%	36.83%

　　注：表中基础数据来源于《中国城市统计年鉴（2017）》、香港特别行政区政府统计处和澳门特别行政区统计暨普查局。下表同。

（二）各城市行业间区位熵的数量和分布存在明显差异

　　本文用区位熵来反映粤港澳大湾区城市间产业均衡发展状况的差距。区位熵（location quotient）多用来判断某地区的某一特定产业在整个区域范围的专业化程度，这里用粤港澳大湾区某一行业的就业人数与湾区就业人数之比，同全国的该行业从业人数与全国就业人数的比值来表示。如果区位熵大于1，说明该产业在粤港澳大湾区具有比较优势；如果小于或等于1，则说明该产业是比较优势欠缺的行业。具体的计算公式为：

$$LQ_{ij} = \frac{L_{ij}/\sum_{j=1}^{m} L_{ij}}{\sum_{i=1}^{n} L_{ij}/\sum_{i=1}^{n}\sum_{j=1}^{m} L_{ij}} \tag{1}$$

式中：i 代表第 i 个地区（$i=1$，2，3，…，n）；j 代表第 j 个行业（$j=1$，2，3，…，m）；L_{ij} 表示第 i 个地区第 j 个行业的就业人数；LQ_{ij} 表示 i 地区 j 行业的区位熵。

根据式（1）可计算出粤港澳大湾区各城市的分行业区位熵（表3）。19个行业中，香港和广州有11个行业的区位熵大于1.000，说明这2个城市的产业属于均衡发展型。具体来看，香港服务业的区位熵都大于1.000，批发零售业和酒店餐饮业的区位熵达到6左右，优势非常明显，金融业、租赁商业、科技服务业和文体娱乐业的区位熵均大于2.000，具备辐射带动粤港澳大湾区其他城市的实力；广州在交通运输业、酒店餐饮业、信息软件业、房地产业、租赁商业和居民及其他服务业等行业有较强优势，区位熵都大于2.000；深圳、澳门和珠海分别有8个、6个和6个行业区位熵大于1.000，剔除掉个别行业统计口径差异，澳门在住宿餐饮业、文体娱乐业有很强的优势，其区位熵达到10.520和30.469，这与其全球最大赌业中心的城市地位相匹配，深圳在信息软件业和租赁商业服务业的优势明显，区位熵都大于2.000，制造业的区位熵为1.931，优势也很明显，珠海在制造业和住宿餐饮业的区位熵都处于2.000左右，而澳门的制造业区位熵为0.080，珠海和澳门的地理位置比邻，珠海和澳门的制造业能较好融合；东莞、佛山、中山和惠州的各行业区位熵类似，只有制造业的区位熵大于2.000，且位于粤港澳大湾区制造业的前4位，说明其产业发展极度不均衡，尤其是佛山第二、第三产业的差距在粤港澳大湾区城市中最大，第三产业发展亟待加强；江门和肇庆虽然有5个行业的区位熵大于1.000，但是其经济总量在粤港澳大湾区中占比较小，位列倒数第1位和第3位，人均地区生产总值在粤港澳大湾区城市中位列倒数第1位和第2位，行业发展规模化程度低，因此，该区位熵不具有典型的代表性意义，后续发展的主要任务是在提升经济总量的同时进一步凸显其产业特色，尤其是肇庆市经济总量和人均GDP都是倒数第一，未来应该借助粤港澳大湾区的产业协同加快提升城市发展水平。总之，粤港澳大湾区不同地区各行业的区位熵在数量和分布上差距比较明显，说明大湾区各城市间产业结构发展不太均衡，但是这又为粤港澳大湾区城市间协同发展提供了基础支撑。

表3　2016年粤港澳大湾区各城市的分行业区位熵（LQ）

行业	香港	澳门	广州	深圳	珠海	东莞	佛山	江门	中山	惠州	肇庆
农林牧渔业（X1）	0.000	0.000	0.032	0.007	0.671	0.008	0.008	0.063	0.000	0.066	0.155
采矿业（X2）	0.001	0.000	0.000	0.033	0.016	0.001	0.008	0.005	0.000	0.017	0.152
制造业（X3）	0.123	0.080	0.976	1.931	1.956	2.985	2.649	2.004	2.665	2.639	1.866
电力、热力、燃气及水生产和供应业（X4）	0.182	0.153	0.446	0.181	0.387	0.187	0.368	0.657	0.579	0.494	1.289
建筑业（X5）	0.261	0.808	0.483	0.489	0.566	0.135	0.201	0.595	0.255	0.116	0.352
批发和零售业（X6）	5.846	2.498	1.880	1.339	1.136	0.567	0.742	1.012	0.858	0.596	1.140
交通运输、仓储和邮政业（X7）	1.331	1.126	2.044	1.168	0.739	0.277	0.505	0.696	0.399	0.461	0.599
住宿和餐饮业（X8）	6.635	10.520	2.283	1.573	2.269	0.820	0.757	1.274	1.107	0.631	0.977
信息传输、软件和信息技术服务业（X9）	1.864	0.000	2.082	2.049	1.621	0.248	0.353	0.596	0.409	0.392	0.553
金融业（X10）	2.117	0.775	1.028	0.638	0.687	0.348	0.455	1.211	0.529	1.056	0.792
房地产业（X11）	1.904	0.000	2.607	1.911	1.839	0.488	0.941	0.801	1.075	0.812	0.865
租赁和商业服务业（X12）	2.581	3.085	2.843	2.384	1.089	0.806	0.594	0.465	0.458	0.329	0.333
科学研究和技术服务（X13）	2.606	0.000	1.909	0.901	0.720	0.248	0.437	0.366	0.208	0.255	0.360
水利、环境和公共设施管理业（X14）	0.000	0.000	1.101	0.180	0.862	0.125	0.477	0.726	0.248	0.586	0.883
居民服务、修理和其他服务业（X15）	6.374	16.631	2.164	1.073	0.909	1.306	0.609	0.616	0.127	0.243	0.358
教育（X16）	0.725	0.456	0.814	0.232	0.442	0.174	0.514	0.797	0.394	0.621	1.377

行业	香港	澳门	广州	深圳	珠海	东莞	佛山	江门	中山	惠州	肇庆
卫生和社会工作（X17）	1.353	0.692	0.875	0.281	0.451	0.427	0.586	1.052	0.519	0.651	1.457
文化、体育和娱乐业（X18）	2.010	30.469	1.547	0.770	0.498	0.353	0.425	0.583	0.379	0.515	0.600
公共管理和社会组织（X19）	0.000	0.839	0.635	0.326	0.530	0.268	0.391	0.921	0.333	0.740	1.275

注：由于香港和澳门与其他城市的统计口径不同，故香港的 X14、X19 行业和澳门的 X13、X14 行业数据缺失，且澳门 X11 和 X12、X14 和 X15 的数据是合并核算的。

三、粤港澳大湾区城市间产业协同的灰色关联分析

通过以上区位熵的测算，我们初步判断出粤港澳大湾区各城市的优势产业和劣势产业，城市间产业发展差异给产业协同发展奠定了一定的基础。那么粤港澳大湾区产业协同发展融合的方向在哪里呢？基于上文的数据，下面将通过灰色关联分析进行论证。灰色系统理论（grey system theory）由 Deng（1988）[37]提出，用以研究部分信息明确、部分信息不明确的"贫信息"不确定性系统。这一方法早期主要被应用于工程控制、农业系统、未来学研究等方面，其核心思想是通过对不同序列曲线几何形状的接近性来测度不同序列之间联系的密切程度。林国钧（1986）[38]最早将灰色系统分析法运用于中国区域经济学的研究，此后，灰色关联分析被广泛应用于人口结构与区域经济、区域农业循环经济的发展、健康人力资本投资与区域经济等多个领域，在产业经济学领域，灰色关联度主要是用于测度不同地区产业结构总体相似程度。本文采用此方法来测算粤港澳大湾区产业协同发展的水平。具体的计算过程如下。

第一步，确定参考数列和比较数列。确定粤港澳大湾区整个区域分行业在全国的区位熵为参考系列 $LQ_0(j) = \{LQ_0(1), LQ_0(2), \cdots, LQ_0(n)\}$；粤港澳大湾区中各行业在全国的区位熵作为比较系列 $LQ_m(j) = \{LQ_m(1), LQ_m(2), \cdots, LQ_m(n)\}$，这里的 n 为行业数，m 为地区数。

第二步，将各变量系列进行初值化处理，求参考系列 $LQ_0(j)$ 与比较系列 $LQ_m(j)$ 之间的差系列，其计算公式为：$\Delta_m = |LQ_0(j) - LQ_m(j)| = (\Delta_m(1), \Delta_m(2), \cdots, \Delta_m(n))$。

第三步，求粤港澳大湾区各地区分行业的产业协同关联度，其计算公式为：

$$\gamma_i = \frac{1}{n} \sum_{i=1}^{n} \gamma(LQ_0(j), LQ_i(j)) \tag{2}$$

$$\gamma_j = \frac{1}{m} \sum_{j=1}^{m} \gamma(LQ_0(j), LQ_i(j)) \tag{3}$$

$$\gamma(LQ_0(j), LQ_i(j)) = \frac{\min\limits_{i} \min\limits_{j} |LQ_0(j) - LQ_m(j)| + \rho \max\limits_{i} \max\limits_{j} |LQ_0(j) - LQ_m(j)|}{|LQ_0(j) - LQ_m(j)| + \rho \max\limits_{i} \max\limits_{j} |LQ_0(j) - LQ_m(j)|}$$

$$\tag{4}$$

式中：$\rho \in (0, 1)$ 为分辨系数，通常取值0.5；γ_n 为各地区的产业关联度；γ_i 为各行业的产业关联度。

（一）粤港澳大湾区各城市的灰色关联度分析

以粤港澳大湾区整个区域为参照系，根据式（2）和式（4）计算出9市2区的产业协同灰色关联度，其结果如表4所示，协同关联度由大到小的排序为深圳、广州、珠海、江门、佛山、中山、惠州、东莞、肇庆、香港和澳门。从关联度整体排序来看，香港、澳门与珠三角九市存在产业结构互补性，各行业的区位熵横向比较也验证了这个结论，粤港澳大湾区的制造业整体区位熵较高，除了香港、澳门和广州外，其他城市的区位熵都在2.000左右，这与香港（0.123）和澳门（0.080）形成鲜明对比。综合整体关联度和分行业区位熵的测算看，港澳与粤制造业互补性较强。

表4　2016年粤港澳大湾区各城市产业协同的灰色关联度排序

排序	1	2	3	4	5	6	7	8	9	10	11
城市	深圳	广州	珠海	江门	佛山	中山	惠州	东莞	肇庆	香港	澳门
关联度	0.975	0.974	0.974	0.961	0.961	0.958	0.956	0.955	0.953	0.936	0.888

根据关联度分析模型的解释，灰色关联度越大，表示该城市总体的产业结构与区域整体差异越小。从粤港澳大湾区产业协同的整体关联度来看，除了澳门的关联度为0.888以外，其他城市的灰色关联度都在0.900以上，总体差异不大，说明粤港澳大湾区各城市产业的关联度很大，产业结构趋同程度很高，其中产业总体趋同程度最高的为深圳、广州和珠海，趋同度最低的是香港和澳门。

（二）粤港澳大湾区各行业的灰色关联度分析

根据式（3）和式（4）可计算出粤港澳大湾区分行业的灰色关联度，结果如表5所示。剔除掉区位熵都较小的采矿业、农林牧渔业、建筑业和电力、热力、燃气及水生产和供应业四大行业外，教育、卫生、公共管理、水利、环境和公共设施管理、金融业和交通运输业的关联度较大，灰色关联度值在0.970以上，而居民服务、文体娱乐、旅游业、商业服务业、批发零售、信息技术和制造业等行业的关联度较小，尤其是文化旅游服务业的灰色关联度仅为0.887。表明整体上粤港澳大湾区的产业结构趋同性较强，但是在批发零售商业服务、文化旅游业、信息技术和制造业等方面存在较大的差异，具有很强的互补性，特别是文化旅游服务业，这些产业将是未来粤港澳大湾区产业协同的重要方向。

表5　2016年粤港澳大湾区19个行业协同的灰色关联度排序

排序	行业	灰色关联度
1	采矿业 X2	0.999
2	农林牧渔业 X1	0.994
3	建筑业 X5	0.988
4	电力、热力、燃气及水生产和供应业 X4	0.985
5	教育 X16	0.984
6	卫生和社会工作 X17	0.981
7	公共管理和社会组织 X19	0.980
8	水利、环境和公共设施管理业 X14	0.978
9	金融业 X10	0.976
10	交通运输、仓储和邮政业 X7	0.969
11	房地产业 X11	0.953
12	科学研究和技术服务 X13	0.948
13	制造业 X3	0.948
14	信息传输、软件和信息技术服务业 X9	0.946
15	批发和零售业 X6	0.930
16	租赁和商业服务业 X12	0.929
17	住宿和餐饮业 X8	0.888
18	文化、体育和娱乐业 X18	0.887
19	居民服务、修理和其他服务业 X15	0.861

综上可以得出以下结论。①从区位熵测算来看，各城市在不同产业上具有各自的比较优势，其中，香港、广州、深圳、澳门和珠海的优势最为明显，香港在批发零售业方面优势最突出，澳门在文化旅游业竞争力最强，广州发展比较平均，在租赁和商业服务业上表现突出，深圳的优势则体现在商业服务业和信息软件行业，珠海的优势行业体现在旅游服务业。②从整体关联度测算来

看，各地的产业结构趋同化程度较高，这与粤港澳大湾区各地方政府为了追求自身利益开展同质竞争、重复建设不无关系。③粤港之间传统产业合作的互补性有所下降。香港实体经济进一步萎缩，2016年制造业占GDP的比重为7.3%。从表3可看出，珠三角九市制造业区位熵都在2.000左右，而香港为0.123，澳门为0.080。服务产业出现同质化趋向，竞争成分加大，香港和澳门的服务业与珠三角腹地间的联系逐渐下降与分离，香港和澳门的服务业优势未能进一步发挥。从区位熵核算结果来看，香港仅金融业和住宿餐饮业的优势明显，澳门仅娱乐业和住宿餐饮业有较强优势（表3）。④湾区分行业关联度的测算又给粤港澳大湾区的产业协同指明了发展的重点，即批发零售商业服务、文化旅游业、信息技术和制造业等优势差异行业。因此，在粤港澳大湾区的产业发展过程中，只有坚持协同创新、合作发展、优势互补的理念，才能打造竞争力更强的世界一流城市群。广东受资源、能源和劳动力成本的制约，产业结构迫切需要转型升级，需要发展先进制造业和现代服务业。香港服务业与广东制造业合作模式仍处于不断探索中，粤港澳继"前店后厂"式的以资源要素对接为主的合作模式后，如何在竞合中走向产业链中高端的新合作、如何在合作中共创国际竞争新优势，需要区域层面的共同谋划与协调[39]。

四、推动粤港澳大湾区城市间产业协同发展的机制创新

按照习近平总书记对广东"四个坚持，三个支撑，两个走在前列"的批示，在构建推动经济高质量发展的体制机制上走在全国前列的要求下，粤港澳大湾区产业协同发展应该要聚焦破解"一国两制""三个关税区"条件下制约要素便捷流动的体制机制障碍，以共建共治共享为基本原则，在体制机制、制度政策上系统谋划，为引领粤港澳大湾区的协同发展提供内需拉动力、创新驱动力。粤港澳大湾区城市间产业协同发展要跨越从要素互补推动的"前店后厂"式合作向逐步趋向融合的互动竞合关系的升级转变，需要通过国家战略层面的规划协同、城市间协商协同等维度进行谋划，进而促进湾区产业协同发展。如通过国家战略层面的产业路线图规划和产业链、价值链和贸易链的耦合机制的建立破解各地政府同质竞争、重复建设的难题。粤港澳信息技术和制造业的融合可以考虑发挥香港"超级联系人"的作用，实现产业资源的市场化配置；可通过建立企业主体、文化搭台、旅游唱戏、社会参与的文化旅游产业发展合作机制，促进大湾区在文化旅游业和商业服务业上进一步融合。

参考文献

［1］赫尔曼·哈肯．协同学［M］．北京：原子能出版社，2007．

［2］赵双琳，朱道才．产业协同研究进展及启示［J］．郑州航空工业管理学院学报，2009（6）：15－20．

［3］魏丽华．京津冀地区市场协同发展研究［J］．上海经济研究，2016（4）：100－107．

［4］MOWERY D, ROSENBERG N. The influence of market demand upon innovation［J］. Research policy, 1979, 8（1）：102－153.

［5］BRITTON J. Network structure of an industrial cluster：electronics in Toronto［J］. Environment and planning, 2003, 35（6）：983－1006.

［6］万幼清，王云云．产业集群协同创新的企业竞合关系研究［J］．管理世界，2014（8）：175－176．

［7］周松兰，刘栋．"一带一路"战略性新兴产业协同基础研究：以 LED 产业园为例［J］．广东财经大学学报，2017（1）：44－56．

［8］HERIBERTO C, CHRISTOPHER W PAWLOWSKI, AUDREY L MAYER, et al. Simulated experiments with complex sustainable systems：ecology and technology［J］. Resources, conservation and recycling, 2005, 44（1）：279－291.

［9］喻登科，涂国平，陈华．战略性新兴产业集群协同发展的路径与模式研究［J］．科学学与科学技术管理，2012（4）：114－120．

［10］邴缉纶，毛艳华．港澳台与广东省地缘经济关系匹配研究［J］．现代管理科学，2017（4）：27－29．

［11］黄丽华．建设枢纽型网络城市引领珠三角湾区向世界级城市群发展［J］．探求，2017（1）：39－44．

［12］张光南，黎叶子，伍俐斌．粤港澳服务贸易自由化"负面清单"管理的问题与对策［J］．港澳研究，2016（2）：60－67．

［13］郑天祥．大珠三角港口群的竞争与合作［J］．港口经济，2005（3）：20－28．

［14］陈德宁，郑天祥，邓春英．粤港澳共建环珠江口"湾区"经济研究［J］．经济地理，2010（10）：1589－1593．

［15］陈朝萌．粤港澳大湾区港口群定位格局实证分析［J］．深圳大学学报（人文社会科学版），2016（4）：32－35．

［16］王宏彬．湾区经济与中国实践［J］．中国经济报告，2014（11）：99－100．

［17］邓江年．广东产业升级的创新驱动路径研究［J］．南方经济，2016（6）：114－120．

［18］辜胜阻，吴沁沁，吴华君．推进粤港澳大湾区协同发展的六大举措［N］．经济日

报，2018 – 01 – 11（14）.

［19］申明浩.粤港澳大湾区城市群协同发展的构建路径［N］.中国社会科学报，2017 – 07 – 19（08）.

［20］杨广生.要找到粤港澳利益的共同点［J］.新经济，2017（1）：17.

［21］陈文鸿.全球化进程中的世界城市网络——"珠三角"都会区的概念与发展［J］.经济前沿，2009（1）：13 – 35.

［22］赵细康.共建粤港澳大湾区要提供覆盖不同制度区域的公共服务［J］.新经济，2017（1）：6 – 7.

［23］李琳，刘莹.中国区域经济协同发展的驱动因素——基于哈肯模型的分阶段实证研究［J］.经济地理，2014（9）：1603 – 1616.

［24］武玉英，魏国丹，何喜君.京津冀高技术制造业与要素协同度测度及实证研究［J］.软科学，2016（5）：21 – 25.

［25］苑清敏.我国沿海地区海陆战略性新兴产业协同发展研究［J］.科技管理研究，2015（5）：99 – 104.

［26］李少林.战略性新兴产业与传统产业的协调发展——基于省际空间计量模型的经验分析［J］.财经问题研究，2015（2）：25 – 32.

［27］李蓉，强林，蔡敬梅.产业集聚于区域经济竞争力协调发展的实证研究［J］.统计与信息论坛，2014（3）：70 – 76.

［28］柯丽菲.广西北部湾经济区产业协同发展灰色关联分析［J］.广西社会科学，2013（2）：26 – 30.

［29］吴爱东，庞绪庆.京津冀物流业与经济协同发展的实证分析［J］.天津商业大学学报，2014（5）：20 – 26.

［30］彭继增，孙中美，黄昕.基于灰色关联理论的产业结构与经济系统发展的实证分析——以江西省为例［J］.经济地理，2015（5）：123 – 128.

［31］王晓文，王卓.京津冀产业协同成熟度研究［J］.北京联合大学学报（自然科学版），2015（2）：74 – 77.

［32］孙久文，原倩.京津冀协同发展战略的比较和演进重点［J］.经济社会体制比较，2014（9）：1 – 11.

［33］李春生.京津冀协同发展中的产业结构调整研究［J］.企业经济，2015（8）：141 – 145.

［34］刘雪芹，张贵.京津冀区域产业协同创新能力评价与战略选择［J］.河北师范大学学报（哲学社会科学版），2015（1）：142 – 148.

［35］廖红伟，张楠.京津冀协同发展下产业转移问题研究［J］.济南大学学报（社会科学版），2016（3）：85 – 93.

［36］申勇，马忠新.构筑湾区经济引领的对外开放新格局——基于粤港澳大湾区开放度的实证分析［J］.上海行政学院学报，2017（1）：83 – 91.

［37］ DENG JULONG. Modeling of the GM model of gray system ［M］. Beijing：China Ocean Press，1988.

［38］ 林国钧. 贵州经济增长的关联分析——灰色系统理论在社会经济研究中的应用 ［J］. 贵州大学学报（自然科学版），1986（12）：250－252.

［39］ 蔡赤萌. 粤港澳大湾区城市群建设的战略意义和现实挑战 ［J］. 广东社会科学，2017（4）：5－14.

粤港澳大湾区金融集聚对科技创新的空间溢出效应及行业异质性

郭文伟，王文启*

一、引言

中央政府在 2017 年的两会上提出要推动内地与港澳深化合作，制定粤港澳大湾区城市群发展规划，这意味着粤港澳大湾区已经上升为国家发展战略。粤港澳大湾区城市群有着独特的资源禀赋，香港、广州和深圳是粤港澳大湾区经济发展的三极。香港是国际金融中心，金融业和服务业均较为发达；广州为广东省政治、经济、贸易中心，银行业和物流业较为发达；深圳作为科技创新中心，其科技创新产业发展迅猛，已经成长为全球瞩目的"新硅谷"。要推动粤港澳大湾区成为世界级城市群，提升湾区竞争实力，关键是要充分发挥大湾区内各城市的产业优势，进行优势集聚，形成优势互补的产业分工体系，以科技创新为核心带动湾区经济全面发展。如香港的金融、贸易和航运业优势与珠三角的制造业优势对接，深圳的科创产业与香港金融业、现代服务业进行互补；与此同时，香港发达的金融市场为深圳的科技创新提供资金支持，进而与深圳优势明显的科技产业相承接，以此来促进香港自身科技产业的发展，从而推动粤港澳大湾区成为全球创新、现代服务、优质资源的聚集地。

科技创新离不开研发投入、金融发展等要素的支持，金融发展作为影响科技创新的核心要素，对科技创新具有重要的支撑作用。金融的发展不仅能为科技创新提供资金支持，还可以为其提供分散风险机制，并增强科技产业在信息处理与吸收及人才培养等方面的效率。

粤港澳大湾区作为我国经济和金融发展水平相对较高的区域之一，其金融资源、金融机构和金融人才的高度集聚，形成强烈的规模经济与范围经济。然

---

* 郭文伟，广东财经大学金融学院副教授，管理学博士；王文启，广东财经大学金融学院研究生。

而，粤港澳大湾区内各城市在金融发展水平和规模等方面依然存在较大差距，区域内整体创新合作程度不高、创新资源未能完全实现共享、创新能力未能完全得到释放。在此背景下，研究粤港澳大湾区金融集聚的空间溢出效应及其对科技创新的影响机制，有助于进一步促进大湾区金融资源的优化整合，对解决大湾区科技创新存在的问题和建立科技湾区常态化合作机制、打造世界级科技湾区等，均具有重大的理论意义和实践价值。

二、文献综述

经济增长理论认为，科技进步是经济持续发展的内在动力，而金融资源对科技创新具有重要影响。国外学者较早基于金融发展和金融创新等视角来研究金融服务对科技创新的作用。Kindleberger 和 Charles（1974）[1]研究发现，金融对科技创新活动具有促进作用；Levine（1996）[2]认为金融发展和技术创新相互促进，金融发展依赖于技术创新，而技术创新在金融发展深化中获得提升。随着研究的深入，学者们发现金融发展对科技创新的影响机制存在地区差异。Saint（1992）[3]认为，金融市场能为高风险、高报酬的创新活动提供保障，因此，金融发展促进了技术进步；Buera 和 Shin（2008）[4]认为，金融发展通过金融市场的资源配置效应和信贷优化效应促进了技术创新水平的提高；Ang（2010，2014）[5-6]的实证研究表明，金融发展可以为技术创新提供资金支持，从而推动技术进步；Rioja 和 Valev（2004）[7]对 74 个国家的金融发展与技术创新之间的关系进行实证分析，发现金融发展对技术创新的影响随着区域金融发展水平的变化而变化，在金融市场发达的国家，金融发展对技术创新具有显著的促进作用，而在金融业不发达的国家则起到抑制作用；Nanda 和 Rhodes（2014）[8]也认为完善的金融体系和活跃的金融市场更能推动科技创新。

近十年来，国内金融业和科技产业均保持快速发展趋势，在国家持续推动创新驱动发展战略的大背景下，越来越多的国内学者开始研究金融发展对科技创新的影响。例如，孙伍琴和朱顺林（2008）[9]采用 Malmquist 指数对中国 23 个省市金融发展对技术创新的影响进行分析，发现金融发展对技术创新具有促进作用；张元萍和刘泽东（2012）[10]的研究得出金融发展与技术创新之间存在良性互动关系，金融发展通过风险管理、信息处理与传递、激励监督和约束等功能的完善促进技术创新的结论；柏玲等（2013）[11]、李晓龙等（2017）[12]基于省域动态面板数据的实证分析发现，金融业的规模、结构和生产效率均与区域创新产出水平相关。上述学者的研究结论表明，金融发展能有效促进科技创新。李后建和张宗益（2014）[13]运用空间动态系统广义矩进行实证分析，发现金融发展和知识产权保护推动了技术创新效率的提升，而金融自由化则阻碍了技术创新效率的提升；彭建娟（2014）[14]基于面板向量自回归模型的实证研究表明，金融发展对技术创新的作用主要依靠金融规模扩张来实现，而不是基于创新效率的提升来实现。

也有学者从空间视角研究不同区域金融对科技创新影响的差异性。例如，张志强（2012）[15]的实证检验表明，东中西部地区金融发展规模与效率对创新产出的作用存在明显差异；张彩江和李艺芳（2017）[16]基于广东省 21 个地级市的实证研究发现，在经济发达的珠三角地区，金融集聚对该区域创新能力的促进作用较弱，而在经济不发达或欠发达地区这种促进作用较强。

随着金融全球化的深入，金融资源在全球少数核心城市或地区加速聚集，由此形成金融产业集群现象，且这种产业集聚已经成为现代金融产业的基本组织形式，国内外学者日益关注金融集聚对区域科技创新的影响。例如，Benfratello 和 Schiantarelli（2008）[17]研究发现，意大利金融集聚程度的提高显著促进了其经济增长和科技进步；Greenwood 等（2013）[18]认为，金融集聚通过吸引周边地区的金融资源，使自身资金和金融机构集聚强化，产生虹吸效应，导致区域经济发展出现马太效应，具有明显的空间集聚效应和空间扩散效应；Hsu 等（2014）[19]在研究金融集聚对科技创新的影响时发现，信贷市场和证券市场对不同产业技术创新的作用存在行业差异。国内学者任英华等（2010）[20]对我国 28 个省份金融集聚影响因素的实证分析表明，区域创新、经济基础、对外开放、人力资本对金融集聚均有促进作用；李林等（2011）[21]基于横截面数据并利用空间计量方法分析了金融集聚对区域经济增长的溢出作用，发现金融集聚的空间辐射作用主要体现在银行业；李苗苗等（2015）[22]研究认为，银行业主导的金融发展结构不利于技术创新。部分学者从行业异质性角度分析三大金融子行业（银行业、证券业、保险业）对技术创新的影响差异。例如，周永涛和许嘉杨（2013）[23]在研究中发现，银行业和保险业对技术创新具有显著的促进作用，而证券业对技术创新的促进作用不明显；祝佳（2015）[24]构建了空间计量模型进行实证分析，认为中国的创新驱动与金融支持的区域协同程度较低，三大金融产业与创新驱动的协同程度存在差异。伴随着金融集聚问题研究的深入，其对于技术创新是否存在负面效应也开始引起学者们的关注。例如，陆军和徐杰（2014）[25]的实证研究发现，北京市金融业的集聚效应大于辐射效应，导致周边地区的资本和资源向北京聚集，从而加剧了京津冀经济发展的不平衡；黎杰生和胡颖（2017）[26]认为，金融集聚对于技术创新的作用是一把

"双刃剑"，过多的金融机构聚集会造成效率损失、资源浪费，从而导致过度竞争效应和成本效应，对技术创新有逆向排挤作用；周天芸等（2012）[27]也发现香港的金融集聚导致金融业的垄断，在某种程度上降低了行业的生产和创新效率。

梳理上述文献发现，大多数学者采用传统的面板数据模型来分析金融集聚和科技创新之间的关系，却忽略了金融聚集的空间异质性和创新行为的空间效应。本文从区域城市层面分析粤港澳大湾区内金融集聚的空间溢出效应及其对科技创新的影响机制，研究特色主要体现在以下方面：一是以粤港澳大湾区为研究对象，通过构建空间面板数据模型来分析该区域内金融聚集的空间溢出效应及其演化趋势；二是充分考虑了各金融子行业的异质性，进一步比较整个金融业及3个金融子行业（银行、证券和保险）对科技创新的影响差异；三是基于时空维度来分析粤港澳大湾区的金融聚集程度及其空间相关性特征。这不仅能够揭示影响区域科技创新的重要因素，也可为大湾区优势产业的整合及提升整个湾区的科技协同效应提供参考。

三、模型的构建与说明

（一）基本模型设定

首先，将金融业区分为银行、证券和保险三大子行业，比较各子行业的集聚程度对科技创新的影响差异。其次，一个地区的科技创新水平除受当地金融发展水平的影响之外，研发投入、教育水平、劳动者素质、政府政策支持力度及经济发展水平等也是重要的影响因素，因此，在建模时一并纳入。在确定面板计量模型时，由于金融三大子行业集聚程度的代理变量为比值形式，而其他变量为绝对数形式，且考虑到平稳性和异方差因素，故采用半对数面板计量模型。根据空间相关性的表现形式不同，空间面板数据模型分为空间滞后模型（SLM）和空间误差模型（SEM）。

当一个地区的科技创新水平受到相邻地区科技创新水平的影响时，适合采用空间滞后模型（SLM），其基本形式如下：

$$\ln PAT_{it} = \lambda \sum_{i=1}^{n} W_{ij} \ln PAT_{jt} + \alpha + \alpha_1 E_{\text{bank},it} + \alpha_2 E_{\text{stock},it} + \alpha_3 E_{\text{insurance},it}$$
$$+ \beta_1 \ln RDE_{it} + \beta_2 \ln EDU_{it} + \beta_3 \ln GOV_{it} + \beta_4 \ln PGDP_{it} + \varepsilon_{it} \quad （1）$$

当科技创新的空间自相关性表现为邻近地区未观测因素对本地区科技创新的影响时，适合采用空间误差模型（SEM），其基本形式为：

$$\ln PAT_{it} = \alpha + \alpha_1 E_{\text{bank},it} + \alpha_2 E_{\text{stock},it} + \alpha_3 E_{\text{insurance},it} + \beta_1 \ln RDE_{it}$$
$$+ \beta_2 \ln EDU_{it} + \beta_3 \ln GOV_{it} + \beta_4 \ln PGDP_{it} + \mu_{it} \tag{2}$$

$$\mu_{it} = \rho \sum_{i=1}^{n} W_{ij}\mu_j + \varepsilon_{it}$$

式（1）~（2）中：W_{ij} 为空间权重矩阵，$\lambda \sum_{i=1}^{n} W_{ij}\ln PAT_{jt}$ 为邻近地区 j 科技创新对本地区 i 科技创新的影响；$\sum_{i=1}^{n} W_{ij}\mu_j$ 为空间误差项，表示邻近地区 j 未观测因素对本地区 i 科技创新的影响；$E_{\text{bank},it}$、$E_{\text{stock},it}$ 和 $E_{\text{insurance},it}$ 分别表示 i 地区银行业、证券业和保险业的区位熵指数，用来衡量该地区金融三大子行业的集聚程度；$\ln RDE_{it}$ 表示研发投入水平，$\ln EDU_{it}$ 为 i 地区的教育水平，$\ln GOV_{it}$ 为政府政策，$\ln PGDP_{it}$ 表示 i 地区经济发展水平，ε_{it} 表示随机误差项。

（二）金融集聚的测度：区位熵指数

本文借鉴大多数学者（如任英华等，2010；李林等，2011；黎杰生和胡颖，2017）[20-21,26] 的做法，选择区位熵指数来衡量一个地区的金融集聚程度。区位熵指数表示某地区金融行业的规模水平和专业化水平，其值越大，表明该地区金融集聚程度越高。首先计算各城市金融业区位熵，以衡量金融业的整体集聚程度；其次考虑行业异质性影响，分别计算银行业、证券业和保险业的区位熵指数，以衡量各城市金融子行业的集聚程度。

1. 金融业区位熵

$$E_{\text{finance},it} = \frac{e_{it}/p_{it}}{E_t/P_t} \tag{3}$$

式中：e_{it}、p_{it} 分别表示 i 地区第 t 期末金融业就业人数和总就业人数，E_t、P_t 分别表示大湾区 11 个城市第 t 期末金融业就业总人数和总就业人数。

2. 银行业区位熵

$$E_{\text{bank},it} = \frac{s_{it}/x_{it}}{S_t/X_t} \tag{4}$$

3. 证券业区位熵

$$E_{\text{stock},it} = \frac{y_{it}/x_{it}}{Y_t/X_t} \tag{5}$$

4. 保险业区位熵

$$E_{\text{insurance},it} = \frac{c_{it}/x_{it}}{C_t/X_t} \tag{6}$$

式（4）~（6）中：s_{it}、y_{it}、c_{it} 和 x_{it} 分别表示 i 地区第 t 期末金融机构人民币存款余额、A 股总股本数、保费收入和国内生产总值；S_t、Y_t、C_t 和 X_t 分别表示粤港澳大湾区 11 个城市第 t 期末总存款余额、总股本数、总保费收入和国内生产总值加总。

（三）金融集聚和科技创新的空间溢出效应测度：Moran's I 指数

采用 Moran's I 指数来测度粤港澳大湾区内金融聚集和科技创新的空间自相关性，进而测度各自的空间溢出效应，计算公式为：

$$Moran's\ I = \frac{n \sum_{i=1}^{n} \sum_{j=1}^{n} w_{ij}(x_i - \bar{x})(x_j - \bar{x})}{\left(\sum_{i=1}^{n} \sum_{j=1}^{n} w_{ij} \right) \sum_{i=1}^{n} (x_i - \bar{x})^2} \tag{7}$$

式中：$\bar{x} = \frac{1}{n} \sum_{i=1}^{n} x_i$，$x_i$ 表示地区 i 的观测值，n 为地区数。Moran's I 的取值范围为 $[-1, 1]$，越靠近 1，表示地区间空间正相关的程度越强；越靠近 -1，表示地区间空间负相关的程度越强；趋近于 0，则表明地区间空间相关性弱或不相关。空间权重按不同的标准可分为邻接空间权重矩阵、空间距离权重矩阵和社会经济特征空间权重矩阵。鉴于粤港澳大湾区内各城市地理位置相邻，故采用空间邻接权重矩阵来分析湾区金融集聚和科技创新的空间溢出效应。邻接空间权重认为相邻地区存在空间相关性，权数取 1；非相邻地区不存在空间相关性，权数取 0。

（四）变量选择及数据说明

鉴于数据的统一性、连续性和可获得性，选取 2006—2016 年的数据分析粤港澳大湾区金融集聚程度对科技创新的影响。相关变量的选取参考任英华等（2010）[20]、李林等（2011）[21]、黎杰生和胡颖（2017）[26] 的做法，并将政府政策和教育水平等其他控制变量纳入模型中。

1. 被解释变量：科技创新水平（PAT）

专利包括发明专利、外观设计专利和实用新型专利 3 类，其中，发明专利更能代表一个地区的科技综合实力和科技创新水平，考虑到发明专利申请数不代表实际批准数，因此选取各城市发明专利的授权数进行度量。

2. 核心变量

核心变量为金融 3 个子行业区位熵指数，此处不再赘述。

3. 其他控制变量

创新投入（RDE），采用规模以上工业企业的 R&D 研发投入来衡量。

政府政策（GOV），选取科学技术支出作为政府政策的代理变量。地方政府在科技创新中扮演着重要角色，且政府政策具有导向性作用，现有文献多采用地方财政支出占 GDP 比重来衡量政府对科技创新的重视程度，但本文认为，地方财政中科学技术支出规模直接体现了政府对创新的重视程度。

教育水平（EDU），采用各地区普通高等学校在校生人数来衡量。

经济发展水平（PGDP），选取人均实际 GDP 来衡量。

4. 数据说明

上述变量中，珠三角九市的发明专利数据来自广东省科技厅专利统计数据；香港、澳门发明专利数据分别来自于香港知识产权署和澳门经济局知识产权厅；珠三角九市年末金融业就业人数、年末总就业人数、金融机构人民币存款余额、保费收入、R&D 研发投入、人均实际 GDP、普通高等学校在校生人数、科学技术支出等指标均来自于历年广东省统计年鉴和各市统计年鉴，A 股总股本数据来自东方财富 Choice 数据库；香港和澳门数据根据其统计处发布的统计年刊和特区政府各相关部门网站公布的资料整理得到。

四、实证结果及分析

（一）粤港澳大湾区金融聚集和科技创新的空间溢出效应

在采用空间计量模型分析大湾区金融集聚程度对科技创新的影响机制之前，首先需要判断金融聚集和科技创新（PAT）之间是否存在空间溢出效应。采用 Moran's I 指数测度分析空间溢出效应的结果如表 1 所示。可以看出，科技创新的 Moran's I 指数值均为正，除 2015 年、2016 年外，其他年份均在 5% 的水平显著，说明大湾区内各城市科技创新整体上存在较显著的空间正相关性。从 Moran's I 指数的走势来看，呈现先上升后下降的趋势，具体而言，2007—2009 年有所上升，这期间受金融危机影响，湾区内各城市外部环境恶化，内部经济增速放缓，使得科技创新和金融集聚的空间相关性增强；危机过后，湾区内各城市科技创新水平和速度等存在差异，科技创新的空间自相关性减弱；2013 年突然大幅上升，主要是因为 2012 年年底国家提出了创新驱动发展战略，湾区内各城市相继加大科技创新投入和支持力度，加强科技资源开放共享与创新人才队伍建设，并进一步完善相关制度，导致区域内科技创新空间相关性突然增强；但此后则出现持续下降趋势，这是由于湾区内各城市的经济金融发展水平及资金投入等存在巨大差距，导致湾区内科技创新的空间相关性不断减弱。

整个研究时期，大湾区内各城市金融集聚的 *Moran's I* 指数值全部为正，但各年份变化较大。2008—2012 年，*Moran's I* 指数通过 10% 置信水平检验，其他年份不显著，说明大湾区内金融行业的空间相关性总体较弱，*Moran's I* 指数值呈现先上升后下降的趋势。金融集聚的空间自相关性总体不强，主要是由于湾区各城市之间的金融发展水平、规模和速度存在巨大差距所致。金融危机期间，受危机冲击，大湾区各城市之间在金融业方面的差距反而有所缩小，导致金融集聚的 *Moran's I* 指数增强，但危机过后该指数又呈下降趋势，说明随着金融危机影响效应的逐步减弱，湾区内各城市在金融发展水平和发展速度等方面的差距进一步拉大。

表1　粤港澳大湾区科技创新和金融聚集的空间自相关性

年份	科技创新 *Moran's I*	金融聚集 *Moran's I*
2006	0.22 ***	0.02
2007	0.40 ***	0.06
2008	0.47 ***	0.10 *
2009	0.46 ***	0.11 *
2010	0.36 ***	0.15 *
2011	0.28 ***	0.17 **
2012	0.24 **	0.16 *
2013	0.42 ***	0.05
2014	0.33 ***	0.05
2015	0.17 *	0.07
2016	0.11	0.06

注：***、**、* 分别表示在 1%、5%、10% 的置信水平上显著。下表同。

表2　模型适用性检验结果

统计量	统计值	*P* 值
Moran's I（残差）检验	0.27	0.07
LM - lag	9.59	0.00
LM - error	0.92	0.33
Robust LM - lag	9.63	0.00
Robust LM - error	0.96	0.32

（二）粤港澳大湾区金融聚集对科技创新影响机制的分析

1. 空间面板模型的选择

在进行空间计量模型估计之前，需要判断是采用空间滞后模型还是空间误差模型。首先对没有考虑空间效应的传统面板数据模型进行回归分析，其次采用极大似然估计（ML）对空间滞后模型和空间误差模型进行回归分析，最后基于 Anselin 等（2004）[28] 提出的原则进行判断选择。为避免内生性问题，用极大似然估计法对模型进行回归分析。各种模型适用性检验结果如表 2 所示，LM－lag 的统计值为 9.59，Robust LM－lag 的统计值为 9.63，都在 1% 的水平上显著；LM－error 和 Robust LM－error 统计值分别为 0.92、0.96，未能通过 10% 的显著性检验，且均不显著，这说明采用空间滞后模型（SLM）分析粤港澳大湾区金融集聚对科技创新水平的影响机制更加合适。由于空间滞后模型又分为随机效应和固定效应，采用 Hausman 进一步进行检验，结果为 33.34，通过了 1% 的显著性检验，说明采用空间滞后的固定效应模型更加合适。

2. 结果分析

首先将金融业及其 3 个子行业（银行业、证券业、保险业）与其他控制变量进行空间滞后模型（SLM）固定效应回归分析，分别考察粤港澳大湾区整体金融业、3 个金融子行业的金融聚集对区域科技创新的差异化影响；进一步将 3 个子行业与其他控制变量一起进行回归，考察三大子行业之间是否相互影响。基于空间滞后模型固定效应模型（SLM）的估计结果如表 3 和表 4 所示。

从估计结果来看，粤港澳大湾区内各城市科技创新的空间自回归系数为正，但不显著，说明湾区内城市之间的科技创新活动相互影响较小，相互溢出效应不明显。原因在于，粤港澳大湾区内各城市虽然在地理位置上相邻，但大湾区内存在创新资源区域分布不均，技术扩散效应不明显；创新资源投入结构相似，产业功能定位错配，资源浪费现象严重，创新要素流动受阻；创新主体合作体制机制不健全、科技服务协同创新网络尚未形成等问题，导致了粤港澳大湾区科技创新的空间溢出效应较弱。

表 3　基于 SLM 固定效应模型的单个金融子行业估计结果

	金融业	银行业	证券业	保险业
$E_{finance}$	0.31			
E_{bank}		−0.91		
E_{stock}			−0.84	

续表

	金融业	银行业	证券业	保险业
$E_{insurance}$				0.39 *
ln RDE	0.24 *	0.29 **	0.27 *	0.24 *
ln GOV	0.28 **	0.31 ***	0.29 **	0.28 **
ln EDU	0.65 ***	0.66 ***	0.72 ***	0.62 **
ln PGDP	1.39 ***	0.95 **	1.08 **	1.48 ***
λ	-0.01	0.04	0.05	-0.04

表 4　三大金融子行业集聚对科技创新影响的回归结果

变量	传统面板模型		空间滞后模型（SLM）		空间误差模型（SEM）	
	随机效应	固定效应	随机效应	固定效应	随机效应	固定效应
Intercept	-4.91 ***	—	-5.18 ***	—	-5.22 ***	—
E_{bank}	-1.00 *	-0.98	-0.96 *	-0.67	-0.97 *	-0.74
E_{stock}	0.17	-0.74	0.10	-1.01	0.09	-0.76
$E_{insurance}$	0.29	0.82 *	0.36	0.69 *	0.37	0.86 **
ln RDE	0.49 ***	0.26	0.49 ***	0.26 *	0.49 ***	0.23 *
ln GOV	0.39 ***	0.29 **	0.39 ***	0.23 **	0.39 ***	0.25 **
ln EDU	0.22 *	0.62 **	0.21 *	0.68 ***	0.21 *	0.61 **
ln PGDP	0.75 ***	1.29 ***	0.76 ***	1.25 **	0.77 ***	1.59 ***
λ	—	—	0.008	0.14	—	—
ρ	—	—	—	—	-0.16	-0.21 **

从表 4 的回归结果可以看出，单个金融子行业对科技创新空间溢出效应的回归结果与三大金融子行业一起回归的结果没有明显差异，说明结果稳健。从表 3 的回归结果来看，整个金融业集聚（$E_{finance}$）对科技创新的系数为 0.31，未通过 10% 置信水平检验，说明粤港澳大湾区金融业集聚对科技创新总体上没有显著的促进作用。从表 4 来看，银行业（E_{bank}）集聚对科技创新的系数为 -0.67，但不显著，说明银行业发展对科技创新没有显著的抑制作用，也没有明显的促进作用，导致这一结果的原因可能在于，粤港澳大湾区各城市在金融市场结构、银行业发展质量等方面存在显著差异。香港作为国际金融中心，其金融市场发达、银行体系完善，金融机构的存款余额几乎占到大湾区存款总数的一半，因此，香港银行业的区位熵远远高于其他城市。但近十年来，香港在科技创新领域的发展较为缓慢，其银行业发展水平和科技创新发展速度与其国际

金融中心的地位并不匹配，导致银行业集聚对科技创新的系数为负值。但对于珠三角九市而言，银行业的集聚在一定程度上有利于促进其科技创新。

粤港澳大湾区内证券业集聚（E_{stock}）对科技创新的作用与银行业类似，系数为 -1.01，未通过显著性检验。香港的证券市场高度发达，其证券业的区位熵指数远远高于其他城市，但香港以贸易及物流行业、金融服务业、工商服务业和旅游业四大产业为经济支柱，存在产业链不完整、传统实体企业较缺乏等问题，再加上专利发明主要来自于高校及科研机构，科研成果转化为创新产出的速度较慢等因素，导致香港科技创新的发展速度远远落后于证券业的发展速度。在珠三角区域，无论是从经济规模还是金融业发达程度来看，广州和深圳均远超其他 7 个城市。较为发达的证券市场可以为高新技术企业提供更多的直接融资渠道，便捷的金融服务、高效的行政效率和充足的人才储备等优势吸引了大量的高新技术企业落户，由此推动了当地科技创新水平的提高，且与其他城市相比，科技创新水平的差距进一步拉大。资本市场层面，中国的证券市场投机氛围依然浓厚，股票市场吸收了大量资金，一定程度上对实体企业的技术创新产生了逆向挤出效应，这与黎杰生和胡颖（2017）[26]的结论一致。保险业集聚（$E_{insurance}$）对科技创新的影响系数为 0.69，通过了 10% 的显著性检验，表明保险业集聚能显著提升科技创新水平。原因主要在于，相对于银行业和证券业而言，区域内各城市保险业的发展相对完善，城市间差距不大，较为完善的保险市场提供了更多科技保险类产品，为企业提供了更多的投资选择。保险科技类公司的纷纷成立更是体现了科技与保险的深度融合，并将进一步发挥保险对科技创新的促进作用；由于企业研发活动面临较大的不确定性，风险较大，而保险市场为研发资金提供了强有力的保障，有利于推动企业开展技术创新活动。因此，保险业集聚通过资金分配、风险分散机制等渠道促进科技创新水平的提升。由此可见，粤港澳大湾区金融集聚（$E_{finance}$）对科技创新没有显著的促进作用，主要是因为银行业和证券业金融集聚对科技创新没有显著的促进效应，虽然保险业金融集聚对科技创新具有显著促进效应，但现有金融结构是以银行业为主导，保险业在金融业中所占比重较小，对整个金融业的影响有限。

最后分析控制变量对科技创新的影响。研发投入（RDE）、政府政策（GOV）、教育水平（EDU）和经济发展水平（PGDP）的系数都为正，均在 10% 的水平上显著，这表明一个地区的科技创新水平不仅受到该地区金融发展水平因素的影响（尤其是保险业的积极影响），同时还会受到当地创新研发投入强度、政府政策支持力度、教育水平和经济发展水平的显著影响。研发投入是科技创新产出的前提条件，没有创新投入就没有创新产出，创新投入水平越高，为创新活动提供的原始资金越多，越能促进创新水平的提升。政府政策也会对一个地区的科技创新水平产生重大影响，科学技术支出占地方财政支出的比重越大，表明政府对科技创新的重视程度越高。政府政策不仅可以引导社会资金流入创新主体，还可以为创新主体提供一系列的税收优惠政策，鼓励企业进行技术创新。教育水平也是科技创新水平提升的重要因素，一个地区的教育水平越高，高等学校在校生人数越多，意味着可以为该地区提供更多高素质的劳动者，将人力资本优势转化为创新优势。此外，高校也是重要的创新主体之一，加强创新企业与高校的合作，促进产学研合作是提高科技创新水平的重要途径。科技创新也会受到经济发展水平的影响，一个地区的经济发展水平越高，对创新科技的需求就越大，也越有动力和实力加大投入，进而推动科技创新升级，形成良性循环。

五、结论与建议

本文利用粤港澳大湾区2006—2016年的面板数据构建空间计量模型，分析金融集聚对区域科技创新的影响机制。考虑到金融子行业的异质性，将金融业划分为银行、证券、保险3个子行业，进一步分析金融子行业的集聚程度对科技创新的差异化作用。研究发现，粤港澳大湾区科技创新和金融集聚均存在显著的正向空间溢出效应，但由于香港、澳门与珠三角九市在经济发展程度、金融发展水平、科技创新水平等方面存在较大差异，导致整个大湾区科技创新的空间相关性出现逐渐弱化趋势。粤港澳大湾区金融集聚对科技创新没有显著促进作用，金融发展与科技创新协同发展程度较低；不同金融子行业的集聚对科技创新的影响存在差异，银行业的过度集聚一定程度上阻碍了科技创新，证券业对科技创新的促进作用不明显，保险业对科技创新具有显著促进作用。科技创新水平不仅受到金融集聚程度的影响，研发投入、政府政策、教育水平、地区经济发展水平等也对科技创新具有显著的正向促进作用；其中，地区经济发展水平和教育水平对科技创新的促进作用最大，政府政策和研发投入对科技创新的促进程度有限。基于上述结论，本文提出如下促进粤港澳大湾区优势产业协调发展的政策建议。

第一，建设多层次、多渠道、多元化的粤港澳大湾区投融资体系，加强湾区城市间金融市场的互联互通和深度合作。大湾区内各城市间金融发展极不平衡，严重制约了金融发展对科技创新的促进作用，应建设多层次投融资体系，强化大湾区内金融服务的互联互通，开发更多的融资管道和跨境融资渠道，打造"金融＋科技"生态圈，推动粤港澳金融竞合有序、协同发展，促进金融服务向科技企业倾斜，对推动粤港澳大湾区科技创新合作和水平提升具有重要意义。此外，还应重视保险业对科技创新的积极推动作用，进一步发展壮大区域内保险业的合作与发展，充分发挥保险业对科技创新的风险分散和保障功能。

第二，应充分发挥区位优势和产业优势，明确城市定位，实现资源整合。将珠三角区域内发达的制造业与香港、澳门的高端服务业相对接，以促进粤港澳大湾区产业链和价值链向高端延伸。香港虽为国际金融中心，但近年来在科技创新方面发展滞后，而深圳的科技创新则有较大优势，二者之间若能实现优势互补，建立金融科技常态化合作机制，将极大地推动大湾区内产业链、创新链、资金链的深度融合，进而推动粤港澳大湾区科技创新水平的提升。

第三，重视其他因素对科技创新的积极促进作用。要推动科技创新水平的提升，关键是要加大对科技创新的研发投入和教育资源投入，重视经济发展对科技的巨大推动作用。应推动粤港澳大湾区内教育机构和科研机构的交流与合作，各地政府要加大对区域内高等院校、科研机构、创新企业方面的教育和科研投入力度，努力提升产学研一体化程度，最终提高湾区内的科技创新效益。在制度层面，要重视政府政策对科技创新的引导作用，地方政府要加大支持科技创新的制度创新力度，以引导社会资金、人才等重要生产要素持续流入科技创新领域，为科技创新活动提供发展的动力及良好的制度环境。此外，还要进一步提升对外开放程度，引进外商直接投资，发挥外商企业对技术创新的促进作用。

参考文献

［1］KINDLEBERGE, CHARLES P. The formulation of financial centers：a study of comparative economic history［M］. Princeton：Princeton University Express，1974.

［2］LEVINE R. Financial development and economic growth：views and agenda［J］. Journal of economic literature，1996，25（2）：688 – 726.

［3］SAINT – PAUL L G. Technology choice，financial markets and economic development［J］. European review，1992（4）：763 – 781.

［4］BUERA F，SHIN Y. Financial frictions and the persistence of history：a quantitative exploration［R］. California：University of California，2008.

［5］JAMES B ANG. Research technological change and financial liberalization in South Korea［J］. Journal of macroeconomics，2010，32（1）：457 – 468.

［6］ JAMES B ANG. Innovation and financial liberalization ［J］. Journal of banking & finance, 2014, 47（10）: 214 – 229.

［7］ RIOJA F, VALEV N. Does one size fit all: a re-examination of the finance and growth relationship ［J］. Journal of development economics, 2004, 74（2）: 429 – 447.

［8］ NANDA R, RHODESKROPF M. Financing risk and innovation ［M］. Social Science Electronic Publishing, 2014.

［9］ 孙伍琴, 朱顺林. 金融发展促进技术创新模式的影响——基于 Malmuquist 指数的分析 ［J］. 统计研究, 2008（3）: 46 – 50.

［10］ 张元萍, 刘泽东. 金融发展与技术创新的良性互动: 理论与实证 ［J］. 中南财经政法大学学报, 2012（2）: 67 – 73.

［11］ 栢玲, 姜磊, 赵本福. 金融发展体系、技术创新产出能力及转化——来自省域动态面板数据的实证 ［J］. 产经评论, 2013（4）: 15 – 25.

［12］ 李晓龙, 冉光和, 郑威. 金融发展、空间关联与区域创新产出 ［J］. 研究与发展管理, 2017（1）: 55 – 64.

［13］ 李后建, 张宗益. 金融发展、知识产权保护与技术创新效率——金融市场化的作用 ［J］. 科研管理, 2014（12）: 160 – 167.

［14］ 彭建娟. 金融发展对中国高新技术产业技术创新模式的影响 ［J］. 技术经济, 2014（9）: 37 – 42.

［15］ 张志强. 金融发展、研发创新与区域技术深化 ［J］. 经济评论, 2012（2）: 82 – 92.

［16］ 张彩江, 李艺芳. 金融集聚对区域创新能力的影响及地区差异——基于广东省21个地级市的空间计量分析 ［J］. 科技管理研究, 2017（7）: 12 – 18.

［17］ BENFRATELLO L, SCHIANTARELLI F. Banks and innovation: micro-econometric evidence on Italian firms ［J］. Journal of financial economics, 2008（2）: 197 – 217.

［18］ GREENWOOD J, SANCHEZ J M, WANG C. Quantifying the impact of financial development on economic development ［J］. Review of economic dynamics, 2013（1）: 194 – 215.

［19］ HSU PO – HSUAN, TIAN XUAN, XU YAN. Financial development and innovation: cross-country evidence ［J］. Journal of financial economics, 2014, 112（1）: 116 – 135.

［20］ 任英华, 徐玲, 游万海. 金融集聚影响因素空间计量模型及其应用 ［J］. 数量经济技术经济研究, 2010（5）: 104 – 115.

［21］ 李林, 丁艺, 刘志华. 金融集聚对区域经济增长溢出作用的空间计量分析 ［J］. 金融研究, 2011（5）: 113 – 123.

［22］ 李苗苗, 肖洪钧, 赵爽. 金融发展、技术创新与经济增长的关系研究——基于中国的省市面板数据 ［J］. 中国管理科学, 2015（2）: 162 – 169.

［23］周永涛，许嘉杨．金融发展促进中国技术创新的空间面板计量分析［J］．金融发展研究，2013（4）：14 – 21.

［24］祝佳．创新驱动与金融支持的区域协同发展研究——基于产业结构差异视角［J］．中国软科学，2015（9）：106 – 116.

［25］陆军，徐杰．金融集聚与区域经济增长的实证分析——以京津冀地区为例［J］．学术交流，2014（2）：107 – 113.

［26］黎杰生，胡颖．金融集聚对技术创新的影响——来自中国省级层面的证据［J］．金融论坛，2017（7）：39 – 52.

［27］周天芸，周开国，黄亮．机构集聚、风险传染与香港银行的系统性风险［J］．国际金融研究，2012（4）：77 – 82.

［28］ANSELIN L，FLORAX R，REY S. Advanced in spatial econometrics：methodology，tools and applications［M］. Berlin：Springer Verlag，2004.

基于先进生产性服务业的粤港澳大湾区城市网络演化及其影响因素

潘　苏，种照辉，覃成林*

一、引言

城市群的崛起是经济增长进入新阶段的重要标志，是促进区域经济高质量发展的重要引擎。党的十九大明确强调"以城市群为主体构建大中小城市和小城镇协调发展的城镇格局"。在这样的背景下，粤港澳大湾区的提出标志着其在国家经济发展中被赋予了更高的战略使命。粤港澳大湾区城市群的目标，不仅是要将其打造成世界一流城市群，更是要将其打造成具有世界竞争力的城市群（覃成林等，2017；蔡赤萌，2017）[1-2]。

城市群是最有经济增长活力的区域，国内外学者们一直都在探索城市群经济发展的奥秘。其中，对城市间网络联系的关注成为研究城市群经济形态的重点（Taylor 等，2002；侯赟慧等，2009）[3-4]。早期的中心地理论认为城市间存在垂直的单向互动关系，但在 20 世纪 90 年代早期学者们发现城市间互惠、水平的联系同样重要，由此对于城市联系的研究范式由传统的层级范式转变为网络范式。在如何刻画城市网络这一问题上，企业被视为城市间相互作用的主体，企业关联也成为研究我国城市网络的重要维度（王成和王茂军，2017）[5]。先进生产性服务企业通过在不同城市设立分支机构为生产者提供无缝衔接的服务而有效地将生产者和其他城市的市场联系起来，这些企业内部的网络关系反映了城市网络的联系状况（Taylor 等，2013）[6]。国外学者将先进生产性服务企业分支机构位置形成的城市网络广泛运用于分析不同层次的城市网络，如世界城市网络、国家城市网络及区域城市网络（Zhao 等，2017；Derudder 和 Taylor，2018）[7-8]。

---

* 潘苏，台湾台中人，广东财经大学经济学院讲师；种照辉，汕头大学商学院讲师；覃成林，暨南大学经济学院教授，博士生导师。

目前，国内学者对粤港澳大湾区的研究主要集中在其建构意义和定位（申勇，2017）[9]、建设的条件和挑战（蔡赤萌，2017）[2]、交通网络的影响（覃成林和柴庆元，2018）[10]、产业分工布局和协同发展（陈燕和林仲豪，2018）[11]、制度创新（钟韵和胡晓华，2017）[12]、国际湾区对粤港澳大湾区建设的启示（申明浩和杨永聪，2017）[13]等。从网络视角对粤港澳大湾区的研究中，彭芳梅（2017）[14]将香港、澳门和广东21个城市作为研究的空间范围，使用引力模型分析了粤港澳大湾区及周边城市的城市网络结构。但其仅使用一年的数据，关注了静态的网络结构，缺乏对于大湾区城市网络动态演化的研究，且其使用引力模型来构建城市间的经济联系，不能真实地反映城市间的网络联系情况。

基于现有研究，本文主要有以下几点创新和拓展。首先，基于企业关联的视角，使用2014年与2017年的先进生产性服务企业选址数据，借助联锁网络模型构建了粤港澳大湾区城市网络，分析了其网络结构特征的变化，从动态角度关注粤港澳大湾区城市网络的演化。其次，在整体网络的基础上，分析了各个子行业的网络结构特征，并将先进生产性服务企业所形成的城市网络与先进制造业企业所形成的城市网络进行对比，突出粤港澳大湾区中各城市在不同网络中所处的位置也有所不同。最后，与以往仅描述网络结构特征的研究不同，本文使用了社会网络分析中的指数随机图模型（ERGM），从城市属性、城市网络结构变量和城市网络协变量3个方面识别影响粤港澳大湾区城市网络形成的因素，不仅考虑了城市个体的特征，还考虑了城市网络本身结构特征，特别是网络形成中的"路径依赖"现象。

二、城市网络演化研究方法与数据来源

（一）城市网络演化研究方法

1. 联锁网络模型的构建

本文将使用联锁网络模型（interlocking networks model）来分析粤港澳大湾区城市网络中的联系。在联锁网络模型中，使用企业网络这种微观结构将城市间网络的宏观特性和其网络结构形成的微观过程联系起来（Derudder 和 Taylor，2018）[8]。由于许多服务不能在远距离直接进行交易，大多数先进生产性服务企业通过建立广泛的分支机构网络来扩展国内外市场为其客户提供服务（Bag-chi-Sen 和 Sen，1997；Beaverstock 等，2002）[15-16]。Taylor（2001）[17]将城市和先进生产性服务企业的相互依赖关系扩展到世界城市网络，提出先进生产服

务企业通过在不同城市设立分支机构为生产者提供无缝衔接的服务而有效地将生产者和其他城市的市场联系起来，这些企业内部的网络意味着城市间的经济网络。因此，将先进生产性服务企业作为城市网络形成的主体来代替对城市的直接研究具有一定的说服力（程玉鸿和陈利静，2014；马学广和李鲁奇，2017）[18-19]。

在模型中，假设用企业在城市中所设办事机构的数量来反映其服务价值，整个城市网络即为排列所得的服务价值矩阵，见表1。

表1　先进生产性服务企业在不同城市布局的服务价值矩阵

	企业 1	企业 2	……	企业	C_i
城市 1	1	1	……	v_{1j}	C_1
城市 2	2	3	……	v_{2j}	C_2
……	……	……	……	……	……
城市 i	v_{i1}	v_{i2}	……	v_{ij}	C_i
F_j	F_1	F_2	……	F_j	S

根据企业设立分支机构的性质、规模等特点对城市进行评分，分值范围是0～5。先进生产性服务企业未设办公机构或网点的城市赋值为0，设立总部的城市赋值为5，在中间范围的未设立办公机构但有经营活动、设立一般机构或网点、设立规模较大或数量较多的机构或网点、设立地区总部的城市赋值分别为1、2、3、4。

服务价值矩阵中列元素表示企业的服务状态（firm service status），计算和衡量公式如下：

$$F_i = \sum_i v_{ij} \tag{1}$$

行元素表示城市 C_i 的区位服务状态（site service status），计算公式如下：

$$C_i = \sum_j v_{ij} \tag{2}$$

将以上两指标分别作为矩阵列和行进行加总，即将每个先进生产性服务企业在该城市分布的分数累加，就可得到该城市该行业的服务价值 S，即：

$$S = \sum_i \sum_j v_{ij} \tag{3}$$

通过企业 j 联系的城市 a 和城市 b，其单位联系（elemental interlock link）表示为 $r_{ab,j}$，计算公式如下：

$$r_{ab,j} = v_{aj} \times v_{bj} \tag{4}$$

单位联系意味着两个城市间潜在的工作联系、信息和知识的流动。联锁网络模型是用这种简单的互动关系作为衡量两个城市联系的标准，即拥有同一企业较大的办事机构或网点的两个城市联系度大于拥有同一企业较小办事机构或网点的联系度。将单位联系加总后得到两个城市间的城市联系 r_{ab}：

$$r_{ab} = \sum_j r_{ab,j} \tag{5}$$

2. 基于社会网络分析的节点特征

一个城市在网络中的联系强度之和即度数中心度，反映了其为生产者提供的直接进入全球市场的能力（Neal，2008）[20]。度数中心度越大，说明城市在网络中越处于核心位置。基于前述构建的网络矩阵，城市网络中城市的度数中心度计算方法如下：

$$N_a = \sum_i r_{ai}(a \neq i) \tag{6}$$

3. ERGM 分析方法

ERGM 通过类似逻辑回归的统计形式来解释网络结构特征，有助于理解网络本身的结构特征、网络成员某种属性特征及成员间的某种关系对于一个网络形成的影响。ERGM 结合了网络结构变量和个体属性变量，有助于揭示网络联系模式如何由局部的网络结构或属性特征来形成，实现了局部到整体、微观到宏观的有机结合（任义科等，2008）[21]。

ERGM 的一般设定形式可以表示为：

$$\Pr(X = x \mid \theta) = p_\theta(x) = \frac{1}{k(\theta)}\exp\{\theta_1 z_1(x) + \theta_2 z_2(x) + \cdots + \theta_p z_p(x)\} \tag{7}$$

式（7）描述了考虑 p 个影响因素的网络概率分布，其中，标准化项 $k(\theta) = \sum_{y \in X} \exp\{\theta_1 z_1(y) + \cdots + \theta_p z_p(y)\}$ 确保了概率质量函数 $P_\theta(x)$ 在网络中加总之和为 1。

对于影响城市网络的形成因素，Liu 等（2013）[22]在 ERGM 分析中将其分为内在与外在影响因素。进一步，许和连等（2015）[23]、王曦等（2017）[24]、鲁谢尔等（2016）[25]强调网络内生结构因素、网络中行为者的属性和与该网络相关的其他网络是 ERGM 中的分析重点。结合上述研究，本文构建的粤港澳大湾区城市网络指数随机图模型形式如下：

$$\Pr(X = x \mid \theta) = p_\theta(x) = \frac{1}{k(\theta)}\exp\{\theta_1 z_1(x) + \theta_2 z_2(x) + \theta_3 z_3(x)\} \tag{8}$$

式中：$z_1(x)$、$z_2(x)$、$z_3(x)$ 分别表示城市网络的内生结构变量、城市个体属性和城市网络协变量，参数 θ_1、θ_2、θ_3 分别衡量上述 3 类变量的相对重要性，即反映了哪些因素显著影响了网络的形成。

（二）样本选择与数据来源

本文选择了金融、会计、传媒、法律、管理咨询这 5 个关键的先进生产性服务领域进行研究。在企业样本的选取中，一方面，参考了福布斯 2000 强中上述 5 个行业的相关企业；另一方面，也根据 Vault 等机构的排名，对福布斯 2000 强中的企业进行了补充，从金融、会计、传媒、法律、管理咨询 5 个服务行业各选取 40 家企业，这些企业均为全球性服务企业，为其生产者客户提供全球战略服务。为了进行横向对比，本文还选取了在制造业中排名前 40 位的跨国企业进行对比。同时，为了更好地反映网络的变化，本文采用 2014 年和 2017 年的数据进行对比，其中，2014 年数据收集时间为 2014 年 11 月，2017 年数据收集时间为 2017 年 11 月，校核时间为 2018 年 1 月。数据来源于对上述企业官方网站的访问而获取的分布数据，由此得到一个包含 2640 个值的 11 个城市×240 个企业的服务价值矩阵，并转换成 11 个城市×11 个城市的城市联系矩阵。

三、粤港澳大湾区城市网络特征

联系和节点是网络的两个基本组成要素，因此，本文首先从城市间联系角度对粤港澳大湾区的联系格局进行简要分析，随后从整体和分行业来考察节点特征，进而对单个城市在网络中的位置进行描述。

（一）粤港澳大湾区城市联系状况

先进生产性服务企业能够为生产者提供专业化支持服务，其分支网络反映了城市之间的经济联系，体现了城市间经济联系的强弱程度（Taylor 等，2013）[6]。根据先进生产性服务企业在粤港澳大湾区城市群的服务价值矩阵派生出粤港澳大湾区城市间的联系，每个城市和其他 10 个城市形成 10 个联系，结果形成一个粤港澳大湾区城市联系的对称矩阵，如表 2、表 3 所示。

表 2　粤港澳大湾区城市联系矩阵（2014）

	香港	澳门	深圳	广州	佛山	东莞	惠州	中山	肇庆	珠海	江门
香港	0	3169	3284	3641	1718	1602	511	1248	452	971	700
澳门	3169	0	1200	1314	625	580	189	453	166	356	257
深圳	3284	1200	0	1433	695	638	209	503	185	392	287
广州	3641	1314	1433	0	756	692	225	547	199	427	310
佛山	1718	625	695	756	0	338	111	269	99	209	154

续表

	香港	澳门	深圳	广州	佛山	东莞	惠州	中山	肇庆	珠海	江门
东莞	1602	580	638	692	338	0	102	245	91	192	141
惠州	511	189	209	225	111	102	0	81	30	65	47
中山	1248	453	503	547	269	245	81	0	72	150	112
肇庆	452	166	185	199	99	91	30	72	0	56	41
珠海	971	356	392	427	209	192	65	150	56	0	88
江门	700	257	287	310	154	141	47	112	41	88	0

表 3　粤港澳大湾区城市联系矩阵（2017）

	香港	澳门	深圳	广州	佛山	东莞	惠州	中山	肇庆	珠海	江门
香港	0	3238	3490	3633	2107	2146	1334	1725	860	1560	1346
澳门	3238	0	2443	2500	1475	1494	958	1206	611	1104	956
深圳	3490	2443	0	2970	1849	1837	1185	1516	773	1344	1209
广州	3633	2500	2970	0	1853	1835	1174	1519	763	1352	1203
佛山	2107	1475	1849	1853	0	1166	759	981	499	856	789
东莞	2146	1494	1837	1835	1166	0	754	959	494	848	775
惠州	1334	958	1185	1174	759	754	0	624	329	570	520
中山	1725	1206	1516	1519	981	959	624	0	413	696	649
肇庆	860	611	773	763	499	494	329	413	0	360	336
珠海	1560	1104	1344	1352	856	848	570	696	360	0	579
江门	1346	956	1209	1203	789	775	520	649	336	579	0

　　根据表2、表3，使用 ArcGis 软件绘制出粤港澳大湾区城市网络结构图，如图1所示。对比图1中2014年与2017年粤港澳大湾区城市网络结构图可以得出以下结论。第一，从整体上看，相比2014年，2017年的结果显示粤港澳大湾区城市间联系数量在增加，城市间的网络联系更加紧密。第二，网络联系的分布更为均衡，边缘节点参与网络的程度增加。2014年与2017年城市间网络联系的变异系数分别为142.68%和71.58%，说明整体网络联系的分布更为均衡。尤其是相对于其他城市，2014年联系值最小的城市的对外联系值有了更大的增幅，这说明边缘节点城市融入到粤港澳大湾区城市网络的程度呈现出增加的趋势。例如，联系值在0~1000的惠州、中山、肇庆、珠海和江门这5个城市之间增加幅度较大，其中，增加幅度最大的是惠州–江门，联系数量的增长幅度达到了10倍以上。第三，粤港澳大湾区城市间的网络联系呈现出空间上"临近性"和"跳跃性"并存的特点。例如，广州与佛山、深圳与东莞及惠州的联系较高，体现的是城市联系的"临近性"，广州与珠海及中山、深圳与肇庆及江门联系较高，体现了城市联系的"跳跃性"。

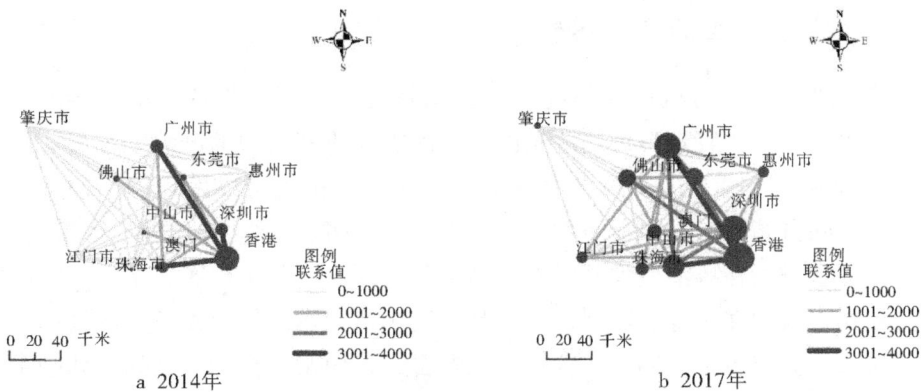

图1　粤港澳大湾区城市群空间网络结构变化

注：图中城市图标越大，表示该城市对应的度数中心度越大；反之，则越小。

（二）粤港澳大湾区城市网络节点特征

根据式（6）计算粤港澳大湾区中各个城市的度数中心度，结果如图2所示，从中可以得出以下结论。第一，从网络联系的结构上来看，粤港澳大湾区城市间的经济联系由"单一中心"逐步转变为"多中心"。若以中心度80%为界限来划分中心城市，可以发现，2014年仅有香港属于中心城市，而在2017年，中心城市则包括香港、广州和深圳。这说明粤港澳大湾区的空间结构在发生转变，广州和深圳在粤港澳大湾区城市网络中影响力在提高，呈现出以香港、深圳、广州为中心的多中心格局。这也反映了广东推进先进制造业与生产性服务业的深度融合，引导生产服务向专业化和价值链高端延伸，加快了生产性服务业发展。第二，粤港澳大湾区城市网络呈现明显层级性。

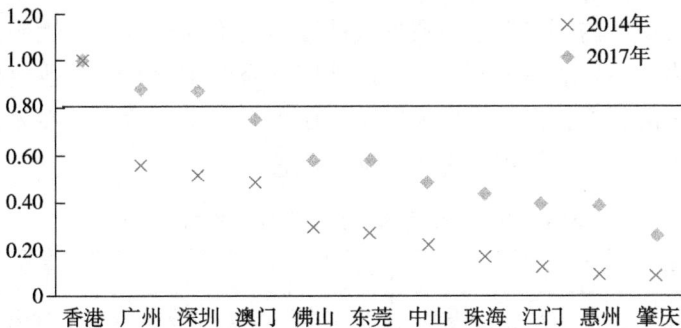

图2　粤港澳大湾区城市群的层次差异

注：为便于比较，以2014年和2017年联系度最大的香港的度数中心度作为标准，分别对其他城市的度数中心度进行标准化处理；数据由Ucinet计算得出。

(三) 分行业的子网络特征

为了进一步探讨城市网络的产业结构特征,分别计算各城市在金融、会计、传媒、法律、管理咨询这些先进生产性服务业网络中的度数中心度,结果如表4所示。对比上述子网络中各个城市的网络位置可以发现以下规律。第一,从空间分布看,金融服务机构、国际会计师事务所、国际管理咨询公司、国际律师事务所在粤港澳大湾区城市群中分布广泛,几乎遍布各个城市。国际广告公司则集中在香港、广州、深圳等大型城市,在市场规模较小的江门、肇庆等城市的分布较少。第二,从网络规模看,金融服务机构、国际会计师事务所形成的网络规模较大,带来城市间的联系也较多,而国际管理咨询公司、国际律师事务所、国际广告公司的网络规模相对较小。第三,从节点特征看,各行业跨国先进生产性服务企业较多聚集在香港、广州、深圳和澳门这4个城市,深圳是区域内仅次于香港的另一金融中心,作为商贸中心的广州在会计业、管理咨询业和法律业中体现出其优势地位,开放度较高的澳门具有较多的国际广告公司。

除上述子网络外,表4还列出了各个城市在制造业网络中的中心度。对比各个城市的中心度排名可以发现,在制造业企业网络中,深圳、广州具有最高的度数中心度,反映了其在制造业中的核心位置。这也说明深圳、广州吸引了众多制造业跨国企业在此设立地区总部,在粤港澳大湾区城市群的先进性制造业发展中处于领先地位。虽然先进生产性服务企业是为了服务于制造业企业,但一些研究指出,制造业企业的网络分布与先进生产性服务企业并不一致(Sassen,2001;Kraetke,2014)[26-27]。对比表4中的结果可以发现,制造业企业网络中各个城市度数中心度的排名与其他先进生产性服务产业排名存在差异,粤港澳大湾区内制造业企业所形成的城市网络与先进生产性服务企业所形成的城市网络不一致。考虑到先进生产性服务企业主要为制造业提供服务这一属性,可以预见的是,深圳、广州这两个城市在未来发展中将在先进生产性服务企业网络中进一步占据更为重要的网络位置。

表4 分行业的粤港澳大湾区城市度数中心度

城市	金融		会计		管理咨询		法律		传媒		制造业	
	度数中心度	排名	度数中心度	排名	度数中心度	排名	度数中心度	排名	度数中心度	排名	度数中心度	排名
香港	1.00	1	1.00	1	1.00	1	1.00	1	1.00	1	0.83	3
澳门	0.85	4	0.64	4	0.80	4	0.72	3	0.65	2	0.64	7

城市	金融		会计		管理咨询		法律		传媒		制造业	
	度数中心度	排名	度数中心度	排名	度数中心度	排名	度数中心度	排名	度数中心度	排名	度数中心度	排名
深圳	0.95	2	0.80	3	0.80	3	0.66	4	0.52	4	1.00	1
广州	0.88	3	0.82	2	0.81	2	0.84	2	0.56	3	0.95	2
佛山	0.55	6	0.52	5	0.47	7	0.43	5	0.23	6	0.80	4
东莞	0.59	5	0.47	6	0.51	6	0.38	7	0.36	5	0.76	5
惠州	0.42	8	0.17	10	0.44	8	0.25	10	0.16	9	0.55	10
中山	0.49	7	0.40	7	0.30	10	0.39	6	0.21	8	0.69	6
肇庆	0.29	11	0.16	11	0.20	11	0.11	11	0.11	11	0.39	11
珠海	0.39	9	0.30	8	0.56	5	0.34	8	0.18	7	0.56	9
江门	0.34	10	0.25	9	0.39	9	0.27	9	0.14	10	0.61	8

注：为便于比较，以最大度数中心度作为基准进行了标准化处理，将各个城市的度数中心度转化为 0~1 的数值；数据由 Ucinet 计算得出。

四、粤港澳大湾区城市网络影响因素分析——基于 ERGM 分析

（一）ERGM 变量说明

1. 城市网络内生结构变量

边数是 ERGM 中最为主要的内生结构变量。边数类似于回归分析中的截距项，表示的是网络中关系形成的随机性，显著为负的系数说明此网络不是完全随机形成的（Liu 等，2013）[17]。因此，本文将边数（Edges）作为城市网络的内生结构变量进行实证分析。

2. 城市个体属性

城市个体属性会带来节点属性效应，即一个城市具备某种属性或者某属性数值越大，先进生产性服务企业建立分支机构形成网络的可能性越高，带来城市间的联系也越大。参考程玉鸿和程灵云（2014）[28]的研究，本文选取以下变量作为影响城市经济网络的个体属性变量：用各个城市的人均 GDP（PGDP）反映各个城市的经济发展水平；用各个城市内高速公路过境条数（Highway）代表高速公路的建设情况；用各个城市在国内专利申请授权量（Patent）代表城市创新环境。除此之外，将城市国际知名度（Popularity）也作为变量之一；考虑自贸区的影响，将是否设立自贸区（FTA）作为制度变量纳入模型之中。由于广东自贸区涵盖了广州南沙、深圳前海和珠海横琴，因此，将广州、深圳

和珠海这 3 个城市赋值为 1，而粤港澳大湾区的其他 8 个城市则赋值为 0。

上述变量中，人均 GDP 的数据来自于广东、香港统计局和澳门经济局，并用平均汇率进行处理；高速公路过境条数通过查看中国高速公路网上广东高速公路地图得到，香港和澳门的数据通过查看百度地图获得；国内专利申请授权量的数据分别来自于广东各城市 2017 年统计公报、香港知识产权署和澳门经济局；城市国际知名度由城市拼音名在 Google 搜索结果条数加以衡量。

3. 城市网络协变量

城市网络协变量反映的是关系嵌入性，即城市之间某种联系会影响另一种网络联系形成的倾向。本文预计城市间的高铁网络对城市网络带来的影响，这里以城市间高铁通勤的频次（HSR）来表示。同时，考虑到企业在制定区位战略时存在"路径依赖"，企业的行为和成功可能主要依赖于过去建立的区位战略（Boschma 和 Frenken，2005）[29]，跨国企业的区位战略受到已有企业网络的正向影响（Spies，2010）[30]。因此，本文将 2014 年的城市网络（Past）作为变量之一来考察以企业网络表示的城市网络的路径依赖效应。生产性服务业与制造业之间具有很强的需求和技术上的关联，从行业和地区来看，制造业需求均对生产性服务业集聚具有显著影响（盛龙和陆根尧，2013）[31]。粤港澳大湾区中的制造业一直处于高速发展的态势，珠三角地区是我国乃至世界的重要制造业基地，因而本研究将城市网络（Manu）作为变量之一，考察制造业对先进生产性服务企业所形成的城市网络的影响。

（二）ERGM 估计结果

ERGM 的回归结果见表 5，从中可以看出各列回归结果中边数 Edges 的系数均显著为负，这说明所研究的大湾区城市网络并非完全随机形成。因此，探寻影响其网络关系的因素是有意义的。在考察只包括网络的内生结构变量和城市个体属性的基准模型中，人均 GDP、创新环境和国际知名度的系数显著为正，其值分别为 1.464、0.498 和 0.007，说明各个城市的经济发展水平、创新环境及国际知名度对于粤港澳大湾区城市网络均有显著影响，并且城市自身经济发展水平对于企业联系的影响最大。除以上变量外，高速公路（Highway）、自贸区（FTA）的影响不显著。这可能一方面是因为虽然粤港澳大湾区城市间高速公路密度较高，但以货物运输为主的公路交通网络对由先进生产性服务企业构建的城市网络的影响较小；另一方面是因为虽然自贸区的负面清单管理等制度有助于吸引跨国企业的进入，但因为自贸区范围仅限于广州、深圳和珠海这 3 个城市，对于粤港澳大湾区其他城市吸引跨国企业的影响较小，尚未对其他城市形成辐射带动作用。

　　进一步，在基准模型中加入高铁网络、已有城市网络、制造业企业所形成的城市网络等变量，结果见表5中的模型（2）～（5）。模型（2）的结果表明，高铁网络 *HSR* 的系数未通过显著性检验，说明现有高铁网络对于粤港澳大湾区城市网络联系的影响并不显著；对于粤港澳大湾区内的各个城市而言，城市间的高铁网络联系仍不够紧密，尤其是网络中香港、澳门等中心城市尚未联通到高铁网络中。在这一背景下，高铁网络带来的时空压缩效应还不是影响城市联系的重要因素。模型（3）的结果表明，已有城市网络的变量 *Past* 其系数显著为正，且数值在0.8以上，大于其他影响因素的系数值，这说明粤港澳大湾区城市网络演化呈现出了明显的路径依赖特征。模型（4）的结果表明，制造业企业所形成的城市网络对先进生产性服务企业所形成的城市网络有正向的影响，系数达到0.736，说明粤港澳大湾区中各城市间的产业关联是促进城市网络演化的重要影响因素。模型（5）将高铁网络、已有城市网络、制造业企业所形成的城市网络这3个网络协变量同时纳入，通过 AIC、BIC 标准得知其拟合程度最优，其结果显示，对粤港澳大湾区城市网络演化影响最大的是各个城市自身的经济发展水平（1.413），其次是已有的城市网络（0.713）和制造业企业所形成的城市网络（0.685），最后是城市的创新环境和国际知名度，影响系数分别为0.415和0.005。

表5　ERGM 回归结果

		基准模型	加入网络协变量			
		（1）	（2）	（3）	（4）	（5）
内生结构变量	*Edges*	-13.461***	-13.301***	-13.579***	-13.513***	-12.063***
		（-3.368）	（-3.501）	（-3.320）	（-3.313）	（-2.024）
城市个体属性	*PGDP*	1.464***	1.536***	1.400**	1.354***	1.413*
		（0.444）	（0.478）	（0.701）	（0.341）	（0.764）
	Highway	0.122	0.231	0.166	0.162	0.151
		（0.102）	（0.197）	（0.131）	（0.138）	（0.142）
	Patent	0.498***	0.499***	0.491***	0.485***	0.415***
		（0.142）	（0.142）	（0.122）	（0.135）	（0.083）
	Popularity	0.007***	0.007***	0.006**	0.005*	0.005*
		（0.002）	（0.002）	（0.003）	（0.003）	（0.003）
	FTA	1.410	0.903	0.984	0.916	0.801
		（0.972）	（1.17）	（0.902）	（1.426）	（1.255）

续表

		基准模型	加入网络协变量			
		(1)	(2)	(3)	(4)	(5)
网络协变量	HSR		-0.604 (0.611)			-0.654 (0.620)
	Past			0.802 *** (0.000)		0.713 *** (0.000)
	Manu				0.736 *** (0.002)	0.685 *** (0.003)
	AIC	55.221	53.157	24.519	31.060	19.357
	BIC	71.424	70.054	43.086	48.336	40.661

注：*** 表示 $P < 0.01$，** 表示 $P < 0.05$，* 表示 $P < 0.1$，括号内为标准差。

五、结论与讨论

本文借鉴联锁网络模型的方法，采用 200 家先进生产性服务企业在粤港澳大湾区城市群的分布数据，构建了粤港澳大湾区城市网络，分析了城市群网络的演化特征，并进一步利用 ERGM 探讨影响粤港澳大湾区城市网络形成的因素。结果显示，①从动态比较来看，相比 2014 年，2017 年粤港澳大湾区城市网络联系更加紧密，网络联系的分布更加均衡，呈现出由以香港为"单中心"向以香港、广州和深圳"多中心"转变的格局特征；②粤港澳大湾区城市网络呈现出层级结构；③通过 ERGM 分析可知，人均 GDP、创新环境、国际知名度、已有城市网络和制造业企业所形成的城市网络是影响粤港澳大湾区城市网络的重要因素。从城市个体属性来看，跨国先进性生产服务企业倾向于集聚在经济发展水平较高、市场规模较大的城市；创新环境反映了城市的活力，也是吸引跨国先进性生产服务企业的主要因素；城市在国际上的知名度表现了它的影响力，影响力越大的城市，对跨国先进性生产服务企业的吸引力越大。从已有的网络协变量来看，跨国先进性生产服务企业在粤港澳大湾区部署其分支机构时，呈现出路径依赖的特点，受到已有的区位选择的影响较大；同时，城市间的产业关联对城市网络的影响较大，表现为制造业企业所形成的城市网络对先进生产性服务企业所形成的城市网络具有显著影响。

从本文的分析结果可以看出，经过改革开放 40 年的发展，粤港澳大湾区经济网络联系非常紧密，形成了具有多中心网络结构特征的湾区城市群。基于上述分析结果，粤港澳大湾区应在以下方面进一步推动其城市网络建设：第一，在交通基础设施网络上，应重点推动以高铁网络为代表的快速交通网络建设，尤其是应将香港、澳门纳入到粤港澳大湾区的快速交通网络中，从而形成更加高效的粤港澳大湾区经济一体化发展格局；第二，在产业功能上，粤港澳大湾区内的不同核心城市应加强其在制造、金融、科技等功能上城市间的分工合作，实现功能互补，以发挥城市网络联系的正外部性；第三，应进一步强化核心城市的辐射带动作用，有步骤、有顺序地实现粤港澳大湾区要素自由流动和经济一体化发展。

参考文献

［1］覃成林，刘丽玲，覃文昊. 粤港澳大湾区城市群发展战略思考［J］. 区域经济评论，2017（5）：113－118.

［2］蔡赤萌. 粤港澳大湾区城市群建设的战略意义和现实挑战［J］. 广东社会科学，2017（4）：5－14.

［3］TAYLOR P J, CATALANO G, WALKER D R F. Measurement of the world city network［J］. Urban studies, 2002, 39（39）：2367－2376.

［4］侯赟慧，刘志彪，岳中刚. 长三角区域经济一体化进程的社会网络分析［J］. 中国软科学，2009（12）：90－101.

［5］王成，王茂军. 山东省城市关联网络演化特征——基于"中心地"和"流空间"理论的对比［J］. 地理研究，2017（11）：2197－2212.

［6］TAYLOR P J, DERUDDER B, FAULCONBRIDGE J, et al. Advanced producer service firms as strategic networks, global cities as strategic places［J］. Economic geography, 2013, 90（3）：267－291.

［7］ZHAO M, DERUDDER B, HUANG J. Examining the transition processes in the pearl river delta polycentric mega－city region through the lens of corporate networks［J］. Cities, 2017, 60（1）：147－155.

［8］DERUDDER B, TAYLOR P J. Central flow theory：comparative connectivities in the world-city network［J］. Regional studies, 2018, 52：1－14.

［9］申勇. 湾区经济的形成机理与粤港澳大湾区定位探究［J］. 特区实践与理论，2017（5）：42－46.

［10］覃成林，柴庆元. 交通网络建设与粤港澳大湾区一体化发展［J］. 中国软科学，2018（7）：71－79.

［11］陈燕，林仲豪. 粤港澳大湾区城市间产业协同的灰色关联分析与协调机制创新［J］. 广东财经大学学报，2018（4）：89－97.

[12] 钟韵, 胡晓华. 粤港澳大湾区的构建与制度创新: 理论基础与实施机制 [J]. 经济学家, 2017 (12): 50 - 57.

[13] 申明浩, 杨永聪. 国际湾区实践对粤港澳大湾区建设的启示 [J]. 发展改革理论与实践, 2017 (7): 9 - 13.

[14] 彭芳梅. 粤港澳大湾区及周边城市经济空间联系与空间结构——基于改进引力模型与社会网络分析的实证分析 [J]. 经济地理, 2017 (12): 57 - 64.

[15] BAGCHI-SEN S, SEN J. The current state of knowledge in international business in producer services [J]. Environment and planning A, 1997, 29 (7): 1153 - 1174.

[16] BEAVERSTOCK J V, DOEL M A, HUBBARD P J, et al. Attending to the world: competition, cooperation and connectivity in the world city network [J]. Global networks, 2002, 2 (2): 111 - 132.

[17] TAYLOR P J. Specification of the world city network [J]. Geographical analysis, 2001, 33 (2): 181 - 194.

[18] 程玉鸿, 陈利静. 城市网络发育特征及其对城市竞争力的影响——基于珠三角主要金融行业 148 家企业选址数据 [J]. 产经评论, 2014 (4): 117 - 127.

[19] 马学广, 李鲁奇. 中国城市网络化空间联系结构——基于银行网点数据的研究 [J]. 地理科学进展, 2017 (4): 393 - 403.

[20] NEAL Z P. The duality of world cities and firms: comparing networks, hierarchies, and inequalities in the global economy [J]. Global networks, 2008, 8 (1): 94 - 115.

[21] 任义科, 李树茁, 杜海峰, 等. 农民工的社会网络结构分析 [J]. 西安交通大学学报 (社会科学版), 2008 (5): 44 - 51, 62.

[22] LIU X, DERUDDER B, LIU Y. Regional geographies of intercity corporate networks: the use of exponential random graph models to assess regional network-formation [J]. Papers in regional science, 2013, 94 (1): 109 - 126.

[23] 许和连, 孙天阳, 成丽红. "一带一路"高端制造业贸易格局及影响因素研究——基于复杂网络的指数随机图分析 [J]. 财贸经济, 2015 (12): 74 - 88.

[24] 王曦, 符正平, 罗超亮. 基于角色的地位——企业联盟形成机制研究 [J]. 山西财经大学学报, 2017 (8): 71 - 84.

[25] 迪安·鲁谢尔, 约翰·科斯基宁, 加里·罗宾斯. 社会网络指数随机图模型: 理论、方法与应用 [M]. 北京: 社会科学文献出版社, 2016.

[26] SASSEN S. The global city: New York, London, and Tokyo [J]. Political science quarterly, 2001, 107 (2): 501 - 502.

[27] KRAETKE S. How manufacturing industries connect cities across the world: extending research on 'multiple globalizations' [J]. Global networks, 2014, 14 (2): 121 - 147.

[28] 程玉鸿, 程灵云. 基于竞合视角的城市竞争力源泉及其变动——以大珠江三角洲

地区为实证案例 ［J］. 经济学家，2014（9）：50－57.

［29］ BOSCHMA R A，FRENKEN K. Why is economic geography not an evolutionary science? towards an evolutionary economic geography ［J］. Social science electronic publishing，2005，6（3）：273－302.

［30］ SPIES J. Network and border effects：where do foreign multinationals locate in Germany? ［J］. Regional science & urban economics，2010，40（1）：20－32.

［31］ 盛龙，陆根尧. 中国生产性服务业集聚及其影响因素研究——基于行业和地区层面的分析 ［J］. 南开经济研究，2013（5）：115－129.

高铁建设对粤港澳大湾区城市群空间经济关联的改变及影响分析

李　彦，王　鹏，梁经伟*

一、引言

交通基础设施的改善和提升对于区域的经济发展与空间重构发挥着重要的影响。现阶段，随着我国主要城市间高速铁路的陆续建设及通车，城市之间的联系日益密切，区域经济一体化的趋势也在不断增强。截至 2017 年年初，作为我国经济效益最高的区域之一，粤港澳大湾区的高速铁路营运里程已超过650 千米，位居世界四大湾区之首，总长 26 千米的广深港高速铁路香港段项目也在按期建设当中①。粤港澳大湾区要建成具有全球影响力的世界级湾区，需要不断整合区域经济要素，形成空间经济一体化格局。对此，德国经济地理学家 Taylor（2000）[1]认为，城市之间的高效连接网络是实现全球化的主要途径。作为一种交通基础设施，高速铁路缩短了城市间的时空距离，促进了沿线地区人口、资本和信息等要素的快速流动和重新分配，并逐渐成为区域空间结构演化的重要载体。

2017 年 7 月，国家发展改革委、广东省政府、香港特别行政区政府和澳门特别行政区政府经过协商，共同制定《深化粤港澳合作　推进大湾区建设框架协议》，其中特别强调要"推进基础设施互联互通，优化高速铁路网络布局"。那么，在高铁建设的时代背景下，粤港澳大湾区内部各城市之间的经济关联如何？哪些因素影响了粤港澳大湾区城市群的空间经济结构？回答这些问题对于推动大湾区基础设施建设、促进大湾区各城市经济协调发展具有重要的现实意义。

---

*　李彦，暨南大学经济学院博士研究生；王鹏，暨南大学经济学院副教授，博士生导师；梁经伟，中山大学粤港澳发展研究院博士后。

①　数据来源于《粤港澳大湾区城市群手册 2017》。

二、文献综述

交通运输网络是形成区域网络系统的前提条件，良好的交通连接对于区域经济联系与空间整合具有重要意义。许多国内外学者在分析高铁建设对经济活动分布和区域空间结构变化的影响时，采用了可达性这一指标。高铁可以将连接在一起的城市带转变为整体经济走廊，在一定程度上提高区域内城市间的可达性（Blum 等，1997）[2]。对于中国区域经济而言，高速铁路发挥着"走廊效应"和"辐射效应"两方面的影响，随着高速铁路网络化程度的提高，中国城市间的整体可达性得到了提升（Shaw 等，2014）[3]。可达性的增强不仅可以促进经济要素的流动，而且对沿线地区城市间的空间经济联系产生一定的影响。王雨飞和倪鹏飞（2016）[4]研究发现，高铁的开通缩短了各城市间的时间距离，促使散落的城市连结成群，中国区域间经济增长的溢出效应由此得到增强。彭宇拓（2010）[5]认为高速铁路网的完善在一定程度上触发了我国城市群的集聚和扩散效应。

尽管大多数学者认为高铁建设强化了城市群的经济关联效应，但由于各城市的经济基础和规模大小不同，加上高铁网络建设的非均衡性，高铁对沿线地区各城市间空间经济关联的影响效果却不尽相同。一方面，部分学者研究发现高速铁路的开通提高了沿线城市的经济联系强度，并可以带动小城市的发展机会。王昊和龙慧（2009）[6]认为随着高铁建设的网络化发展，一些中心城市往往成为高铁线路的聚集点，不同城市间的空间经济联系也在不断增强。贾善铭和覃成林（2015）[7]研究发现，预计2020年高速铁路网络建成后，我国泛珠三角地区的区域经济格局均衡性将增强。Li X 等（2016）[8]的研究表明，高铁建设显著改变了长三角城市群经济活动的空间分布，强化了中心城市的经济地位，带动了二线城市的投资，并促使更多的消费活动集中于城市群的非高铁沿线城市。另一方面，部分学者认为高铁建设会促进大城市形成更大的经济规模，而小城市则面临着被边缘化的危险。Gutiérrez（2001）[9]认为高铁建设通过促进要素流动和高端产业集聚惠及了所连接的中心城市。Hall（2009）[10]的研究表明，高铁新线的设置虽然在一定程度上强化了中心城市的地位，但却不利于中小城市的发展。Ureña 等（2009）[11]的研究发现，法国、西班牙等国高速铁路的开通促进了线路上中型城市的发展，使得经济活动由附近的小城市向其集中。

当然，除了高铁开通这一交通方式的改进因素之外，城市间的空间经济联系也受到政府政策、人力资本等因素的影响。韩会然等（2011）[12]运用社会网络分析方法，发现皖江城市带空间经济联系正逐步趋于均衡状态，要素的集聚与扩散、交通方式的创新等因素共同形成了皖江城市带空间经济联系的变化机制。Martí-Henneberg（2013）[13]从历史演进的角度研究了欧洲铁路系统1840—2010年的变迁，发现铁路交通系统的建设离不开国家政策的支持和推动，并且铁路网络对于欧洲经济活动的分布有着长远的影响。Ke X等（2017）[14]认为中国高速铁路的开通显著促进了沿线城市的经济增长，同时，要素流动性、地方保护主义、旅游资源、本地人力资本等也是影响城市从高速铁路中获益的重要因素。

综上所述，已有大部分学者研究高铁建设对区域空间经济关联的影响效果和优化调控，但是很少有学者对城市间空间经济关联的变化特征及其影响因素进行深入探讨，基于多期DID（differences in differences）模型的研究则更少。并且就当前研究成果来看，尚存在一些不足之处亟待完善。①关于高铁开通对区域空间格局的影响，多数学者关注于某一时间段或者某一特定区域，然而随着高铁网络的内联外通和规模的不断扩大，各城市间的经济联系会受到一定的影响，区域空间格局也会随着时间的推移发生一定的变化。②既有研究在分析城市间空间经济关联时，多运用社会网络分析、城市流、地缘经济等分析方法[15]，难以有效评估高铁开通这一政策实施的影响和效果，且缺乏有效的稳健性检验。鉴于此，本文首先通过社会网络分析方法观察粤港澳大湾区城市群空间经济关联的特征，接着在构建多期DID模型的基础上，就粤港澳大湾区城市群2003—2015年空间经济关联的影响因素进行实证分析和检验，进而为高速铁路与大湾区的互动发展提供相应的政策建议。

三、粤港澳大湾区城市群空间经济关联的变化特征

基于高铁建设背景，粤港澳大湾区城市群作为一个区域开放系统，其空间经济关联主要表现为劳动力、资本等经济要素在高铁沿线城市及周边地区进行集聚和扩散，在一定程度上增强了节点城市的辐射带动作用，实现了要素资源的优化配置，并且由于产业分工、信息技术等因素的影响，各城市之间的相互吸引力会受到一定的影响，并最终形成网络化的空间结构。

目前，关于粤港澳大湾区涵盖的地域范围尚未有明确的官方界定，国内学者的研究多将其划分为广东省的珠三角九市与香港、澳门两个特别行政区（钟韵等，2017）[16]。考虑到珠三角地区城市与港澳之间具有长期的紧密合作关系，本文认为粤港澳大湾区城市群的空间范围包括广州、深圳、珠海、佛山、中山、江门、肇

庆、东莞、惠州、香港特别行政区和澳门特别行政区,其中涵盖的高铁线路主要包括广深港高铁(广深段)、贵广高铁、厦深高铁、南广高铁 4 条省内高速铁路和广深、莞惠、广肇、广珠(珠海段)4 条城际铁路。

为了观察粤港澳大湾区城市群空间经济关联的整体特征,需要首先测度城市间的经济关联的关系矩阵,这其中主要包括城市引力模型、城市流模型和地缘经济关系模型 3 种方法。借鉴侯赟慧等(2009)[17]的思路,本文以修正后的城市引力模型作为测度方法,并纳入高铁建设因素,两个城市之间距离越近,其相互作用力越大,越能吸引更多的经济要素集聚。具体表达式如下:

$$R_{ijt} = K_{ijt} \frac{\sqrt{P_{it}T_{it}} \sqrt{P_{jt}T_{jt}}}{D_{ijt}^2} \qquad (1)$$

$$K_{ijt} = \frac{T_{it}}{T_{it} + T_{jt}} \qquad (2)$$

式(1)中:R_{ijt} 表示城市 i 与城市 j 之间空间经济关联的水平,P_{it}、P_{jt} 为两城市的 t 年末市辖区总人口,T_{it}、T_{jt} 为两城市在 t 年的 GDP。在传统的引力模型中,D_{ijt} 表示两地区之间的地理空间距离,这里为了体现高铁开通后的时空变化,用 i 城市通过铁路交通到 j 城市的最短时间距离来表示,近似于真实的旅行时间。式(2)中:K_{ijt} 为调节参数,反映城市 i 在 t 年对 R_{ijt} 的贡献率。借助修正后的城市引力模型,可以计算得出 2003—2015 年粤港澳大湾区两两城市间的空间经济关联值,从而构成 11×11 的有向关系矩阵数据。

截至 2015 年年底,粤港澳大湾区城市群已开通高铁的城市为广州、深圳、珠海、中山、惠州和肇庆 6 个城市,其中,广州最早于 2009 年开通,深圳、珠海、中山于 2011 年开通,惠州、肇庆则分别于 2013 年、2014 年开通。结合实际分析需要,本文选取 2003 年、2011 年 和 2015 年 3 个截面的代表性数据来进行网络结构分析,具体结果如图 1 所示,其中,每个节点表示城市,节点之间的连线表示经济关联及其方向①。从中可以看出,2003—2011 年粤港澳大湾区城市群空间经济关联的网络变化并不明显,而 2015 年的网络结构明显趋于复杂化,表明各城市间的经济联系不断增强且更加紧密。

社会网络分析方法(SNA)从"关系"角度研究城市间的经济关联和空间结构问题,是刻画网络化空间结构整体形态和特征的重要方法。本文从网络密度和中心度两方面来研究粤港澳大湾区空间经济关联的变化趋势和特征。网络密度表示各城市间实际拥有的连接关系数与可能拥有的理论最大关系数之比,该值越大,说明结

---

① 限于篇幅,文内没有展示粤港澳大湾区各年的网络结构变化图,如有需要,可向本文作者索取。

点间联系渠道越强，城市间的可达性也就越强，越有利于区域的协调发展。由图2可知，2003—2015年粤港澳大湾区城市群的网络密度处于不断上升的趋势，2015年达到最高值。2011—2015年，广深港高铁（广深段）、厦深高铁、贵广高铁、南广高铁4条主要省内高速铁路相继通车，这段时期网络密度的增长率也始终高于8%，说明高铁建设因素在某种程度上推动了粤港澳大湾区城市群空间经济结构的演变，对于各城市在网络结构的地位也产生了一定的影响。

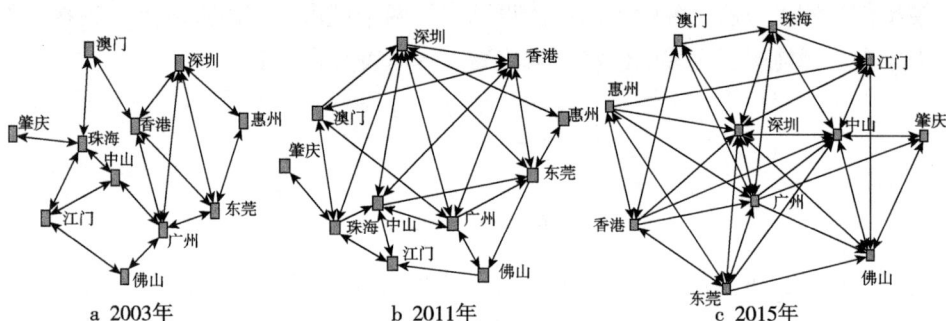

a 2003年　　　　　　b 2011年　　　　　　c 2015年

图1　粤港澳大湾区城市间空间经济关联网络结构

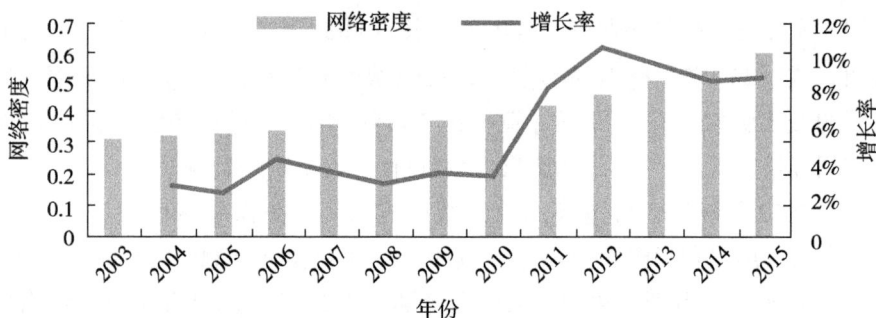

图2　2003—2015年粤港澳大湾区城市群网络密度变化

注：根据 Ucinet 6.56 软件计算结果绘制。

表1　2015年粤港澳大湾区各城市中心度

城市	点度中心度	接近中心度	中间中心度
广州	81.818	90.909	15.444
深圳	81.818	90.909	10.148
中山	72.727	83.333	8.963
佛山	54.545	71.429	3.593
东莞	54.545	71.429	1.556
珠海	45.455	66.667	2.111
江门	45.455	66.667	2.296

续表

城市	点度中心度	接近中心度	中间中心度
惠州	45.455	66.667	1.741
肇庆	27.273	58.824	0.000
香港	54.545	71.429	2.481
澳门	36.364	62.500	0.556

注：根据 Ucinet 软件计算所得，各中心度均为标准化数据。

中心度反映了节点在网络中的地位和权力，主要包括点度中心度、接近中心度和中间中心度。根据图 1 中 2015 年粤港澳大湾区城市间的空间经济关联网络结构图，可以计算得出相应的 3 种中心度指数。从表 1 中可以看出，在点度中心度和接近中心度方面，广州和深圳的指数值均在 80 以上且大于其他城市，说明这两个城市的经济辐射范围较广。对比图 1 可知，随着高铁的网络化建设，广州、深圳在粤港澳大湾区中的核心地位不断提升，而澳门和肇庆的点度中心度和接近中心度都相对较小，反映了这两个城市的"权力集中度"较小，其他 7 个城市的点度、接近中心度则处于中等水平，有待进一步提升。在中间中心度方面，最大值依然为广州和深圳，从地理位置上来看，广州和深圳分别位于大湾区的西部和东部地区，表明它们在粤港澳大湾区城市群网络结构中扮演着"桥梁"的作用，对于连接大湾区内其他城市起着明显的中介和沟通作用。

综上所述，3 种中心度指数值较大的城市，一般是经济实力较强、人口密度较大的城市，其实际地位也处于高铁网络中的核心节点。总体而言，在高铁建设背景下，粤港澳大湾区城市群的空间经济关联已呈现多中心、网络化的变化趋势。

四、粤港澳大湾区城市群空间经济关联的影响因素

在分析了高铁建设背景下粤港澳大湾区城市群空间经济关联的特征之后，自然引出如下问题，即哪些因素影响大湾区城市群空间经济关联的变化趋势？其中高铁因素占多大比重？考虑到高铁开通政策可以被看作一次自然实验，因而本文采用倍差估计方法来评估该政策的实施效果，这也是目前多数学者分析高铁开通对城市经济产生影响的方法之一（Ghani 等，2017）[18]。

（一）模型设计

在资源禀赋、等级规模和经济发展水平等方面，粤港澳大湾区各城市存在一

定差异，并且由于交通运输方式改进的影响，各城市间的空间经济关联往往随着时间的推移而呈现出动态变化特征。由此，本文将已开通高铁城市作为实验组，将未开通高铁城市作为控制组，构建一个一般化的多期 DID 模型：

$$R_{it} = \alpha_0 + \alpha_1 G_{it} + \alpha_2 DT_t + \alpha_3 X_{it} \tag{3}$$

$$R_{it} = \sum_{j=1}^{n} R_{ijt} \tag{4}$$

式（3）中：R_{it} 用于反映 i 城市在 t 年与其他城市相互吸引、相互作用的程度，其值为前文测得的城市 i 与城市 j 之间空间经济关联水平的总和。G_{it} 为高铁建设的政策属性变量，DT_t 是高铁建设的时间属性变量，X_{it} 为控制变量。

（二）自变量的选取及数据来源

考虑到影响粤港澳大湾区城市群空间经济关联的因素是多方面的，本文将影响因素划分为高铁建设变量和控制变量两大类，并借鉴李红昌等（2016）[19] 在研究高速铁路对中国沿线城市经济集聚影响时的设计，选取城市属性、经济属性和社会属性三方面的变量作为控制变量，所设置的计量模型如式（5）所示：

$$R_{it} = \alpha_0 + \alpha_1 G_{it} + \alpha_2 DT_{it} + \beta_1 PEO_{it} + \beta_2 IMP_{it} + \beta_3 PGDP_{it} + \beta_4 FDI_{it} + \beta_5 IT_{it} +$$
$$\beta_6 GOV_{it} + \mu_i + \varepsilon_{it} \tag{5}$$

式（5）中：R_{it} 表示粤港澳大湾区中城市 i 与其他城市间空间经济关联水平的总和，μ_i 为城市的固定效应，ε_{it} 表示随机扰动项，各解释变量的具体说明如表 2 所示。

本文采用 2003—2015 年粤港澳大湾区城市群的面板数据，相关数据主要来源于历年的《中国统计年鉴》《广东统计年鉴》《香港统计年刊》《澳门统计年鉴》。其中，两城市间的最短旅行时间数据是通过相应年份的《全国铁路旅客时刻表》及 12306 官方网站进行查询，若两城市间无直达高速列车，则依次按照普通列车、高速公路交通方式，取道最近的中转城市进行最短旅行时间的统计；各城市的 GDP 数据利用价格指数来进行平减处理（以 2002 年为基期），为降低异方差的影响，对绝对值变量做对数化处理。其次，考虑到粤港澳大湾区城市间的空间经济关联需要广阔的资源生态支持，本文还将广东省其他 12 个地级及以上城市纳入对比分析框架，并将其界定为粤港澳大湾区周边城市，具体包括汕头、韶关、河源、梅州、汕尾、阳江、湛江、茂名、清远、潮州、揭阳和云浮，这样的空间划分可以便于比较分析高铁建设因素对于粤港澳大湾区及周边地区城市间空间经济关联的强度和辐射范围。

表2 自变量的含义及说明

变量	变量属性	变量名称	指标含义	指标说明
高铁建设变量	政策属性	虚拟变量（G_{it}）	当 i 城市在实验组且 t 在高铁开通当年及之后的年份，$G_{it}=1$，否则为0	经过差分后的系数 α_1 即为高铁开通对实验组和控制组的影响差异，若 $\alpha_1 > 0$，说明高铁开通促进了大湾区城市间的空间经济关联
	时间属性	虚拟变量（DT_{it}）	DT_{it} 在高铁开通的第 T 年为1，否则为0	DT_{it} 用于捕捉在高铁没有开通情况下可能存在的时间趋势效应
控制变量	城市属性	城市扩张（PEO_{it}）	城市人口密度（人/平方千米）	在一定的合理范围内，扩大城市规模有利于拓展经济要素的流动空间，但规模过大也可能产生市场拥挤、资源供给不足等负面影响
		市场内部潜力（IMP_{it}）	社会消费品零售总额/城市内部距离（万元/千米）	借鉴覃成林和种照辉（2014）[20] 的做法，采用 IMP_{it} 来衡量一个城市市场的潜在规模和接近程度。IMP_{it} 越大，意味着该城市的市场购买力越大，市场要素更容易进入该城市
	经济属性	人均收入（$PGDP_{it}$）	人均地区生产总值（元）	高铁项目投资不仅需要大量的旅客目标市场，也要有较高的支付能力及意愿[21]。居民人均收入越高，其通过高速铁路等快捷交通方式出行的意愿越大
		对外开放水平（FDI_{it}）	当年实际利用外商投资（万美元）	外商直接投资能够加快要素流动和资本集中，因而对城市间经济交流发挥着重要的影响[22]
	社会属性	信息条件（IT_{it}）	互联网用户数（户）	互联网的运用可以促进经济要素的跨时空转移，为城市间相互交流与合作提供有效的技术支持
		政府公共服务（GOV_{it}）	一般财政支出占GDP比重	就城市间经济关联来说，由于各城市的经济基础和市场偏好不同，因而政府公共服务的影响可能具有一定的区域差异

注：城市内部距离的计算公式为 $d_i = (2/3)(S_i/\pi)^{1/2}$，其中，$S_i$ 为城市 i 的市辖区面积。

(三) 实证估计与分析

在实证检验中，本文分别从整体层面和粤港澳大湾区 - 周边地区两个层面来进行分析。由表3中的 Hausman 检验结果可知，模型宜采用固定效应估计，以便消除城市的个体效应，各模型的 R^2 值均在0.9左右，表明拟合程度都较好。

1. 从整体样本来看，模型 (1) 中表示高铁是否开通的政策属性变量 G 的系数显著为正，说明高铁的开通提高了粤港澳大湾区及周边城市的空间经济关联水平。由其他控制变量的估计结果可知，对粤港澳大湾区及周边城市空间经济关联影响较大且显著的解释变量主要有市场内部潜力 (IMP)、人均收入 (PGDP)、信息条件 (IT) 和政府公共服务 (GOV)。IMP、PGDP、IT 的提高对粤港澳大湾区空间经济关联水平的影响具有显著促进作用，它们每增加1%，空间经济关联水平将分别增加0.72%、0.76%和0.14%，GOV 这一变量则起到一定的负向作用。PEO、FDI 的统计系数并不显著，说明提高人口密度、增加实际利用外商投资这两个措施，并不能有效提高粤港澳大湾区及周边城市的空间经济关联水平。

2. 从大湾区与周边地区层面来看，对比模型 (3) (5) 可知，G 的系数值分别为1.56和1.33，说明高铁开通这一政策因素对两个区域的空间经济关联都起到了一定的正向促进作用，并且对粤港澳大湾区城市的影响大于对其周边城市的影响。从其他控制变量来看，对大湾区城市空间经济关联水平有显著正向影响的变量有 IMP、IT 和 GOV，FDI 的增加则在一定程度导致了大湾区城市间空间经济关联发生扩散效应，这可能是由于大湾区城市的要素集聚成本较高，当 FDI 处于饱和增加状态时，城市经济中的外在化因素便会促使人口、劳动力等经济要素加速外流，一些中小企业被迫迁离中心市区以降低生产成本，进而重新进行产业布局；而对大湾区周边城市而言，IMP、PGDP 的增加有利于提高各城市间的空间经济关联水平，说明优化市场结构、提高人均收入有利于促进大湾区周边城市间的经济联系。值得注意的是，政府公共服务 (GOV) 表示地方财政支出占GDP比重，这一指标在许多文献中又被称作地方保护，模型 (5) 中的系数值显著为负，与模型 (3) 中的 GOV 的系数值相反，反映了对于人口规模较小、经济实力相对较弱的大湾区周边城市而言，其内部城市间的空间经济关联将会受到地方保护主义的不利影响。

3. 考察高铁开通的时间效应。由模型 (2) (4) (6) 的回归结果可知，粤港澳大湾区及其周边城市 DT 的变化趋势总体呈现动态波动效应，且 DT 的系数仅在高铁开通后的第一年表现出显著为正，说明高铁建设对沿线城市的影响时滞约 1 年，这与董艳梅和朱英明（2016）[23]的研究结论相一致。由于在本文样本中，大湾区周边城市中最早开通高铁的为清远市，时间是 2010 年，因而在模型（6）中，截止到 2015 年开通高铁最长的时间为 6 年，因此，*DT* 的取值是从 *D*1 到 *D*6。总体而言，上述结果与只考察高铁开通的政策效应而不考察各年份的时间效应所得的结论基本一致。

表 3 实证估计结果

变量	总样本		粤港澳大湾区城市		大湾区周边城市	
	模型（1）	模型（2）	模型（3）	模型（4）	模型（5）	模型（6）
G	1.42*** (10.04)		1.56*** (12.99)		1.33*** (15.36)	
*D*1		1.40*** (13.72)		1.48*** (9.24)		1.31*** (10.67)
*D*2		0.13 (0.99)		0.10 (0.53)		0.14 (0.86)
*D*3		-0.01 (-0.06)		-0.06 (-0.32)		-0.02 (-0.11)
*D*4		-0.19 (-1.24)		0.15 (0.67)		-0.32 (-1.60)
*D*5		0.07 (0.40)		-0.11 (-0.49)		0.10 (0.46)
*D*6		-0.22 (-0.86)		-0.01 (-0.04)		-0.32 (-0.78)
*D*7		-0.01 (-0.02)		-0.20 (-0.61)		
PEO	-0.12 (-1.28)	-0.12 (-1.28)	0.02 (0.06)	0.02 (0.06)	-0.10 (-1.08)	-0.10 (-0.99)
IMP	0.72*** (7.38)	0.80*** (7.16)	1.07*** (6.27)	1.07*** (5.85)	0.66*** (4.95)	0.69*** (5.04)
PGDP	0.76*** (6.82)	0.79*** (6.87)	0.29 (1.53)	0.28 (1.36)	0.86*** (6.42)	0.87*** (6.44)
FDI	0.04 (0.73)	0.04 (0.83)	-0.29** (-2.00)	-0.28* (-1.83)	0.07 (1.40)	0.08 (1.39)
IT	0.14* (1.77)	0.13* (1.81)	0.24** (2.65)	0.26*** (2.74)	0.15 (1.42)	0.13 (1.25)

续表

变量	总样本		粤港澳大湾区城市		大湾区周边城市	
	模型（1）	模型（2）	模型（3）	模型（4）	模型（5）	模型（6）
GOV	−4.42 ***	−4.90 ***	9.83 ***	9.72 **	−5.06 ***	−5.38 ***
	（−2.97）	（−3.21）	（2.70）	（2.45）	（−3.03）	（−3.15）
cons	3.87 ***	3.57 ***	6.17 **	5.92 *	3.82 ***	3.43 ***
	（3.32）	（2.95）	（2.18）	（1.96）	（3.02）	（2.63）
Hausman-test	33.38 ***	37.48 ***	33.58 ***	51.88 ***	39.28 ***	72.66 ***
R^2	0.9201	0.9210	0.9614	0.9625	0.9099	0.9118
N	299		143		156	

注：***、**、*分别表示在1%、5%和10%的水平上显著；括号内为 t 值。下表同。

（四）稳健性检验

为了验证上述实证结果是由于高铁建设因素的影响，下面进行两方面的稳健性检验。

1. 反事实检验。借鉴已有文献[24]的研究设计，通过改变政策的执行时间来对模型（3）（4）进行反事实检验，即假设不存在高铁建设这一事实，实验组和控制组之间的差异也会随时间的推移而变动。就粤港澳大湾区内的城市而言，广州最早开通高铁，时间是2009年，故做如下处理：第一，分别依次假设实验组城市在高铁建成实际年份前后的第1、第2、第3、第4年为假想的高铁建设时间节点，其他控制变量的设置不变，对其进行同式（5）一样的回归（限于篇幅，表4仅列示1年期的结果）；第二，假设实验组的所有城市在2008年就已开通高铁，同样进行与式（5）一样的回归。

从表4中可看出，无论是改变高铁城市还是整个实验组的高铁建成时点，表示高铁是否开通的政策效应变量 G 的系数均未通过10%水平下的显著性检验，且相对于原模型而言，各模型的显著性都有了一定程度的降低，故拒绝了原假设，表明上述结论并不是随时间变动而导致的安慰剂效应的结果。

表4　反事实检验估计结果

变量	提前1年		推迟1年		2008年	
	模型（7）	模型（8）	模型（9）	模型（10）	模型（11）	模型（12）
G	1.18		1.08		0.61	
	（1.19）		（1.23）		（0.53）	

续表

变量	提前1年		推迟1年		2008年	
	模型（7）	模型（8）	模型（9）	模型（10）	模型（11）	模型（12）
D1		0.25**		1.18***		-0.05
		(2.36)		(8.64)		(-0.51)
D2		1.21***		-0.03		0.67***
		(9.50)		(-0.18)		(5.09)
D3		0.13		-0.24		0.12
		(1.03)		(-1.20)		(0.85)
D4		-0.01		0.05		0.84***
		(-0.05)		(0.26)		(6.07)
D5		0.10		-0.30		-0.09
		(0.67)		(-0.95)		(-0.69)
D6		0.07		-0.06		0.16
		(0.44)		(-0.14)		(1.16)
D7		-0.20				0.13
		(-0.79)				(1.01)
D8		-0.01				0.10
		(-0.01)				(0.74)
PEO	0.24**	-0.07	-0.07	-0.07	0.19	-0.03
	(2.13)	(-0.74)	(-0.60)	(-0.54)	(1.44)	(-0.25)
IMP	0.90***	0.73***	1.07***	1.10***	1.30***	0.32**
	(6.81)	(6.42)	(7.81)	(7.94)	(8.25)	(2.48)
PGDP	0.70***	0.79***	0.68***	0.71***	0.56***	0.74***
	(5.08)	(6.87)	(4.71)	(4.83)	(3.40)	(5.99)
FDI	0.06	0.06	-0.01	-0.01	-0.05	0.18***
	(1.04)	(1.24)	(-0.19)	(-0.16)	(-0.65)	(3.32)
IT	0.14*	0.14*	0.23**	0.23**	0.19*	0.14*
	(1.74)	(1.91)	(2.52)	(2.48)	(1.91)	(1.84)
GOV	-5.18***	-4.78***	-6.00***	-6.71***	-5.62***	-3.52**
	(-2.86)	(-3.15)	(-3.16)	(-3.46)	(-2.59)	(-2.22)
cons	0.34	3.75***	0.59	-0.04	-2.09	7.32***
	(0.25)	(3.12)	(0.40)	(-0.03)	(-1.26)	(5.36)
R^2	0.7821	0.7225	0.7690	0.7712	0.6317	0.6161
N	143	143	143			

2. 变换解释变量。为了更准确地估计高铁建设对粤港澳大湾区城市间经济联系的促进作用，除了构建反事实检验之外，本文还选取"发车频次"作为解释变量来进行稳健性检验。城市间发车频次在一定程度上反映了客流比重及客

流强度，对于沿线城市来说，高铁的频次效应加快了要素流动，进而增强了城市间的空间相互作用（蒋华雄等，2017）[25]。由此，构建如式（6）所示的模型：

$$R_{it} = \alpha_0 + \alpha_1 GN_{it} + \beta_1 PEO_{it} + \beta_2 IMP_{it} + \beta_3 PGDP_{it} + \beta_4 FDI_{it} + \beta_5 IT_{it}$$
$$+ \beta_6 GOV_{it} + \mu_i + \varepsilon_{it} \tag{6}$$

式中：GN_{it} 表示城市 i 一天内通过铁路客运方式到大湾区其他城市之间的总发车频次，其余变量的含义与式（5）相同。根据前文研究结论，高铁建设对已开通高铁城市的影响时滞约 1 年，即影响时段不只是当期的。因此，本文在式（6）的基础上，加入被解释变量的一阶滞后项，并进行广义矩（GMM）估计，最终得到的动态面板方程如下：

$$R_{it} = \alpha_0 + \alpha_1 GN_{it} + \alpha_2 R_{i(t-1)} + \beta_1 PEO_{it} + \beta_2 IMP_{it} + \beta_3 PGDP_{it} + \beta_4 FDI_{it}$$
$$+ \beta_5 IT_{it} + \beta_6 GOV_{it} + \mu_i + \eta_t + \varepsilon_{it} \tag{7}$$

式中：$R_{i(t-1)}$ 为被解释变量的滞后一期，为了凸显高速铁路与常规铁路的通车方式对粤港澳大湾区城市间经济联系所产生影响的差异性，总发车频次（GN_{it}）的数据分别以常规铁路发车频次和高速铁路发车频次的指标来反映①。μ_i 为个体效应，η_t 为时间效应，ε_{it} 为随机误差项，时间范围同样为 2003—2015 年，其他变量的含义和处理方法同式（5）。

表5　变换解释变量的稳健性检验结果

变量	模型（13）：常规铁路	模型（14）：高速铁路
GN	0.63（1.35）	1.19 ** （2.54）
$R_{(t-1)}$	0.41（0.85）	0.39 *** （4.60）
PEO	4.45（1.31）	− 0.17（− 0.23）
IMP	3.33 ** （2.16）	0.63 * （1.78）
PGDP	− 0.39（− 0.18）	0.52（1.44）
FDI	0.30 *** （3.69）	− 0.19 *** （− 2.73）
IT	0.63（1.16）	0.31 *** （3.23）
GOV	− 1.82 *** （− 3.12）	1.28（0.37）
cons	− 5.64 *** （− 12.10）	7.49 * （1.72）
N	132	132
AR（1）	0.0403	0.0980

———————————

① 按照我国《铁路安全管理条例》的规定，高速铁路泛指运行速度大于 200 km/h 的铁路运输种类，包括高速动车组和城际高速，而常规铁路包括动车和普通列车。

变量	模型（13）：常规铁路	模型（14）：高速铁路
AR（2）	0.6980	0.7422
$Sargan$ 检验 P 值	0.9709	0.9130

注：采用系统 GMM 方法进行估计，括号内为 t 值，其他同表 3。

根据表 5 估计结果，模型（13）中 GN 的系数为 0.63，但未通过显著性检验，而模型（14）中 GN 的系数显著为正，说明高铁发车频次每增加 1%，大湾区城市间的空间经济关联水平将提升 1.19%。另外，由 AR 估计量和 $Sargan$ 统计量的检验结果可知，式（7）建立的动态模型是合理的。由此表明，高铁建设对粤港澳大湾区城市间的空间经济关联确有影响，前文的实证结论具有稳健性。

五、结论与建议

（一）研究结论

本文首先就高铁开通与城市群空间经济关联的关系进行了系统的文献综述，接着利用粤港澳大湾区 2003—2015 年的城市面板数据，以两城市之间的经济联系值作为城市间空间经济关联的指标，实证分析了高铁建设背景下粤港澳大湾区城市群空间经济关联的变化特征，最后在构建多期 DID 模型的基础上，就粤港澳大湾区城市群空间经济关联的影响因素进行了深入研究，得出以下结论。

1. 社会网络分析的实证结果表明，2003—2015 年粤港澳大湾区城市群的网络密度处于不断上升的趋势，随着广深港高铁（广深段）、厦深高铁、贵广高铁、南广高铁 4 条主要省内高速铁路和多条城际铁路的相继建成通车，粤港澳大湾区各城市间的经济联系不断增强，城市群的空间结构持续优化。但是从网络结构图来看，尽管粤港澳大湾区城市群的空间经济关联整体呈现多中心、网络化的结构特点，但各城市间存在不对称和不均衡的现象，经济基础相对较好的广州、深圳仍处于核心支配地位，而香港、澳门与大湾区其他城市的经济联系水平还有待提升。

2. 多期 DID 模型的实证结果表明，从大湾区层面来看，高铁开通这一政策因素有效地提升了粤港澳大湾区城市间的空间经济关联水平，并且市场内部潜力、人均收入、信息条件和政府公共服务也是重要的影响因素；从大湾区－周边层面来看，高铁开通对粤港澳大湾区城市间空间经济关联的影响要大于对其周边城市的影响，对于粤港澳大湾区来说，*FDI* 的增加在一定程度上降低了城市间的空间经济关联水平，而对大湾区周边城市间的空间经济联系而言，地方保护主义则是最主要的负向影响因素。此外，从高铁开通的时间效应来看，反映粤港澳大湾区高铁开通时间效应的 *DT* 指标呈现动态变化特征，高铁建设对已开通高铁城市的影响时滞约 1 年，说明高铁开通这一政策效应的影响见效快，其快捷便利的运输特点极大地满足了人们的出行要求和美好的生活需要。

综上所述，将社会网络分析方法与多期 DID 模型综合运用，能更好地体现出粤港澳大湾区各城市间空间经济关联的变化特征，即向着多中心、网络化的趋势发展，并且高铁建设是重要的推动因素。

（二）政策建议

1. 构筑以高铁铁路交通为主的综合交通网络。高铁时代下，粤港澳大湾区城市群的空间结构朝着多中心、网络化的方向演化，经济要素在大湾区内流动更加便捷，范围逐步扩大，这就需要我们加快构筑以高铁铁路交通为主的综合交通网络。对此，可以从两方面着手：第一，不断完善城际综合交通网络，建设以广州、深圳、香港为核心，以高速铁路、城际铁路、高速公路、跨海通道为主的多层次综合交通网络，继续推进广深港高速铁路（香港段）、港珠澳大桥等主要城际通道建设，提高城际铁路对城镇的覆盖范围和水平；第二，不断完善高铁配套体系建设，强化高铁建设中多渠道的资金保障和全方位的安全保障，通过大湾区内一卡互通、不同客运方式联程化等方式，实现大湾区内交通信息的共享互通，提升高铁运输的服务水平。

2. 以高铁建设为依托，推动大湾区及周边城市经济协调发展。城市间经济要素的流动和转移离不开高铁网络的合理引导和布局，然而目前粤港澳大湾区城市群的高铁网络依旧存在着覆盖率不高、分布不均衡等问题。对此，粤港澳大湾区城市群首先需要加强与周边城市间的经济交流和联系，按照广东省综合交通运输体系发展"十三五"规划中的要求，规划建设深圳－茂名、梅州－潮汕等高速铁路和城际铁路建设，提升大湾区周边城市的运输能力，带动城市间的产业分工和协作。其次，考虑到大湾区的地理特点，应当将高速铁路与跨海交通方式作为一个系统进行统筹规划，努力改善澳门、河源、云浮等尚未开通高铁城市的对外交通方式，提高城市可达性，加强其与高铁城市接驳的相关基础设施的建设。

3. 在规划和建设高速铁路的过程中，重视 *FDI*、市场内部潜力和信息条件等其他要素的作用。除高铁开通因素外，城市间的空间经济关联还受到 *FDI*、市场内部潜力和信息条件等其他因素的影响。对此，粤港澳大湾区应当努力构建总部经济，积极改善教育、电信、医疗等地方公共服务设施的建设，提高市场内部潜力，减少对外商投资的过度依赖。而对于大湾区周边城市来说，则应当以市场为主导，努力减少政府对产业经济的干预，通过城际轨道、高速公路等加强与大湾区城市的交通衔接，从而共享高铁时代所带来的经济福利。

参考文献

［1］TAYLOR P, HOYLER M. The spatial order of European cities under conditions of contemporary globalisation ［J］. Tijdschrift voor economische en sociale geografie, 2000, 91 （2）: 176 – 189.

［2］BLUM U, HAYNES K E, KARLSSON C. Introduction to the special issue the regional and urban effects of high-speed trains ［J］. Annals of regional science, 1997, 31 （1）: 1 – 20.

［3］SHAW S L, FANG Z, LU S, et al. Impacts of high speed rail on railroad network accessibility in China ［J］. Journal of transport geography, 2014, 40 （1）: 112 – 122.

［4］王雨飞, 倪鹏飞. 高速铁路影响下的经济增长溢出与区域空间优化 ［J］. 中国工业经济, 2016 （2）: 21 – 36.

［5］彭宇拓. 论高速铁路对加速我国城市化进程的促进作用 ［J］. 理论学习与探索, 2010 （5）: 18 – 19.

［6］王昊, 龙慧. 试论高速铁路网建设对城镇群空间结构的影响 ［J］. 城市规划, 2009 （4）: 41 – 44.

［7］贾善铭, 覃成林. 高速铁路对中国区域经济格局均衡性的影响 ［J］. 地域研究与开发, 2015 （2）: 13 – 20.

［8］LI X, HUANG B, LI R, et al. Exploring the impact of high speed railways on the spatial redistribution of economic activities—Yangtze River Delta urban agglomeration as a case study ［J］. Journal of transport geography, 2016, 57 （1）: 194 – 206.

［9］GUTIÉRREZ J. Location, economic potential and daily accessibility: an analysis of the accessibility impact of the high-speed line Madrid-Barcelona-French border ［J］. Journal of transport geography, 2001, 9 （4）: 229 – 242.

［10］HALL P. Magic carpets and seamless webs: opportunities and constraints for high-speed trains in Europe ［J］. Built environment, 2009, 35 （1）: 59 – 69.

［11］UREÑA J M, MENERAULT P, GARMENDIA M. The high-speed rail challenge for big intermediate cities: a national, regional and local perspective ［J］. Cities, 2009, 26 （5）: 266 – 279.

[12] 韩会然, 焦华富, 李俊峰, 等. 皖江城市带空间经济联系变化特征的网络分析及机理研究 [J]. 经济地理, 2011 (3): 384-389.

[13] MARTÍ-HENNEBERG J. European integration and national models for railway networks (1840—2010) [J]. Journal of transport geography, 2013, 26 (1): 126-138.

[14] KE X, CHEN H, HONG Y, et al. Do China's high-speed-rail projects promote local economy?—new evidence from a panel data approach [J]. China economic review, 2017, 44 (1): 203-226.

[15] 孙亚男, 刘华军, 崔蓉. 中国地区经济差距的来源及其空间相关性影响: 区域协调发展视角 [J]. 广东财经大学学报, 2016 (2): 4-15.

[16] 钟韵, 胡晓华. 粤港澳大湾区的构建与制度创新: 理论基础与实施机制 [J]. 经济学家, 2017 (12): 50-57.

[17] 侯赟慧, 刘志彪, 岳中刚. 长三角区域经济一体化进程的社会网络分析 [J]. 中国软科学, 2009 (12): 90-101.

[18] GHANI E, GOSWAMI A G, KERR W R. Highways and spatial location within cities: evidence from India [J]. World bank economic review, 2017, 30 (1): 22.

[19] 李红昌, Linda Tjia, 胡顺香. 中国高速铁路对沿线城市经济集聚与均等化的影响 [J]. 数量经济技术经济研究, 2016 (11): 127-143.

[20] 覃成林, 种照辉. 高速铁路发展与铁路沿线城市经济集聚 [J]. 经济问题探索, 2014 (5): 163-169.

[21] 张书明, 王晓文, 王树恩. 高速铁路经济效益及其影响因素研究 [J]. 山东社会科学, 2013 (2): 174-177.

[22] DAI N, HATOKO M. Reevaluation of Japanese high-speed rail construction: recent situation of the north corridor shinkansen and its way to completion [J]. Transport policy, 2007, 14 (2): 150-164.

[23] 董艳梅, 朱英明. 高铁建设能否重塑中国的经济空间布局——基于就业、工资和经济增长的区域异质性视角 [J]. 中国工业经济, 2016 (10): 92-108.

[24] HUNG M, WANG Y. Mandatory CSR disclosure and shareholder value: evidence from China [R]. California: University of Southern California, 2014.

[25] 蒋华雄, 孟晓晨. 京沪高铁对沿线城市间空间相互作用影响研究 [J]. 北京大学学报 (自然科学版), 2017 (5): 905-912.

经济发展如何影响公众法治认同感

——以粤港澳大湾区珠三角九市为例

邱佛梅，郑方辉[*]

一、引言

经济发展和依法治国是新时代实现"中国梦"的基本路径。2012 年，习近平在纪念现行宪法公布施行 30 周年大会上，提出"坚持法治国家、法治政府、法治社会一体建设"的重要命题。党的十九大报告又进一步提出我国社会主义现代化建设"三步走"战略目标，指出"2020 年到 2035 年，法治国家、法治政府、法治社会基本建成"。全面推进法治建设成为社会经济深度转型的现实需求。但 40 年改革开放，经济增长与公众法治认同感"增长停滞"[①]，使得国家法治建构和法治秩序形成遇到较为复杂的困局。为消解社会政治生活的合法性危机及尽快建成法治中国，提升公众法治认同感成为关键。公众对法治的认同感一直被视为法治建设的主观目标和内在驱动力，亦是评价法治建设成效的关键指标与更高标准。因为社会公众对法治的信任与认同感的强度、广度和深度是维持社会秩序稳定最重要的支柱。新时代社会主要矛盾已发生变化，发展不平衡、不充分已成为制约满足人民日益增长的美好生活需要的关键因素，社会群体认同感知和法治秩序生成的作用显得格外重要。国际经验表明，经济发展与法治进程的关系错综复杂，与发展阶段、区域特征及社会文化等因素深度交叠。主流法律经济学派以法治（或制度）作为变量用以解释分析经济绩效，但反过来经济发展能否影响法治效果有着截然不同的认识与个案。

粤港澳大湾区是中国经济发展与法治水平较高的区域。2017 年 3 月，国务

* 邱佛梅，华南理工大学法学院博士研究生，法治评价与研究中心研究人员；郑方辉，华南理工大学公共管理学院教授，政府绩效评价中心主任，博士生导师。

① 根据中国人民大学法治评估研究中心发布的《中国法律发展报告 2018》，该中心在全国开展的2015—2016 年法治评估结果显示，"公众法治信仰"该项指标评分在 65 分以下。

院政府工作报告首次提出粤港澳大湾区城市群规划。党的十九大报告再次强调推动粤港澳大湾区建设，其中包括法治建设。2019 年 2 月，《粤港澳大湾区发展规划纲要》提出要"尊崇法治，严格依照宪法和基本法办事……充分发挥市场化机制的作用，促进粤港澳优势互补，实现共同发展"。近两年，基于大湾区规划建设，粤港澳合作与协同发展已从过去以区域政府间合作为主的模式逐步转向国家统一规划和法治化治理的发展路径。不言而喻，经济发展与法治建设对粤港澳大湾区全面建成国际一流湾区具有重要意义。同时，借鉴港澳法治经验，推进内地与港澳协同发展，客观上要求深入探讨湾区内地城市经济发展对法治建设效果的影响，进一步为湾区协同发展的宏观决策提供实证性支撑。

本文的研究旨在探讨经济发展如何影响公众的法治认同感。基于理论分析与逻辑推导，在归纳经济发展与法治进程关系的基础上，分析经济发展影响法治认同感的可能路径；之后利用统计资料和抽样调查获得粤港澳大湾区珠三角九市 2016—2018 年公众法治认同感，进一步检验经济发展影响公众法治认同感的效应与路径。

二、文献回顾

对于经济与法治关系的研究，学界从经济增长理论逐步转向法治增长理论视角，完成了从古典经济学、奥地利学派、新制度经济学、法经济学的范式转换。主流法律经济理论认为，法治与经济增长（经济发展）之间存在关联。

在跨国研究方面，由于发达国家和发展中国家在经济增长范式方面存在巨大差异，大量"新增长理论"文献尝试将制度变量如产权保护、合同执行力度等进行分解，研究它们各自对经济发展的影响。North 和 Thomas（1973）[1]均提出产权保障和合同执行为投资者提供激励而推动经济增长。但也有学者认为法律规则和实际法治效果之间存在重要差异，将制度变量进行分解会产生误导（Woodruff，2006）[2]。为弥补变量局限性，Haggard 等（2008）[3]、Gutmann 和 Voigt（2015）[4]通过构建法治综合指数来实证探析法治与经济之间的关系。世界银行发布的全球治理指标（worldwide governance indicators）数据显示，法治在内的治理框架与好的经济发展绩效之间存在着强烈因果关系①。Knack 和 Keefer（1995）[5]的实证分析发现，法律规章、政府腐败、法治维护等指标与经济增长率之间有显著相关关系，法治指标每增加一个单位，经济增长率会以每年

---

① 参见 https：//datacatalog. worldbank. org/dataset/worldwide - governance - indicators。

超过 1.2% 的速度增长。针对中国的经验研究方面，Clarke（2003）[6]指出中国在弱法律体系下保持强劲经济增长这一事实，由此质疑法治与经济增长之间的关系。Franklin Allen 等（2005）[7]采用 LLSV 的法律指标研究中国法治与经济增长关系，也认为中国法律体系很不完善却成为世界上经济增长最快的国家之一，从而引发众多学者研究"中国之谜"。之后，李春涛等（2010）[8]、方颖和赵扬（2011）[9]、万良勇（2013）[10]、胡荣才和刘黎（2014）[11]等的实证分析均得出"中国法治发展通过加强产权保护、健全法律制度等能显著影响经济增长和企业投资效率"的结论，由此反驳了 Allen 等人关于中国"显著反例"的论断。总体上，国内实证性研究成果不多，文正邦（1994）[12]、钱颖一（2000）[13]、吴敬琏和江平（2010）[14]等多位学者均认为法治经济与市场经济内涵具有一致性。

综上可知，中外文献均认为法治与经济之间存在紧密的关系。学界主要基于经济增长理论，以法治（或者制度）作为变量提出一个解释经济绩效的分析框架。近年来，大量跨国经验研究也证实了"法治影响经济发展""制度至关重要"的假说，但学者们对于经济发展对法治转型的影响却涉猎不多，有关经济发展如何影响法治建设的实证研究更是匮乏。基于此，本文将公众感知（法治认同感）作为中介变量来探究经济发展如何影响法治建设效果，并将统计分析方法运用到法治经济研究中，以弥补"经济对法治的量化关系"实证分析的不足。

三、理论分析与研究假设

（一）经济发展对法治建设的贡献

主流法律经济学派通常以经济增长理论诠释法治对经济的影响。从法治增长的视角，我们将经济发展对法治建设的贡献概括为法治起源学说、法治动力学说和因果关系学说。

首先，针对法治起源的论述。马克思指出，先有交易，后来才由交易发展为法律[15]；法的关系根源于物质的生活关系，是这种物质的生活关系的总和[16]，即社会经济关系。根据韦伯的观点，法律制度产生于西欧特殊的经济、宗教、政治因素相互作用的历史社会环境中[17-18]。两位学者实际上回答了"法治是如何出现的"这一根本性问题。后发展理论内在预设了中国等后发展国家经济社会变革的次序：当经济增长发展到一定阶段，随着政治腐败、社会失范等现象加剧并达到顶峰时，经济要保持持续高增长则会对发展的宏观背景，如实现法治建设、规范经济、民主政治、社会公平等提出越来越高的要求，随之政府和社会开始重视法治治理和法治精神，法治建设转入拐点并逐步实现法治经济。

其次，关于法治动力。中国经济体制市场化和国家治理法治化具有明显的历史共生关系[19]。经济发展和地区经济竞争构成地方法治建设的内生驱动力。周尚君（2017）[20]构建了制度与发展的动态关系模型，提出"地方法治竞争需求的根本驱动在于内生性互动中的收益优势及各方需求最大公约数的满足"。随着微观主体或区域相对经济力量的提升，"只有新的法治体系或制度安排才能实现潜在利润和持续保持经济增长"（Acemoglu 等，2001）[21]，由此经济持续发展对法治的需求会越来越强，甚至某种程度上，一些地方显现出经济社会倒逼地方推进法治建设的被动发展趋势。不可否认，经济与社会的高度发展是法治生成的内源动力。

最后，因果关系学说认为经济发展有助于提高法治建设成效和提升社会法治水平，而地区或国家经济发展不平衡是导致法治发展不平衡的原因（骆天纬，2016）[22]。例如，曾鹏（2009）[23]基于计量经济分析得出，人均 GDP、城市化和城乡差距是影响中国省域法治现代化进程中排在前三的影响因素；赵彦云等（2016）[24]对 2005—2014 年世界 60 个国家的法治经济成熟度进行评估，结果表明法治与经济发展间呈正相关关系，即社会经济发展水平越高，法治的成熟度越高；郑方辉和何志强（2016）[25]的研究也表明，地区 GDP 和人均 GDP 对公众法治政府绩效满意度存在较强的正相关；郑方辉和周礼仙（2016）[26]认为经济发展能有效提升法治政府建设绩效，经济越发达地区社会贫富差距越小，法治政府建设绩效满意度也越高；Castiglione 等（2015）[27]基于 33 个高收入国家 1996—2010 年的数据，研究发现法治与收入呈正反向因果关系，收入越高，法治越强；欧阳曙（2016）[28]的研究表明，法治库兹涅茨曲线从进入拐点到法治社会基本形成人均 GDP 大体在 4500 ~ 9000 美元，这一时期正是中等收入时期的两端。

（二）法治建设效果测量及公众法治认同感

一般认为，经济增长可用 GDP、人均 GDP 这类可量化的公认指标来衡量，但法治建设效果具有强烈的价值导向，量化法治价值的实现程度被视为世界难题，并且取得指标值并非易事，原因包括社会开放程度不高、信息不对称、评价成本高昂，甚至部分数据信息涉及国家机密等（谭玮和郑方辉，2017）[29]。

借鉴国内外经验，本文以公众法治认同感作为关键指标来反映和衡量法治建设效果，因为"法治的根基在于民众，民众对法治的满意与认同，是检验法治品质的基本标准之一"（石文龙，2001）[30]。

法治认同是指法治主体通过实践经验和理性判断对法治客体，包括法治理念、法律规范及法治实践等进行评价，基于法治满意从而形成普遍认可、接受和信任法治的认同意识，并将其内化为自觉服从或参与行动的过程或状态。法治认同感是人们对法治的认同心理程度或主观感受，体现了人们对法治本身及法治与经济、政治、社会等关联域的态度，这种态度对其行为产生控制力和指导性作用，并实现内在态度与自觉实践之间的辩证转换，外部化为服从遵守规则、自觉参与法治实践。法律心理学理论表明，法治认同是形成法治秩序的先决条件，决定法治建设的成败。由法之合法与法之认同支撑的社会自主运行状态是法治国家、法治政府和法治社会的基本表征。因为法治认同生成使法治建构有了精神价值基础，使法治运行有了内在动力机制，也使法治秩序的形成有了文化心理保证[31]。一个对法治不认同、不接受的民族和社会不可能拥有良好的法治环境，更别说建成法治国家。而提升公众法治认同感对于法治秩序形成而言，既是社会心理文化表征，也是建构法治的过程。由此，公众法治认同感是判断法治建设效果的更高标准和关键指标。

然而，"对某人忠于法律、认同法治的情况进行界定和量化并不是十分简单的事"（托马斯·莱赛尔，2004）[32]，在社会调查研究中通常采用辅助性数据，即通过抽样调查、问卷提问方式了解特定数量的公众在特定时间内对法治的满意度和认同感，以实现在某种程度上反映一个国家或地区的社会法治认同状况。测量公众的法治认同感，首先要对法治认同的内在构成及其生成过程进行层层分解，以实现"概念操作化"。逻辑上，公众法治认同感的强度必然与法治发展水平相关，"法治建设态势良好，则公众法治认同感强；法治建设发展态势疲软，则公众法治认同感弱"（陈佑武和李步云，2017）[33]。其次，公众对法治的认同并非盲目信仰，还与公众对法治的认知和基于天然正义观或后天经验培养的法治情感有关。事实上，遵守法律并不意味着内心认同法治，美国学者泰勒通过对芝加哥居民的问卷调查，指出"人们之所以遵守法律的原因与人们对相关法治实践、法律程序的满意程度有关"（汤姆·泰勒，2015）[34]。因此，公众法治认同感指数测量指标至少包括法治满意度、法治认知度、法治认可度、法律忠诚度等。在法治建设实践过程中，公众对法治的期望和法治建设效果感知直接作用形成公众对法治的满意度，又基于公众法治认知度、法治情感因素产生抱怨法治或信任法治的态度（法律忠诚），法治抱怨强烈则法治认同感低，法治信任增强则法治认同感高。基于此，我们构建了公众法治认同感指数模型，如图1所示。

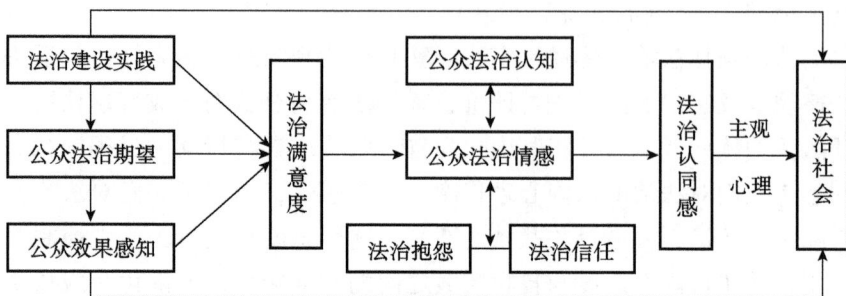

图1　公众法治认同感指数模型

（三）经济发展影响法治认同感的可能路径

个体对法治的主观认同感受与体验的机制及影响因素是多维复杂的。学界普遍认为其主要包括经济因素、政治因素、社会因素、利益因素、制度环境、公众基本素质、法治平衡协调能力及参与立法过程、法律文化及正义感等（卢建军，2014；托马斯·莱赛尔，2014；李春明和王金祥，2008）[31-32,35]，它们在不同程度上促进或制约法治认同感的提升。随着交叉学科研究的兴起，认同感研究逐步从重点分析个体背景经验的微观视角走向宏观论证，学界越来越关注于收入差距、经济发展、政府绩效、政府诚信守法等宏观经济社会因素对群体感知、认同意识和法治秩序生成的作用。美国政治学家罗纳德·英格尔哈特（2013）[36]提出的后物质主义价值观理论，进一步证实了经济状况对人们认同意识的影响；李春明和王金祥（2008）[35]指出市场经济对法治认同的形成具有决定性作用；库兹涅茨曲线也表明，在经济发展的前期阶段，收入分配差距不断扩大及社会矛盾加深等，客观上要求建立法治秩序。由此引发我们思考：对于经济与法治较为发达的粤港澳大湾区，其经济绩效是否构成公众法治认同感的重要来源并成为推动法治秩序建构的动力？

尽管学界普遍认为，法治繁荣或崩溃往往与经济发展及稳定相关，但从宏观经济和收入分配视角研究其对法治促增长或破坏影响的成果不多，原因之一是该领域研究存在明显的内生性问题，直接探讨二者关系尤为困难，已有研究往往忽略变量偏差和反向因果关系。为此，我们采用间接分析方法，分别加入影响或反映"经济发展"与"法治建设效果"的间接变量，即法治建设效果用公众法治认同感来衡量，旨在明确经济发展对法治生成的潜在机制和渠道的影响。围绕对公众法治认同感的影响，我们选择代表性的经济影响因素：一是经济增长和居民可支配收入；二是政府财政收入；三是城乡收入差距和人群收入差距。由此构建经济发展影响公众法治认同感的分析框架，如图2所示。

基于上述分析，我们提出如下研究假设。

H1：经济增长、政府财政收入增加和居民可支配收入增加能带来公众法治认同感的提升。

H2：收入的城乡差距及人群差距对公众法治认同感产生负面作用。

H3：公众对经济收入的主观感知与法治认同感受到其社会背景的多重作用。

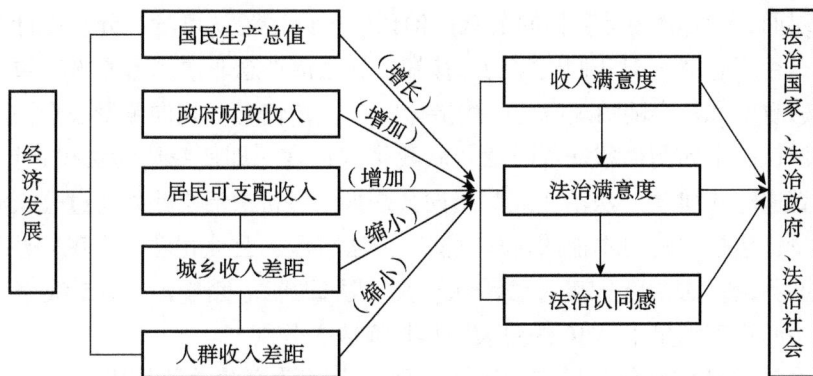

图2　经济发展影响公众法治认同感的作用机制分析框架

四、模型与数据

（一）模型选择与实证方程

为检验经济发展对公众法治认同感的影响，设计以下计量模型：

$$Identity_{ist} = \beta_0 PCGDP + \beta_1 PCGBR + \beta_2 PCDI + \beta_3 IncomeGAP + \beta_4 IncomeSD$$
$$+ \Pi Indivd_{ist} + \Gamma Municp_{st} + \eta_s + \mu_t + \varepsilon_{ist} \tag{1}$$

式中：被解释变量 $Identity_{ist}$ 表示 s 市 t 年第 i 个受访者对法治的认同感；解释变量分为5组，其中，变量 $PCGDP$ 表示人均国民生产总值，变量 $PCGBR$ 表示人均财政收入，变量 $PCDI$ 表示人均居民可支配收入，变量 $IncomeGAP$ 表示城乡收入差距，变量 $IncomeSD$ 表示个人收入满意度，β 是其对应的回归系数；控制变量分为个体特征因素和宏观经济因素，其中 $Indivd_{ist}$ 表示个体特征因素，包括受访者的性别（$Male$）、户籍（$ResidenceR$）、年龄（Age）、学历（$Education$）、职业（$Occupation$）和家庭年收入（$IncomeRANK$），Π 为其对应的回归系数矩阵；$Municp_{st}$表示其他宏观经济因素（以地市为单位），包括政府效率指数（$Gvefficn$）、城市化率（$Ubanztn$）、通货膨胀率（$Inflatn$）、城镇登记失业率（$Unemplymt$）、区域中心城市（$Centrlct$），Γ 为其对应的回归系数矩阵；η_s、μ_t、ε_{ist} 分别代表城市、年度和其他随机扰动项。

（二）变量选择与数据来源

1. 被解释变量

公众法治认同感（$Identity$）包括法治接受评价、法治实践评价和法治情感评价3个层面。"法治接受"指向公众法治认知度和法治认可度，分别设计2个问题：您是否同意"我对我们国家的法律知识和法治理念非常熟悉了解"和"我们的国家、政府和社会的治理应走向法治化"？"法治情感"指向测量公众的法律忠诚度，设计一个问题：您是否同意"就我个人而言，即使我认为法律是错误的，我也一直遵守法律"？"法治实践"指向公众如何评价法治实践并通过公众满意度方式测量，包括"您对本地的科学立法、依法行政、公众司法、全民守法"4项满意度的测量。法治认知度、法治认可度、法律忠诚度测量采用5级李克特量表，法治满意度测量采用10级量表，再转换成5分制。

公众法治认同感的数据来源于华南理工大学政府绩效评价中心抽样调查数据库，该项调查覆盖广东全省县级以上行政区域，调查对象为18～70岁常住人口；调查时间为每年1—2月（针对上一年度），主要采用定点拦截方式，以性别、年龄、户籍为配额条件。本文选取2016—2018年粤港澳大湾区珠三角九市，有效样本27 806个。之后采用SPSS软件录入，样本结构与当地常住人口总体结构进行对照具有良好代表性。详见表1。

表1 粤港澳大湾区珠三角九市2016—2018年公众法治认同感调查样本结构

调查执行时间		2016年	2017年	2018年
调查针对年份		2015年度	2016年度	2017年度
年末常住人口（万人）		5874.27	5998.49	6150.54
有效样本量（人）		8609	9821	9376
样本性别	男	52.63%	48.77%	50.54%
	女	47.37%	51.23%	49.46%
样本年龄	18～20	27.83%	10.22%	12.89%
	21～30	21.79%	20.09%	20.78%
	31～40	20.14%	19.98%	21.93%
	41～50	13.65%	19.81%	18.85%

续表

调查执行时间		2016 年	2017 年	2018 年
样本年龄	51~60	10.94%	19.88%	16.50%
	61~70	5.65%	10.02%	9.06%
样本户籍	本市	51.71%	49.78%	58.80%
	本省	25.73%	33.44%	27.75%
	外省	22.56%	16.78%	13.45%
样本职业	外企员工	6.61%	7.28%	3.50%
	私企员工	18.03%	15.17%	19.93%
	国企员工	14.44%	10.96%	11.81%
样本职业	科教文卫者	11.49%	9.21%	8.86%
	公务员	9.65%	3.76%	4.71%
	自由职业者	8.77%	6.38%	6.98%
	私营业主	8.31%	11.95%	10.38%
	失业下岗	5.37%	8.00%	6.20%
	学生	6.52%	11.26%	11.10%
	农民	7.62%	12.11%	14.33%
	其他	3.21%	3.91%	2.20%
样本学历	小学	7.14%	6.76%	9.19%
	初中	21.31%	22.58%	16.22%
	高中	23.95%	22.85%	17.89%
	大专	20.48%	21.25%	22.09%
	本科	20.35%	19.53%	26.82%
	研究生	6.76%	7.03%	7.79%
样本收入	2 万元以下	3.30%	1.78%	1.12%
	2 万~5 万元	9.27%	8.02%	3.90%
	6 万~10 万元	24.68%	21.58%	15.50%
	11 万~15 万元	43.56%	38.77%	28.14%
	16 万~30 万元	13.37%	22.92%	36.79%
	31 万~50 万元	4.05%	5.58%	11.76%
	50 万元以上	1.77%	1.34%	2.79%
样本分布（个）	广州	2166	2613	2570
	深圳	1257	1469	1337
	珠海	400	438	397

续表

调查执行时间		2016 年	2017 年	2018 年
样本分布（个）	佛山	978	1179	1067
	江门	950	1159	981
	肇庆	1084	1182	1110
	惠州	1001	994	1011
	东莞	380	399	447
	中山	393	388	456

2. 核心解释变量

经济发展（Economic Development）。本文主要采用了 5 个解释变量，包括人均国民生产总值、人均一般公共预算收入、人均居民可支配收入、人均城乡收入差距和个人收入满意度。其中，前 4 个变量数据来源于 2016—2018 年度《广东统计年鉴》；为保证经济发展指标绝对水平的正态分布，前 3 个指标（变量）数据取其对数，人均城乡收入差距（城镇常住居民人均可支配收入/农村常住居民人均可支配收入）取其倍数自然数；个人收入满意度用以解释公众对经济收入的主观感知，其数据收集于"公众法治认同感"调查问卷。

3. 控制变量

通常而言，影响公众主观感知和社会态度（尤其是认同感）的因素错综复杂，包括经济因素、社会因素、文化因素、代际因素及结构性因素和个体性因素等。本文控制变量主要考虑两方面因素：一是公众背景，包括受访者的性别、户籍、年龄、学历、职业、收入等；二是宏观经济因素，以地市为单位，包括政府效率指数、城市化率、通货膨胀率、城镇登记失业率等。同时还在回归方程中控制了区域中心城市（广州、深圳和珠海）和其他城市虚拟变量，以及当年和其他年份虚拟变量。各项控制变量中，除政府效率指数（以满意度表示，10 分制）来源于公众满意度调查数据库，其他均取自相应年度的《广东统计年鉴》。变量说明、赋值及描述性统计结果如表 2 所示。

表 2 变量描述

变量符号	变量名称	变量取值	均值	标准差	最小值	最大值
Identity	公众法治认同感	问卷调查结果，转换成 5 分制	3.282	0.638	1.000	5.000
PCGDP	人均 GDP（元）	广东统计年鉴数据，取对数	11.532	0.446	10.800	12.120
PCGBR	人均财政收入（元）	广东统计年鉴数据，取对数	9.063	0.664	7.720	10.214

续表

变量符号	变量名称	变量取值	均值	标准差	最小值	最大值
PCDI	人均居民可支配收入（元）	广东统计年鉴数据，取对数	10.501	0.320	9.852	10.877
IncomeGAP	城乡居民收入差距（倍）	广东统计年鉴数据	13.471	3.537	7.654	22.907
IncomeSD	个人收入满意度	问卷调查结果，转换成5分制	3.165	0.807	1.000	5.000
Gvefficn	政府效率指数	问卷调查结果，转换成5分制	6.795	1.250	5.590	8.880
Ubanztn	城市化率	广东统计年鉴数据	0.804	0.168	0.452	1.000
Inflatn	通货膨胀率	广东统计年鉴数据	1.948	0.436	0.800	2.749
Unemplymt	城镇登记失业率	广东统计年鉴数据	0.006	0.002	0.002	0.010
Male	性别	1 = 男性，0 = 女性	0.506	0.500	0.000	1.000
ResidenceR	户籍	1 = 本市县，2 = 本省，3 = 外省	1.640	0.761	1.000	3.000
Age	年龄	1 = 青年人（16~30岁），2 = 中年人（30~50岁），3 = 老年人（50~70岁）	1.868	0.775	1.000	3.000
Education	学历	1 = 小学及以下，2 = 中学（含高中、初中），3 = 大学（含大专、本科），4 = 研究生	2.318	0.785	1.000	4.000
Occupation	职业	1 = 未就业（含失业/下岗、学生），2 = 自由职业，3 = 自我雇佣（含私营业主、农民），4 = 全职工作（含国企、私企、外企员工），5 = 公职人员（含公务员、科教文卫）	3.247	1.294	1.000	5.000
IncomeRANK	家庭收入等级	1 = 低收入（5万元以下），2 = 中低收入（5万~15万元），3 = 中高收入（15万~50万元），4 = 高收入（50万元以上）	2.259	0.637	1.000	4.000

五、实证结果分析

（一）基本统计结果

首先，本文测算了粤港澳大湾区内地 9 个城市的公众法治认同感，结果如表 3 所示。数据显示，2016—2018 年内地 9 个城市的公众法治认同感指数为0.613，处于"一般认同"状态。其中 2016 年为 0.559，2017 年为 0.619，2018 年为 0.662。同时，广州、深圳、珠海、佛山等经济发展水平较高的城市，其法治认同指数连续 3 年排名前四。

表3　公众法治认同感测量关键指标及调查结果

年份	地市	法治认同感指数	法治认知度指数	法治认可度指数	法律忠诚度指数	依法行政满意度指数	科学立法满意度指数	公正司法满意度指数	全民守法满意度指数
2016	广州	0.625	0.667	0.646	0.591	0.624	0.578	0.607	0.660
	深圳	0.611	0.675	0.665	0.534	0.630	0.585	0.595	0.597
	珠海	0.527	0.574	0.616	0.455	0.528	0.542	0.485	0.487
	佛山	0.620	0.623	0.676	0.618	0.573	0.611	0.605	0.633
	江门	0.496	0.491	0.597	0.445	0.504	0.498	0.473	0.460
	肇庆	0.565	0.560	0.616	0.561	0.527	0.565	0.562	0.565
	惠州	0.568	0.563	0.648	0.562	0.510	0.557	0.552	0.586
	东莞	0.509	0.459	0.637	0.447	0.515	0.480	0.556	0.471
	中山	0.513	0.466	0.682	0.482	0.493	0.492	0.498	0.475
	均值	0.559	0.564	0.643	0.522	0.545	0.545	0.548	0.548
2017	广州	0.676	0.641	0.816	0.645	0.634	0.680	0.675	0.644
	深圳	0.675	0.596	0.814	0.659	0.696	0.699	0.628	0.636
	珠海	0.647	0.582	0.794	0.636	0.625	0.621	0.633	0.639
	佛山	0.641	0.615	0.804	0.628	0.621	0.598	0.601	0.621
	江门	0.588	0.547	0.785	0.579	0.576	0.582	0.531	0.516
	肇庆	0.555	0.507	0.712	0.522	0.586	0.535	0.514	0.512
	惠州	0.589	0.573	0.713	0.534	0.593	0.603	0.564	0.546
	东莞	0.595	0.562	0.732	0.544	0.611	0.562	0.563	0.588
	中山	0.603	0.551	0.808	0.546	0.608	0.593	0.573	0.541
	均值	0.619	0.575	0.775	0.588	0.617	0.608	0.587	0.583

续表

年份	地市	法治认同感指数	法治认知度指数	法治认可度指数	法律忠诚度指数	依法行政满意度指数	科学立法满意度指数	公正司法满意度指数	全民守法满意度指数
2018	广州	0.737	0.693	0.803	0.742	0.779	0.782	0.653	0.704
	深圳	0.712	0.678	0.723	0.777	0.761	0.738	0.675	0.676
	珠海	0.665	0.674	0.689	0.672	0.656	0.610	0.672	0.685
	佛山	0.674	0.664	0.668	0.685	0.691	0.681	0.661	0.667
	江门	0.615	0.598	0.594	0.676	0.630	0.587	0.619	0.597
	肇庆	0.614	0.618	0.631	0.604	0.630	0.580	0.630	0.602
	惠州	0.655	0.648	0.666	0.682	0.647	0.638	0.649	0.658
	东莞	0.659	0.676	0.676	0.676	0.680	0.580	0.665	0.666
	中山	0.627	0.612	0.606	0.637	0.653	0.625	0.632	0.627
	均值	0.662	0.651	0.673	0.684	0.681	0.647	0.651	0.654
三年均值		0.613	0.597	0.697	0.598	0.614	0.600	0.595	0.595

（二）回归估计结果

借助 Stata 15 软件，估计了有序 Probit 模型（1），取得经济发展对公众法治认同感影响的 Ordered probit 回归结果，见表4。在模型（1）中首先引入人均 GDP，同时控制公众背景因素、宏观经济因素、年份和是否区域中心城市，以考察人均 GDP 对公众法治认同感的影响；模型（2）中引入人均财政收入，模型（3）引入人均居民可支配收入，模型（4）引入城乡居民收入差距，模型（5）引入个人收入满意度，同样地控制其他变量，考察这些指标对公众法治认同感的影响。

表4　经济发展对公众法治认同感影响的 Ordered probit 回归结果

被解释变量	模型（1）	模型（2）	模型（3）	模型（4）	模型（5）
$X1$ 人均 GDP	1.843 *** (0.092)				
$X2$ 人均财政收入		0.217 *** (0.031)			
$X3$ 人均可支配收入			0.327 ** (0.138)		

被解释变量	模型（1）	模型（2）	模型（3）	模型（4）	模型（5）
X4 城乡居民收入差距				−0.110 *** (0.029)	
X5 个人收入满意度					0.555 *** (0.190)
X6 性别	−0.082 (0.138)	−0.012 (0.014)	−0.013 (0.014)	−0.016 (0.010)	−0.012 (0.014)
X7 户籍	0.065 *** (0.009)	0.057 *** (0.009)	0.061 *** (0.009)	0.228 *** (0.056)	0.036 *** (0.009)
X8 年龄	0.111 (0.093)	0.017 *** (0.009)	0.018 * (0.009)	0.031 *** (0.010)	0.025 *** (0.009)
X9 学历	0.049 *** (0.101)	0.051 *** (0.010)	0.052 * (0.010)	0.058 *** (0.011)	0.023 ** (0.01)
X10 职业	0.028 *** (0.006)	0.025 *** (0.005)	0.024 *** (0.005)	0.029 *** (0.006)	0.026 ** (0.009)
X11 家庭收入	0.250 *** (0.012)	0.238 *** (0.012)	0.236 *** (0.012)	0.202 *** (0.013)	0.056 *** (0.013)
X12 政府效率指数	0.173 *** (0.040)	0.497 *** (0.041)	0.338 *** (0.042)	0.145 ** (0.050)	0.226 *** (0.037)
X13 城市化率	2.143 *** (0.149)	0.198 * (0.103)	0.142 (0.178)	0.871 *** (0.094)	0.735 *** (0.065)
X14 通货膨胀率	−0.179 *** (0.009)	−0.187 *** (0.005)	−0.127 *** (0.023)	−0.267 *** (0.025)	−0.735 *** (0.012)
X15 城镇登记失业率	−24.644 *** (4.099)	−14.180 *** (3.777)	−3.659 (4.481)	−15.983 *** (4.960)	−1.355 (3.794)
X16 区域中心城市	0.785 *** (0.043)	0.134 *** (0.026)	0.058 ** (0.029)	0.022 (0.022)	0.053 *** (0.019)
是否控制年份	是	是	是	是	是
样本量	27 806	27 806	27 806	23 743	27 806
准 R^2	0.088	0.081	0.080	0.072	0.141

注：括号内为稳健性标准误；***、**、*分别表示在1%、5%和10%统计水平下显著。

结果显示，所有解释变量的显著性水平达到了合理化标准（$P<0.05$），说明入选变量对公众法治认同感有统计学意义，即人均国民生产总值、人均一般

公共预算收入、人均居民可支配收入、人均城乡收入差距和个人收入满意度对公众法治认同感存在影响。

第一，经济增长、政府财政收入增加和居民可支配收入增加对公众法治认同感有正向显著影响。从模型（1）来看，人均国民生产总值对公众法治认同感的影响系数在1%统计水平下显著为正，回归系数为1.843，说明人均GDP越高的地区，公众对法治的认同感越强。从模型（2）来看，人均一般公共预算收入对公众法治认同感的影响系数在1%统计水平下显著为正，回归系数为0.217，说明人均财政收入越高的地区，公众对法治的认同感越强。从模型（3）来看，人均居民可支配收入对公众法治认同感影响系数在5%统计水平下显著为正，回归系数为0.327，说明人均居民可支配收入越高的地区，公众对法治的认同感越强。进一步地，根据指标平均值与回归（1）（2）（3）估计系数，可计算得出：人均GDP、人均一般公共预算收入和人均居民可支配收入在总体均值的基础上提高一个标准差单位，预计将带来个体对法治"非常认同"的比例分别增加7.13%、1.56%和1.00%。第二，城乡收入差距对公众法治认同感有负向显著影响。从回归（4）基本方程来看，城乡收入差距对公众法治认同感的影响系数在1%统计水平下显著为负，回归系数为 –0.110，这说明城乡收入差距越高的地区，公众对法治的认同感越低。同样地，根据指标平均值与模型（4）估计系数，可计算得出：人均城乡收入差距在总体均值的基础上提高一个标准差单位，预计将带来个体对法治"非常认同"的比例减少2.89%。第三，公众对经济收入的主观感知（满意度）与法治认同感关系受到其社会背景的复合影响。从模型（5）的基本方程来看，公众收入满意度对法治认同感有显著正向影响，回归系数为0.555（$P < 0.01$）。进一步分析发现，在公众对经济收入的主观感知（满意度）与法治认同感关系中，性别因素没有显著影响，户籍的回归系数为0.036（$P < 0.01$），年龄的回归系数为0.025（$P < 0.01$），学历的回归系数为0.023（$P < 0.05$），职业的回归系数为0.026（$P < 0.05$），家庭收入的回归系数为0.056（$P < 0.01$）。可见，公众收入满意度与法治认同感关系受到其社会背景的复合影响。

另外，性别的回归系数为负且统计学上不显著，说明两者关系尚不确定。户籍、年龄、学历、职业、家庭收入等因素回归系数均为正，且大多数显著性水平达到了合理化标准，说明经济发展对公众认同感的影响还受到公众社会背景因素的综合影响。宏观经济因素方面，政府效率指数、城市化率的回归系数均显著为正，通货膨胀率、城镇登记失业率的回归系数显著为负，说明提高政府效率和城市化率有利于提高公众法治认同感，而通货膨胀和失业率上升不利于提高公众法治认同感。以上表明地区经济发展与公众法治认同感的关系仍受到上述因素的调节和制约，假说 3 也得到验证，同时从侧面论证了分析模型的效度。

六、结论与讨论

基于经济高质量发展瓶颈与公众法治获得感较低的现实①，如何提高公众对经济增长的获得感和法治建设的认同感，是国家治理现代化不可逾越的难题。

针对粤港澳大湾区珠三角九市，构建法治认同感指标体系（公众法治满意度、法治认知度、法治认可度、法律忠诚度），与经济发展水平（人均国民生产总值、人均一般公共预算收入、人均居民可支配收入、人均城乡收入差距和个人收入满意度）进行回归分析，发现经济增长、地方政府间财政收入、居民可支配收入提高能显著提升公众法治认同感（回归系数分别为 1.843、0.217、0.327）；城乡收入及人群收入差距对法治认同感的负作用显著（回归系数为 -0.110）；公众收入满意度与法治认同感关系受其社会背景的复合影响（回归系数为 0.555）。换言之，通过促进经济增长、增加居民可支配收入、缩小公众收入差距和提高公众收入满意度能有效增加公众的法治认同感及提升法治建设效果。

以上研究对推动粤港澳大湾区建设提供了启示。一方面，以湾区协同发展为导向，要充分借助经济对法治的促进效能，进一步实现经济发展成果惠及城乡各类人群，促进经济的高质量及湾区内部均衡增长，缩小收入差距，以提升大湾区居民的获得感和认同感；另一方面，促进大湾区协同建设，法治是不可或缺的基础条件，正如《粤港澳大湾区发展规划纲要》所提到的，要"深入推进依法行政，加强大湾区廉政机制协同，打造优质高效廉洁政府，提升政府服务效率和群众获得感"。应借鉴港澳法治优势，正视粤港澳三地法律冲突，以法治为核心价值观寻求大湾区共识标准，探寻法治主导型区域经济发展合作模式，进一步优化珠三角九市的法治水平和营商环境，以经济发展推动大湾区经济社会协同建设，逐步将粤港澳湾区建设成法治水平相当、经济水平一流、科技创新卓越的中国湾区代表。

---

① 由中国社会科学院社会学研究所社会心理学研究中心、中国社会科学院国家治理智库社会治理研究部、智媒云图于 2018 年 3 月 2 日联合发布的"民众获得感调查（2018）"表明，法治在"重要性"维度的得分较高，但"获得"与"预期"维度的得分都较低，表明现阶段法治建设与运行的公众获得感与未来发展预期，都无法满足民众的需要。

参考文献

［1］ NORTH D C, THOMAS R P. The rise of the western world ［M］. Cambridge：Cambridge University Press，1973.

［2］ WOODRUFF C. International handbook on the economics of corruption ［M］. Cheltenham：Edward Elgar Publishing，2006.

［3］ HAGGARD S M, MACINTYRE A, TIEDE L B. The rule of law and economic development ［J］. Annual review of political science，2008，11（1）：205 – 234.

［4］ GUTMANN J, VOIGT S. The rule of law：measurement and deep roots ［J］. European journal of political economy，2015，10（1）：45.

［5］ KNACK S, KEEFER P. Institutions and economic performance：cross-country tests using alternative institutional indicators ［J］. MPRA paper，1995，7（3）：207 – 227.

［6］ CLARKE D C. Economic development and the rights hypothesis：the China problem ［J］. American journal of comparative law，2003，51（1）：89 – 111.

［7］ ALLEN F, QIAN J, QIAN M. Law，finance，and economic growth in China ［J］. Journal of financial economics，2005（6）：57 – 116.

［8］ 李春涛，薛奕，张璇. 法律保护对中国经济增长的影响：分省面板数据的证据 ［J］. 制度经济学研究，2010（3）：147 – 160.

［9］ 方颖，赵扬. 寻找制度的工具变量：估计产权保护对中国经济增长的贡献 ［J］. 经济研究，2011（5）：138 – 148.

［10］ 万良勇. 法治环境与企业投资效率——基于中国上市公司的实证研究 ［J］. 金融研究，2013（12）：154 – 166.

［11］ 胡荣才，刘黎. 市场化进程中法治水平影响经济增长的区域差异性——基于省级面板数据的研究 ［J］. 制度经济学研究，2014（4）：85 – 99.

［12］ 文正邦. 论现代市场经济是法治经济 ［J］. 法学研究，1994（1）：25 – 27.

［13］ 钱颖一. 现代市场经济的法治基础 ［J］. 财经，2000（3）：32 – 33.

［14］ 吴敬琏，江平. 市场经济和法治经济——经济学家与法学家的对话 ［J］. 中国政法大学学报，2010（6）：5 – 15.

［15］ 马克思，恩格斯. 马克思恩格斯全集：第九卷 ［M］. 北京：人民出版社，1962：42.

［16］ 马克思，恩格斯. 马克思恩格斯选集：第二卷 ［M］. 北京：人民出版社，1972：82.

［17］ 马克斯·韦伯. 经济与社会：上卷 ［M］. 北京：商务印书馆，1997：374.

［18］ 朱景文. 法治和关系：是对立还是包容？——从韦伯的经济与法律之间关系的理论谈起 ［J］. 环球法律评论，2003（1）：63 – 75.

[19] 赵凌云. 中国法治化与市场化的历史关联与现实互动 [J]. 法商研究, 2001 (5): 22 – 31.

[20] 周尚君. 地方法治竞争范式及其制度约束 [J]. 中国法学, 2017 (3): 87 – 101.

[21] ACEMOGLU D, JOHNSON S, ROBINSON J A. The colonial origins of comparative development: an empirical investigation [J]. American economic review, 2001, 91 (5): 1369 – 1401.

[22] 骆天纬. 区域法治发展的理论逻辑 [D]. 南京: 南京师范大学, 2016.

[23] 曾鹏. 中国省域法制现代化进程非均衡差异及其相关社会影响因素的实证研究——基于计量经济分析法学的中国法制现代化进程演化模拟 [J]. 现代法学, 2009 (3): 34 – 48.

[24] 赵彦云, 王红云, 吕志鹏. 法治经济成熟度评价体系及其国际比较 [J]. 统计研究, 2016 (6): 72 – 84.

[25] 郑方辉, 何志强. 法治政府绩效评价——满意度测量及其实证研究——以2014年度广东省为例 [J]. 北京行政学院学报, 2016 (2): 41 – 48.

[26] 郑方辉, 周礼仙. 经济发展能提升法治政府建设绩效吗——基于2016年广东省的抽样调查 [J]. 南方经济, 2016 (11): 113 – 124.

[27] CASTIGLIONE C, INFANTE D, SMIRNOVA J. Environment and economic growth: is the rule of law the go – between? the case of high – income countries [J]. Energy, sustainability and society, 2015, 5 (1): 26.

[28] 欧阳曙. 法治库兹涅茨曲线及其拐点: 一个初步的测算 [J]. 学术探索, 2016 (1): 99 – 105.

[29] 谭玮, 郑方辉. 法治社会指数: 评价主体与指标体系 [J]. 理论探索, 2017 (5): 115 – 122.

[30] 石文龙. 法伦理学 [M]. 2版. 北京: 中国法制出版社, 2001: 80.

[31] 卢建军. 法治认同生成的理论逻辑 [M]. 北京: 法律出版社, 2014: 28.

[32] 托马斯·莱赛尔. 法社会学导论 [M]. 6版. 上海: 上海人民出版社, 2004: 313.

[33] 陈佑武, 李步云. 当代中国法治认同的内涵、价值及其养成 [J]. 广州大学学报 (社会科学版), 2017 (9): 16 – 21.

[34] 汤姆·泰勒. 人们为什么遵守法律 [M]. 北京: 中国法制出版社, 2015: 165.

[35] 李春明, 王金祥. 以"法治认同"替代"法律信仰"——兼对"法律不能信仰"论题的补充性研究 [J]. 山东大学学报 (哲学社会科学版), 2008 (6): 103 – 109.

[36] 罗纳德·英格尔哈特. 现代化与后现代化43个国家的文化、经济与政治变迁 [M]. 北京: 社会科学文献出版社, 2013: 3.

第二章

对外开放背景下广东全要素生产率的变动轨迹与演进特征

廖丽平，王　芳[*]

一、引言

回溯历史，广东对外开放已走过了 40 个年头，成功实现从经济落后的农业省份向全国第一经济大省的华丽转身。2018 年广东省的地区生产总值超过1.4 万亿美元，占全国经济总量的比重从 1978 年的 5.1% 提升到 2017 年的10.6%。广东利用区位优势与政策赋能，无论是进出口还是 FDI 均居全国前列。2017 年广东货物进出口总额达到 6.8 万亿元人民币，连续 32 年位居全国货物进出口总量首位。然而，自 2012 年起广东的经济增长速度持续放缓，2016 年的进出口和 FDI 同时首次出现了下降，与 2015 年相比，其出口总额、进口总额和 FDI 分别下降了 7%、6% 和 13%。这一态势引发了学界与业界对外向型经济增长模式可持续性的担忧。

根据新古典增长理论和内生增长理论，经济的持久增长有赖全要素生产率的提高。那么，进出口和 FDI 与全要素生产率有着怎样的关系？广东的进出口和 FDI 促进了全要素生产率的提升吗？广东的全要素生产率的变动轨迹与演进特征怎样？该如何发挥进出口和 FDI 对全要素生产率的促进作用？无疑，对这些问题的探讨对广东经济的可持续发展具有重要现实意义。

二、相关文献回顾与评述

(一) 关于 FDI 对生产率的影响

部分研究通过分析中国区域或行业的发展，认为 FDI 通过技术引进、技术

---

* 廖丽平，广东技术师范大学管理学院副研究员，博士；王芳，广东技术师范大学管理学院讲师。

外溢、人员流动等方式，从总体上提高了中国工业的全要素生产率。如沈坤荣和耿强（2001）[1]构建内生增长模型进行研究，发现 FDI 的增长导致了经济增长率的增加。谢建国（2006）[2]研究 FDI 对中国省区经济增长效率的影响发现，外商直接投资对中国省区技术效率的提高有显著溢出效应。陈涛涛和陈娇（2006）[3]分析了行业增长特征对我国 FDI 行业内溢出效应的影响，发现行业增长特征是影响我国 FDI 行业内溢出效应的重要因素。姜瑾和朱桂龙（2007）[4]对 1999—2003 年行业层面面板数据进行了分析，发现通过 FDI 垂直联系发生的行业间溢出是更重要的国际技术转移途径。张鹏杨和唐宜红（2018）[5]从全球价值链升级视角研究了 FDI 对企业国内附加值率的影响效果及路径，发现 FDI 提高了我国出口企业的国内附加值。李磊等（2018）[6]基于 2004—2013 年企业层面的微观数据集进行研究，发现外商投资的水平溢出、前向溢出和后向溢出效应明显。但也有研究提出了相反的观点。如卢荻（2003）[7]对中国 1989—2001 年分产业的 FDI 进行研究，发现外商投资确实有助于改进资源配置效率，但这种贡献却是以妨碍生产效率的改进为代价的，并提出以进口替代和资本深化为特征的"上海模式"要优于以出口导向和劳动密集为特征的"广东模式"。邱斌等（2008）[8]的研究认为，在出口依存度小的行业中，FDI 的水平技术溢出效应虽然从总体上提高了内资企业的全要素生产率，但从传导机制看却阻碍了内资企业的技术进步，外资进入这些行业带来了竞争效应与学习模仿效应，但也对内资企业的研发产生了挤出效应，不利于企业的自主创新与技术进步。在出口依存度大的行业中，由于中国加工贸易产业链条短，"体外循环"和"飞地效应"现象突出，FDI 在技术转移方面并无多大建树，技术溢出效应不明显。

（二）关于出口对生产率的影响

一般认为，发展中国家的企业通过出口可以接触到发达国家先进的生产制造、技术研发与管理方式，这有利于发展中国家全要素生产率的提高。包群等（2003）[9]通过实证分析提出，出口贸易主要通过对非出口部门的技术外溢来促进我国的经济增长。Amiti 和 Freund（2007）[10]的研究表明，中国出口依存度低的行业通过学习、模仿和竞争等效应在一定程度上突破了"比较优势陷阱"，在出口过程中提高了自身的技术水平，进而促进了全要素生产率的提升。张杰等（2009）[11]基于中国本土制造业企业 1999—2003 年的研究发现，出口通过"出口中学习效应"促进了中国本土制造业企业全要素生产率的提高，且这种促进效应不是通过促进企业自主创新能力的提升而获得，而是通过促进企业生产工艺流程与组织管理方式改善及外部制度环境改进等非创新因素而获得。出口通过知识外溢和技术扩散提升了生产率，出口企业的创新活动还可以提升其他企业的生产率（Filipescu 等，2013）[12]。但也有研究提出，出口与生产率之间的正向相关关系源于出口行为的"自我选择"效应，只有具备规模经济、技术创新等竞争优势的企业才能进入国际市场（Melitz，2002）[13]。Fu 和 Export（2005）[14]基于中国 26 个制造业行业 1990—1997 年的数据，对出口和生产率之间的关系进行实证检验，发现出口并没有显著促进各行业的生产率增长等。

（三）关于进口对生产率的影响

关于进口对生产率的影响，也存在不同看法。如 Romer（1990）[15]认为知识具有非竞争性和外部性，进口的商品数量越多，则物化在进口商品中的技术越多，本国的技术进步也越快。Coe 和 Helpman（1995）[16]提出，由于技术具有外溢效应，一个国家从技术水平越高的国家进口，其技术进步速度越快。Coe 等（1997）[17]首次验证了发展中国家与发达国家的国际贸易促进了发展中国家的技术进步。另一些文献则从理论方面证实了国际贸易是技术进步的重要原因（Frankel 和 Romer，1999）[18]。李小平等（2008）[19]的研究发现，进口显著促进了我国工业行业的全要素生产率增长和技术进步的增长。Halpern 等（2015）[20]的研究表明，进口中间品显著提升了企业生产率。但也有研究提出，进口并不必然促进生产率提升。如诸竹君等（2018）[21]认为，只有推动进口政策由出口导向向创新导向升级才能有效促进企业全球价值链的提升。Doan 等（2016）[22]基于越南 2000—2009 年制造业企业的数据分析，发现进口增多会导致竞争压力增加，从而使企业的生产率降低，进而会提高本土企业倒闭的概率。

综上所述，FDI 和进出口对全要素生产率的影响效应是不确定的，既有积极的一面，也有消极的一面；既取决于本土的资源禀赋，又与发展模式和技术吸收能力有关。为研究对外开放语境下广东全要素生产率的变动轨迹与演进特征，本文将使用 OLS 方法估算广东省 1990—2016 年的全要素生产率，在此基础上再考察 FDI、进口和出口依存度对全要素生产率的影响，同时从行业分布及其演变的角度，探讨通过 FDI、进口和出口提升全要素生产率的路径，最后是结论与建议。

三、变量的估算与检验

研究变量分为被解释变量与解释变量两类。本文的被解释变量为全要素生产率,主要用于描述广东经济的发展状况;解释变量包括 FDI 依存度、进口依存度和出口依存度,主要用于描述广东的对外开放情况。所有变量的数据来自相关年份的《广东统计年鉴》及广东省产业发展数据库,研究的时间跨度为1990—2016 年。

(一) 被解释变量的估算与平稳性检验

1. 估算模型

本研究采用索洛残差法估算全要素生产率。假设 GDP 生产函数为科布 – 道格拉斯生产函数:$Y = AK^{\alpha}(LH)^{\beta}$,其中,$Y$ 为地区生产总值,K 为资本要素投入,L 和 H 分别为投入的劳动数量与质量,α 和 β 分别是资本和劳动的产出弹性,A 为全要素生产率,即 TFP。当 $\alpha + \beta < 1$ 时,规模报酬递减;当 $\alpha + \beta > 1$ 时,规模报酬递增。我们选择 $\alpha + \beta = 1$,即规模报酬不变。规模报酬不变意味着经济能产生如 AK 模型的内生增长。舒元和徐现祥 (2002)[23] 的研究表明,我国经济增长的典型事实比较支持 AK 类型增长理论。此外,该模型可以较好地解决资本和劳动投入之间的线性相关问题。

2. 各变量的计算

《广东统计年鉴》中的 GDP 及全社会固定资产投资均是用当年价格统计得出,需要先利用 GDP 价格指数 (1978 年 = 100) 等计算出 GDP 和全社会固定资产投资的可比价格,再由此计算出资本存量。具体算法如下。

①各年 GDP 的计算。按照每年的 GDP 价格指数 (1978 年 = 100) 及 1978年 GDP (当年价) 185. 85 亿元,计算得出每年的 GDP (1978 年不变价) = 185. 85 × GDP (当年价) /100。

②全社会固定资产投资的计算。由于广东省产业发展数据库自 2001 年才开始统计固定资产投资价格指数 (上年 = 100),所以这里用商品零售价格指数 (1978 年 = 100) 进行折算,得出 1978 年以不变价表示的固定资产投资实际值,即全社会固定资产投资 (1978 年不变价) = 全社会固定资产投资 (上年 =100) /商品零售价格指数 (1978 年 = 100) × 100。

③各年资本存量的计算。本研究以资本存量代表资本量,并采用 Gold-Smith 的永续盘存法计算得出。具体计算方法为:$K_t = \dfrac{I_t}{P_t} + (1 + \delta)K_{t-1}$。其中,$K_t$ 为当期资本存量,K_{t-1} 为前期资本存量,I_t 为当期全社会固定资产投资,P_t 为当期固定资产投资价格指数,δ 为资本折旧率。参考黎靖 (2009)[24] 的方法,按 $\delta = 10\%$ 进行计算,同时取 1977 年资本存量为 400 亿元,利用上述算法计算

得出 1990—2016 年的各期资本存量 K。

④劳动力数量和质量的计算。由于劳动要素投入必须兼顾到劳动力的数量和质量，本文以就业人数和人均受教育年限分别表示劳动力的数量和质量，记为 L 和 H。

⑤全要素生产率的计算。将生产函数的两边取对数，得到：

$$\text{Ln}\left(\frac{Y}{LH}\right) = \text{Ln } A + \alpha \text{Ln}\left(\frac{K}{LH}\right) \tag{1}$$

式（1）即估算全要素生产率的基本模型，对其进行回归，可得到参数 α 的值，再由式（1）求出全要素生产率的对数值。

3. 被解释变量的平稳性检验

由于所有序列都是时间序列数据，为避免出现伪回归现象，我们对模型中的变量进行平稳性检验，表 1 表明所有变量都是平稳的。

表 1　变量的平稳性检验

检验变量	检验类型	DW 值	ADF 检验值	临界值 (1% 显著性)	临界值 (5% 显著性)	临界值 (10% 显著性)	结论
$\text{Ln}\left(\frac{Y}{LH}\right)$	$(c, t, 3)$	2.23	-4.678	-4.416	-3.622	-3.249	平稳 ***
$\text{Ln}\left(\frac{K}{LH}\right)$	$(c, t, 2)$	1.82	-3.578	-4.394	-3.612	-3.243	平稳 *

注：c 和 t 表示检验类型中带有常数项和趋势项；K 表示采用的是滞后阶数；当 ADF 检验值大于某一显著性水平下的临界值时，说明序列不平稳，***、**、* 分别表示在 1%、5%、10% 的显著性水平下平稳。表 3 同。

由于所有变量序列都是平稳的，采用最小二乘估计可得：

$$\text{Ln}\left(\frac{Y}{LH}\right) = -0.748 + 0.631 \text{Ln}\left(\frac{K}{LH}\right) + \left(AR(1) = 0.918\right)$$

t 检验值　　　　　　(-12.539)　　　(12.440)　　　(45.502)

对上式进行假设检验，得出：$R^2 = 0.999$，$F = 18\ 393.50$。

对残差序列进行单位根检验，在检验类型为（0，0，1）的情况下，得到 ADF 统计量 $= -2.840$，而显著性为 1%、5%、10% 的临界值分别为 -2.665、-1.956 和 -1.609。由此可见，残差序列在 1% 的显著下是平稳的。

将 $\alpha = 0.631$ 代入式（1）中，可求出全要素生产率（结果见表 2 中的 TFP）：

$$\text{Ln } A = \text{Ln}\left(\frac{Y}{LH}\right) - 0.631 \text{Ln}\left(\frac{K}{LH}\right)$$

（二）解释变量的估算与平稳性检验

1. 解释变量的估算

对 *FDI*、*IMP*、*EXP* 3 个解释变量的估算，需要首先按每年的中间汇率将美元值换算成人民币值，再用 GDP 平减指数进行折算。以 *FDI*、*IMP*、*EXP* 分别除以 GDP 的可比价格金额，得出每年的外资依存度 *FDIRATIO*、进口依存度 *IMPRATIO* 和出口依存度 *EXPRATIO*（表2）。

2. 解释变量的平稳性检验

讨论 *TFP*、*FDIRATIO*、*IMPRATIO* 和 *EXPRATIO* 这4个变量序列之间的协整关系的前提是各个序列均为非平稳序列。为此，首先对这4个变量序列进行单位根检验。运用 *ADF* 单位根检验方法，对4个变量序列进行平稳性检验，检验结果见表3。

表 2　广东省全要素生产率、FDI 依存度、进出口依存度

年份	TFP	FDIRATIO	IMPRATIO	EXPRATIO	年份	TFP	FDIRATIO	IMPRATIO	EXPRATIO
1990	0.3481	0.0448	0.6038	0.6818	2004	0.4739	0.0439	0.7264	0.8405
1991	0.3631	0.0512	0.7154	0.7611	2005	0.4749	0.0449	0.6894	0.8649
1992	0.3798	0.0800	0.7276	0.7539	2006	0.4896	0.0435	0.6754	0.9053
1993	0.3909	0.1245	0.6801	0.6211	2007	0.5023	0.0410	0.6336	0.8836
1994	0.3932	0.1753	0.8668	0.9369	2008	0.5022	0.0362	0.5272	0.7629
1995	0.4149	0.1433	0.6669	0.7965	2009	0.4902	0.0338	0.4362	0.6209
1996	0.4131	0.1412	0.6151	0.7212	2010	0.4969	0.0298	0.4878	0.6664
1997	0.4168	0.1249	0.5924	0.7950	2011	0.4899	0.0264	0.4628	0.6451
1998	0.4251	0.1167	0.5258	0.7339	2012	0.4883	0.0260	0.4528	0.6341
1999	0.4299	0.1092	0.5608	0.6954	2013	0.4838	0.0247	0.4515	0.6309
2000	0.4416	0.0943	0.6026	0.7084	2014	0.4762	0.0243	0.3900	0.5853
2001	0.4396	0.0892	0.5573	0.6560	2015	0.4670	0.0230	0.3245	0.5504
2002	0.4537	0.0804	0.6291	0.7261	2016	0.4589	0.0195	0.2979	0.4992
2003	0.4662	0.0814	0.6826	0.7985					

表 3　变量的平稳性检验结果

检验变量	检验类型	ADF 检验值	临界值（1% 显著性）	临界值（5% 显著性）	临界值（10% 显著性）	结论
TFP	(0, 0, 1)	−0.923	−2.661	−1.955	−1.609	非平稳
DTFP	(c, 0, 0)	−3.470	−3.711	−2.981	−2.630	平稳*

续表

检验变量	检验类型	ADF 检验值	临界值 （1% 显著性）	临界值 （5% 显著性）	临界值 （10% 显著性）	结论
FDIRATIO	(0, 0, 1)	− 0.846	− 2.661	− 1.955	− 1.609	非平稳
DFDIRA-TIO	(0, 0, 1)	− 2.694	− 2.665	− 1.956	− 1.609	平稳***
IMPRATIO	(0, 0, 1)	− 1.303	− 2.661	− 1.955	− 1.609	非平稳
DIMPRA-TIO	(0, 0, 1)	− 3.518	− 2.665	− 1.956	− 1.609	平稳***
EXPRATIO	(0, 0, 1)	− 0.784	− 2.661	− 1.955	− 1.609	非平稳
DEXPRA-TIO	(0, 0, 4)	− 2.134	− 2.680	− 1.958	− 1.608	平稳**

从表 3 可以看出，变量序列 *TFP*、*FDIRATIO*、*IMPRATIO* 和 *EXPRATIO* 的一阶差分的检验统计量值都小于 10% 检验水平下的临界值，因此，一阶差分序列是平稳的。

四、实证分析

（一）回归方程构建

表 4 为 FDI 依存度与进出口依存度之间的相关系数及检验。从中可以看出，FDI 依存度与进出口依存度之间具有较高的线性相关关系（相关系数及检验结果见表4），因而可构建模型，分析解释变量即 FDI 依存度和进出口依存度与被解释变量即全要素生产率之间的关系。

表 4　FDI 依存度与进出口依存度之间的相关系数及检验

	FDIRATIO	*IMPRATIO*	*EXPRATIO*
FDIRATIO	1.000 （—）	0.596 （3.707）	0.397 （2.166）
IMPRATIO	0.596 （3.707）	1.000 （—）	0.837 （7.654）
EXPRATIO	0.397 （2.166）	0.837 （7.654）	1.000 （—）

再构建 FDI 依存度、进口依存度、出口依存度与全要素生产率之间的分布散点图（图1），可以看出，FDI 依存度、进口依存度、出口依存度分别与全要素生产率之间存在非线性关系。因此，我们在回归方程中分别引入 FDI 依存度、进口依存度、出口依存度的平方项。

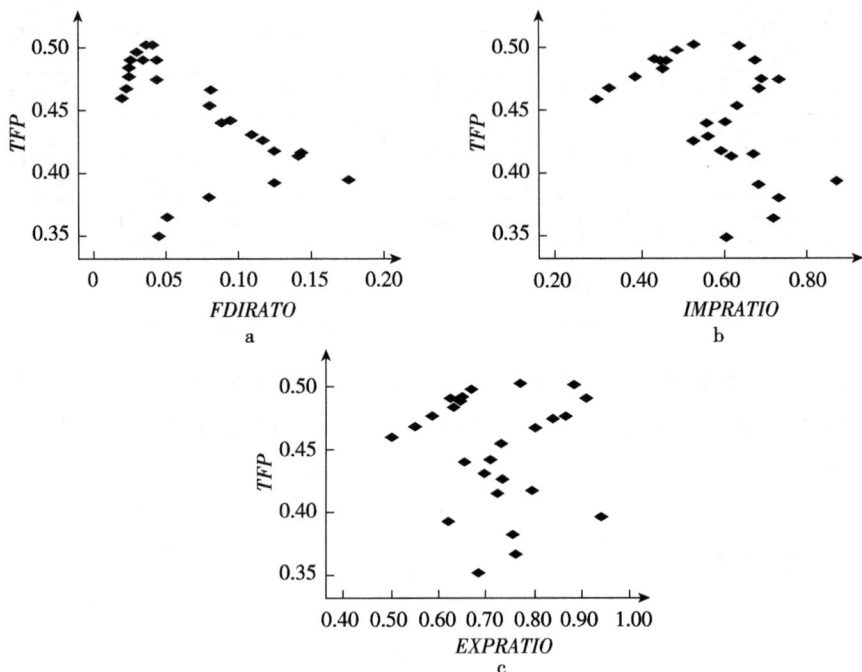

图1　FDI 依存度、进口依存度、出口依存度分别与全要素生产率之间的散点图

考虑到全要素生产率还会受其他因素的影响，我们再引入下面的控制变量。

产业结构。产业结构的优化升级是全要素生产率增长的重要源泉。本文分别用第二产业总产值占 GDP 的比重、第三产业总产值占 GDP 的比重和非农产业总产值占 GDP 的比重来表示，分别记为 *SINDUS*、*TINDUS*、*NINDUS*。

市场化水平。生产要素更自由的流动和资源更有效的配置，对提升全要素生产率有更直接和更明显的效果。本文以国有企业就业人员占全部从业人员年末人数的比重来表示市场化水平，记为 *M*。

公共支出水平。全要素生产率的提高依赖于技术进步，这就需要采取更多的激励机制以引导人力资本聚集于研发和创新，而有效的政府公共支出有利于这种聚集，无效的公共支出则不利于这一集聚。本文以财政支出占 GDP 的比重来表示公共支出水平，记为 *PE*。

研发投入强度。理论上，研发投入对于全要素生产率的提升有积极作用，但适度的研发投入强度才更有利于全要素生产率的增长（毛德凤等，2013）[25]。本文用工业企业科技活动内部支出费占 GDP 的比重来表示研发投入强度，记为 *RD*。

控制变量的平稳性检验结果见表 5。

表 5　控制变量的平稳性检验

检验变量	检验类型	ADF 检验值	临界值 （1% 显著性）	临界值 （5% 显著性）	临界值 （10% 显著性）	结论
INDUS	(0, 0, 1)	−0.053	−2.661	−1.955	−1.609	非平稳
DINDUS	(c, t, 0)	−3.797	−4.374	−3.603	−3.238	平稳 **
NINDUS	(0, 0, 1)	−0.625	−2.661	−1.955	−1.609	非平稳
DNINDUS	(0, 0, 0)	−2.503	−2.661	−1.956	−1.609	平稳 **
TINDUS	(c, t, 1)	−2.097	−4.374	−3.603	−3.238	非平稳
DTINDUS	(0, 0, 0)	−2.553	−2.661	−1.955	−1.609	平稳 **
M	(c, 0, 2)	−1.944	−3.738	−2.992	−2.636	非平稳
DM	(c, t, 0)	−4.654	−4.374	−3.603	−3.238	平稳 ***
PE	(0, 0, 0)	1.567	−2.657	−1.954	−1.609	非平稳
DPE	(0, 0, 0)	−5.157	−2.661	−1.955	−1.609	平稳 ***
RD	(0, 0, 0)	0.978	−2.657	−1.954	−1.609	非平稳
DRD	(0, 0, 0)	−4.470	−2.661	−1.955	−1.609	平稳 ***

表 3 和表 5 的平稳性检验表明各个变量都是 I（1）序列，协整检验也表明变量之间存在长期的稳定关系，可以进行回归分析。结合以上几个控制变量、解释变量和被解释变量（*TFP*），构建多元回归分析模型如式（2）~式（4）所示。其中，γ 代表回归系数，X_i 代表控制变量，ε 为随机扰动项。

$$TFP = \gamma_{01} + \gamma_{11}FDIRATIO + \gamma_{21}FDIRATIO^2 + \gamma_{31}X_i + \varepsilon_1 \qquad (2)$$

$$TFP = \gamma_{02} + \gamma_{12}IMPRATIO + \gamma_{22}IMPRATIO^2 + \gamma_{32}X_i + \varepsilon_2 \qquad (3)$$

$$TFP = \gamma_{03} + \gamma_{13}EXPRATIO + \gamma_{23}EXPRATIO^2 + \gamma_{33}X_i + \varepsilon_3 \qquad (4)$$

（二）实证分析

下面基于式（2）~式（4），选取广东省 1990—2016 年的相关数据进行实证分析，探讨 FDI、进口和出口依存度对全要素生产率 TFP 的差异化影响。在分析全样本的基础上，再进一步分时段对 1990—2003 年及 2004—2016 年的情况进行比较分析。多元回归分析结果见表 6。

表6　多元回归分析结果

变量	TFP								
	(1)	(2)	(3)	(4)	(5)	(6)	(7)	(8)	(9)
C	-0.04	0.32***	-0.69*	0.61***	0.08	0.06	-2.09	0.57**	-0.70
	(-0.22)	(4.73)	(-1.78)	(8.23)	(1.16)	(0.25)	(-1.86)	(2.99)	(-0.79)
FDIRATIO	-0.44*			1.10***			8.70*		
	(-2.01)			(5.60)			(2.42)		
FDIRATIO²	1.19			-4.17***			-115.74*		
	(1.35)			(-4.78)			(-2.19)		
IMPRATIO		0.13			0.41***			0.47	
		(1.29)			(4.73)			(1.92)	
IMPRATIO²		-0.14*			-0.30*			-0.46*	
		(-1.79)			(-4.81)			(-2.39)	
EXPRATIO			0.75***			0.76**			0.78**
			(4.32)			(2.39)			(3.72)
EXPRATIO²			-0.49***			-0.50**			-0.51**
			(-4.34)			(-2.48)			(-3.49)
SINDUS		0.46***			0.47***				
		(7.22)			(5.57)				
TINDUS				-0.02			-0.32		
				(-0.18)			(-1.07)		
NINDUS	0.68***		0.99**		0.42***		2.47*		1.10
	(4.27)		(2.81)		(12.25)		(2.20)		(1.26)
M	-0.28	-0.95***	-0.26	-1.42***	-0.83***	-1.06***	1.38	-0.79	-1.17
	(-0.83)	(-8.09)	(-0.89)	(-7.31)	(-6.97)	(-4.43)	(1.36)	(-0.87)	(-1.13)
PE	-0.58***	-0.13	-0.16	-0.38	-0.30*	0.05	-0.31	-0.11	-0.51**
	(-6.12)	(-0.80)	(-1.31)	(-1.41)	(-2.00)	(0.13)	(-1.60)	(-0.43)	(-2.65)
RD	-1.09	-0.18	-0.78	-1.63**	-2.02***	-0.81	0.83	0.73	-0.33
	(-1.68)	(-0.29)	(-1.35)	(-2.44)	(-5.26)	(-0.98)	(0.96)	(0.65)	(-0.34)
AR（1）			0.74***						
			(7.35)						
AR（2）									-0.92*
									(-2.07)
R²	0.99	0.99	0.99	0.99	1.00	0.99	0.92	0.89	0.94
F-stat.	224.33	314.39	205.68	180.04	579.50	205.21	11.86	8.02	11.82
D-W stat.	2.09	1.94	1.67	2.14	2.52	1.79	2.18	2.05	2.46
残差平稳性检验	平稳***	平稳***	平稳***	平稳**	平稳***	平稳***	平稳***	平稳***	平稳***
分类	1990—2016	1990—2016	1990—2016	1990—2003	1990—2003	1990—2003	2004—2016	2004—2016	2004—2016
倒U形曲线顶点值	—	0.48	0.46	0.13	0.68	0.76	0.04	0.51	0.45

注：系数估计值下面括号内的数字为 t 统计量，***、**、* 分别表示在1%、5%、10%水平上显著或平稳。

可以看出，回归方程（1）～（9）总体拟合良好，表明 FDI、进口和出口依存度对全要素生产率有显著影响。首先，从影响的轨迹来看。随着 FDI、进口和出口依存度的上升，全要素生产率呈先上升后下降的倒 U 形变化轨迹。当前 FDI、进口和出口依存度处于倒 U 形曲线的左侧，其对 TFP 的作用为正但边际效应递减。因此，为了保持其对全要素生产率的促进作用，FDI、出口和进口要从量的扩张转向质的提升。政府应有意识地引导 FDI、出口和进口向能产生技术溢出和能有效提高全要素生产率的行业聚集。

其次，从演进的特征来看。分组回归结果显示，2004—2016 年倒 U 形曲线的顶点相对于 1990—2003 年的发生了左移。FDI 依存度的提高对全要素生产率有促进作用的区间，1990—2003 年为 [0, 0.13]，2004—2016 年为 [0, 0.04]；进口依存度的提高对全要素生产率有促进作用的区间，1990—2003 年为 [0, 0.68]，2004—2016 年为 [0, 0.51]；出口依存度的提高对全要素生产率有促进作用的区间，1990—2003 年为 [0, 0.76]，2004—2016 年为 [0, 0.45]。这表明，随着时间的推移，FDI、进口和出口对全要素生产率的正向作用区间在缩小，试图通过提高 FDI、出口、进口依存度以提升全要素生产率变得越来越不现实，因而应考虑通过优化 FDI、出口与进口的结构，以有效提升全要素生产率。

同时，控制变量的回归结果基本符合预期。首先，工业总产值占 GDP 的比重和非农产业总产值占 GDP 的比重的提高有利于全要素生产率的提升，第三产业总产值占比提高对全要素生产率的提升有不利影响但不显著。干春晖和郑若谷（2009）[26]对我国改革开放以来产业结构演进与生产率增长的关系进行研究发现，生产率的增长主要来自于产业内部尤其是第二产业内部。本研究的结果与其结论相一致。其次，国有企业在经济中占比的提高基本上不利于全要素生产率的提升，但大多数情况下这一影响不显著；非国有经济的发展可能更有利于全要素生产率的提升。再次，财政支出占 GDP 的比重提高不利于全要素生产率的提升，但大多数情况下影响不显著。这是因为财政支出的范围很广，且大部分用于公共物品的供给，因而对全要素生产率的影响有限。根据预算平衡原则，财政支出的提高意味着税收的增加，而税收增加对全要素生产率有抑制作用。最后，研发投入对全要素生产率的影响随着时间的推移逐渐显现。2004—2016 年 3 个方程的回归结果均表明，研发投入对全要素生产率的作用为正但不显著。这也与 Jones（1995）[27]的研究结论一致，即研发投入的上升并不必然提高全要素生产率。

（三）现实解析

伴随着 FDI、出口和进口依存度的下降，广东省的全要素生产率自 2007 年起持续下降（图2）。

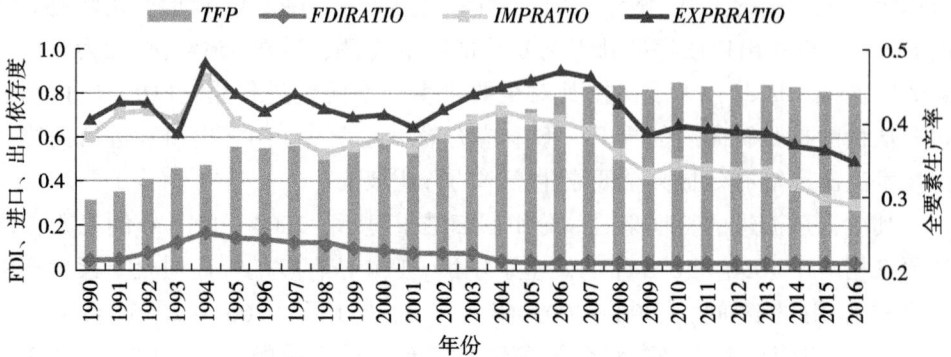

图2　1990—2016年FDI、进口、出口依存度与全要素生产率的演进特征

从影响轨迹来看，FDI、进口和出口对全要素生产率的边际影响效应下降；从演进特征来看，FDI、进口和出口对全要素生产率的正向作用区间在缩小。在要素成本上升、比较优势逆转和产业升级的大背景下，FDI、出口、进口依存度的下降是必然趋势，优化FDI、出口和进口结构，进而推动区域经济结构转型升级，应当成为当前提高全要素生产率的重要举措。

从2004—2016年分行业的外商直接投资演进特征来看（图3），房地产业、批发和零售业、租赁和商务服务业、金融业是FDI增长较快、利润回报率较高的几个行业。制造业是技术创新和全要素生产率增长的重要领域，但制造业的FDI自2014年起呈雪崩式下降，需引起高度重视。

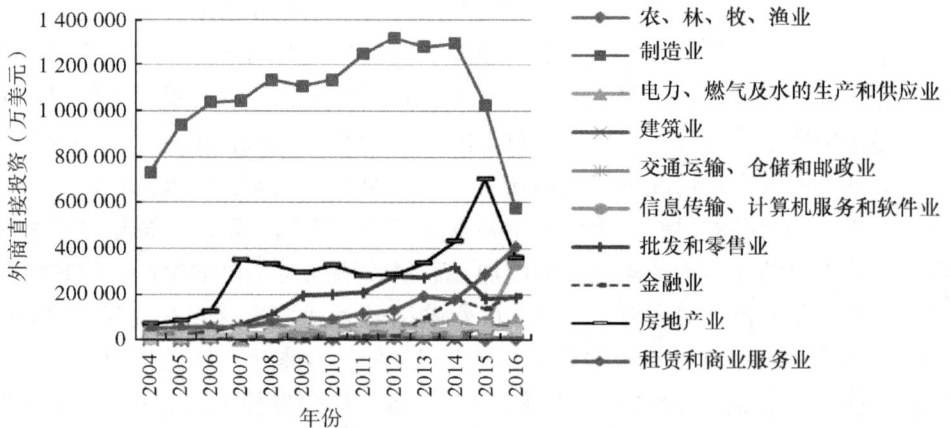

图3　2004—2016年分行业外商直接投资的演进特征

分行业的外商直接投资与全要素生产率的关系见图4，可以看出，房地产业、批发和零售业、金融业的FDI占比与全要素生产率呈负相关关系，而制造业的 FDI 占比与全要素生产率呈正相关关系。因此，应通过产业升级、人才聚集和政策引导，让 FDI 回归制造业，培育高端制造业，提升广东的全要素生产率。此外，引导 FDI 流向高端服务业，提升服务业效率，也应成为政策导向之一。

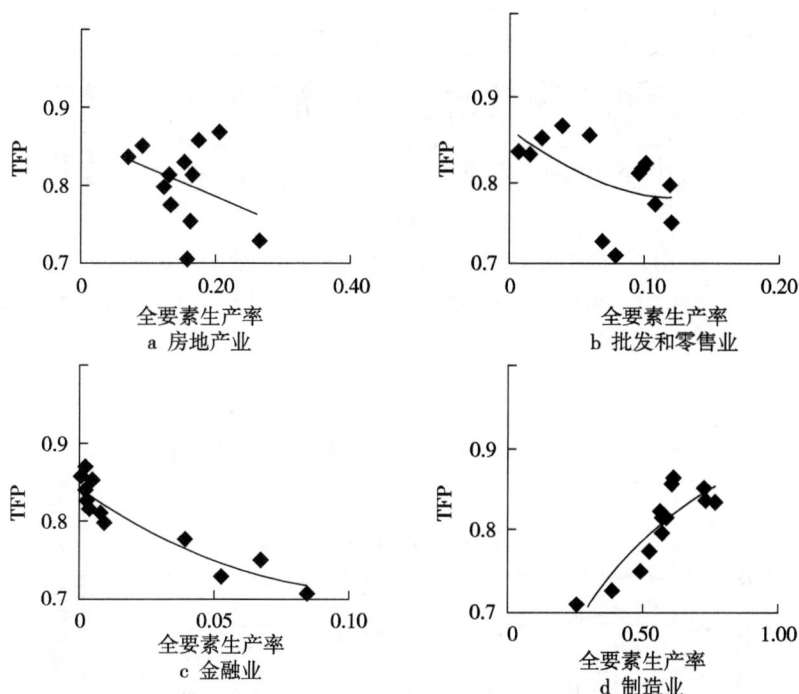

图 4　2004—2016 年分行业的外商直接投资与全要素生产率的关系

图 5 反映了 2004—2016 年分类产品的进口额占进口总额的比重演变。可以看出，电器及电子产品、电子技术产业的进口比重显著上升；计算机与通信技术产品的进口比重有所上升；机械及设备产品的进口比重则呈下降趋势。总体上，这一时期的机电产品和高新技术产品的进口比重呈上升趋势。

图 6 反映了 2004—2016 年分类产品的出口额占出口总额的比重演变。可以看出，电器及电子产品、电子技术产业的出口比重上升；机械及设备、计算机与通信技术产品的出口比重下降。总体上，这一时期的机电产品和高新技术产品的出口比重呈先上升后下降趋势。

由于进出口的技术溢出效应和学习效应是全要素生产率提升的重要源泉，提升机电产品和高新技术产品在出口总额中的比重，重视与发达国家之间的进出口往来，将有助于全要素生产率的提升。

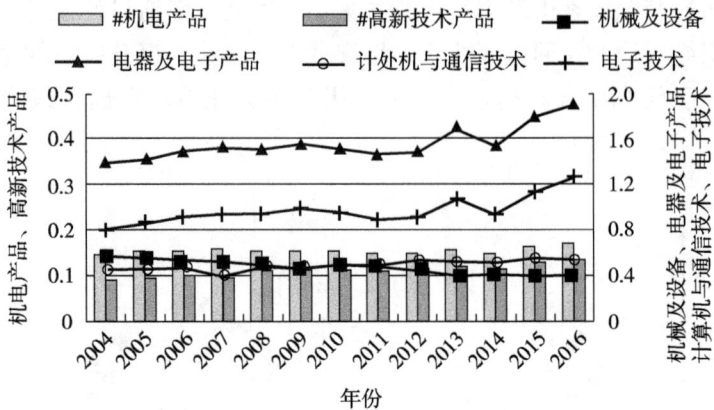

图 5　按产品类型划分的进口占进口总额的比重演变

注：机电产品大类之下选择了比重较高的机械及设备、电器及电子产品；高新技术产品大类之下选择了比重较高的计算机与通信技术、电子技术。图 6 同。

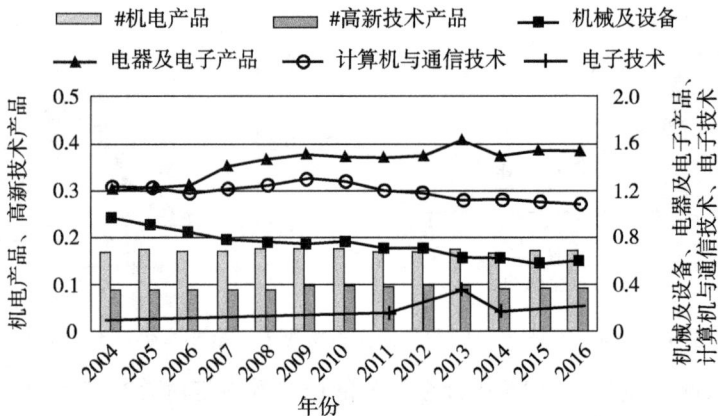

图 6　按产品类型划分的出口占出口总额的比重演变

五、结论

作为中国对外开放的经典样板，广东不仅吸引了可以傲视全国的 FDI，而且形成了巨大的进出口吞吐量，依靠 FDI、出口与进口有效促进了其全要素生产率的提升。但广东的对外开放走到今天，其对外开放政策需要适时做出调整与优化。基于此，本文测算了广东省 1990—2016 年的全要素生产率，并考察了 FDI、进口和出口依存度对全要素生产率的影响轨迹与演进特征。从影响轨迹来看，FDI、进口和出口对全要素生产率的边际影响效应下降；从演进特征来看，FDI、进口和出口对全要素生产率的正向作用区间在缩小。因此，随着改革开放的深入推进，FDI、进口和出口必须从量的扩张转向质的提升，才能对全要素生产率起到有效的促进作用。一方面，应优化 FDI、出口和进口结构，引领区域经济结构的转型升级，这是当今广东提高全要素生产率的核心之举；另一方面，要在增强战略定力的基础上，加快国内经济结构调整与升级的步伐，提升本省的全要素生产率。

参考文献

［1］沈坤荣，耿强. 外国直接投资、技术外溢与内生经济增长——中国数据的计量检验与实证分析［J］. 中国社会科学，2001（5）：82 - 93.

［2］谢建国. 外商直接投资对中国的技术溢出———一个基于中国省区面板数据的研究［J］. 经济学（季刊），2006（4）：126 - 145.

［3］陈涛涛，陈娇. 行业增长因素与我国 FDI 行业内溢出效应［J］. 经济研究，2006（6）：39 - 47.

［4］姜瑾，朱桂龙. 外商直接投资，垂直联系与技术溢出效应——来自中国工业部门的经验证据［J］. 南方经济，2007（2）：46 - 56.

［5］张鹏杨，唐宜红. FDI 如何提高我国出口企业国内附加值？——基于全球价值链升级的视角［J］. 数量经济技术经济研究，2018（7）：79 - 96.

［6］李磊，冼国明，包群. "引进来" 是否促进了 "走出去"？——外商投资对中国企业对外直接投资的影响［J］. 经济研究，2018（3）：142 - 156.

［7］卢荻. 外商投资与中国经济发展——产业和区域分析证据［J］. 经济研究，2003（9）：40 - 48.

［8］邱斌，杨帅，辛培江. FDI 技术溢出渠道与中国制造业生产率增长研究：基于面板数据的分析［J］. 世界经济，2008（8）：20 - 31.

［9］包群，许和连，赖明勇. 出口贸易如何促进经济增长？——基于全要素生产率的实证研究［J］. 上海经济研究，2003（3）：3 - 10.

［10］AMITI M, FREUND C. An anatomy of China's export growth［EB/OL］. (2007 - 08 - 10)［2018 - 11 - 12］. http：//www. nber. org/books/china07 /2007 - 08 - 10.

［11］张杰，李勇，刘志彪. 出口促进中国企业生产率提高吗？——来自中国本土制造业企业的经验证据：1999～2003［J］. 管理世界，2009（12）：11 - 26.

［12］FILIPESCU D A, PRASHANTHAM S, RIALP A, et al. Technological innovation and exports：unpacking their reciprocal causality［J］. Journal of international marketing，2013，21（1）：23 - 38.

［13］MELITZ J. The impact of trade on intra - industry reallocations and aggregate industry productivity［J］. National bureau of economic research Inc，2003，71（6）：1695 - 1725.

[14] FU X, EXPORT S. Technical progress and productivity growth in a transition economy: a non – parametric approach for China [J]. Applied economics, 2005, 37 (7): 725 – 739.

[15] ROMER P. Endogenous technological change [J]. Journal of political economy, 1990, 98 (5): 71 – 102.

[16] COE D T, HELPMAN E. International RD spillovers [J]. European economic review, 1995, 39 (5): 859 – 887.

[17] COE D T, HELPMAN E, HOFFMAISTER A W. North-south RD spillovers [J]. Economic journal, 1997, 107 (440): 134 – 149.

[18] FRANKEL J, ROMER D. Does trade cause growth? [J]. American economic review, 1999, 89 (3): 379 – 399.

[19] 李小平, 卢现祥, 朱钟棣. 国际贸易、技术进步和中国工业行业的生产率增长 [J]. 经济学 (季刊), 2008 (2): 549 – 564.

[20] HALPERN L, KOREN M, SZEIDL A. Imported inputs and productivity [J]. American economic review, 2015, 105 (12): 3660 – 3703.

[21] 诸竹君, 黄先海, 余骁. 进口中间品质量、自主创新与企业出口国内增加值率 [J]. 中国工业经济, 2018 (8): 116 – 134.

[22] DOAN T, NGUYEN S, VU H, et al. Does rising import competition harm local firm productivity in less advanced economies? evidence from the Vietnam's manufacturing sector [J]. Journal of international trade & economic development, 2016, 25 (1): 23 – 46.

[23] 舒元, 徐现祥. 中国经济增长模型的设定: 1952 – 1998 [J]. 经济研究, 2002 (11): 3 – 11, 63 – 92.

[24] 黎靖. 改革开放 30 年广东省全要素生产率分析 [J]. 粤港澳市场与价格, 2009 (5): 11 – 16.

[25] 毛德凤, 李静, 彭飞, 等. 研发投入与企业全要素生产率——基于 PSM 和 GPS 的检验 [J]. 财经研究, 2013 (4): 134 – 144.

[26] 干春晖, 郑若谷. 改革开放以来产业结构演进与生产增长研究——对中国 1978—2007 年 "结构红利假说" 的检验 [J]. 中国工业经济, 2009 (2): 55 – 65.

[27] JONES C I. R&D-based models of economic growth [J]. Journal of political economy, 1995, 103 (4): 759 – 784.

广东产业生态化的发展战略与路径

曾晓文，刘金山[*]

一、引言

　　党的十八届五中全会提出创新、协调、绿色、开放、共享五大发展理念，引领并推进"两个百年目标"的顺利实现。绿色发展作为"十三五"乃至更长时期我国经济社会发展的基本理念之一，对实现中华民族永续发展至关重要。实现绿色发展，需要理性面对生态危机，探寻科学之路。目前生态危机正逐渐成为全球最严峻的问题之一，探索一条可持续发展的道路成为各国日益关注的焦点问题之一。广东作为我国的经济大省，2015 年的 GDP 占全国的 10.7%、工业增加值占全国的 13.2%、进出口贸易总额占全国的 25.9%；同时，广东省作为能源消费大省，2014年能源消费总量占全国的 7%、电力消费量占全国的 9%。在生态、资源、环境承载力空间极为有限的前提下，广东作为世界制造中心的关键组成部分，如何解决生态问题、实现绿色发展，对于我国其他地区具引领和示范意义。

　　目前，通过产业生态化（表现为生态资本化和生态贸易化）实现绿色发展，逐步成为发达国家经济发展新动力，这是发展理念的重大转型。工业文明与生态文明不一定是相互对立的零和博弈。事实上，生态问题意味着产业商机，可转化为资本盈利的空间。生态问题的最大根源来自不恰当的经济活动。改进不恰当的经济活动，就是商机[1]。传统思维过于强调外部约束所造成的成本冲击，生态预防和处理成本会导致更高的产品价格和降低竞争力，导致企业消极对待生态问题，从而忽略创新所带来的收益。发达国家已经率先理念转型，正在进行顶层设计，通过生态资本化探索新的经济增长点。如美国推出绿色经济复兴计划，目标是使美国成为全球绿色创新中心，通过生态资本化和生态贸易化带来巨大商机与回报；欧盟制定环保型经济发展规划，全力打造具有国际水平和全球竞争力的绿

　　* 曾晓文，暨南大学经济学院研究生；刘金山，暨南大学经济学院副院长，教授，博士生导师。

色产业，促进就业和经济增长；英国的"绿色产业振兴计划"、日本的"引领世界二氧化碳低排放革命"经济增长规划等，亦是如此。

广东顺应发展理念转型，寻求生态文明建设与产业转型升级新突破，需要解决三大问题：广东能否在工业文明框架内建设生态文明？广东能否实现经济增长与生态文明建设的兼容？广东如何通过转型形成促进生态文明建设的产业体系与产业结构？笔者认为解决以上问题的核心是构建生态化产业体系。

二、文献综述

产业生态化概念最初源于 Frosch 和 Gallopoulos（1989）[2]的产业生态学思想，他认为传统工业活动应向产业生态系统转变。S. Erkman（1997）[3]指出产业生态主要依据生态系统基本特征，达到产业系统与自然生态系统协调运行。Paul Hawken 等（2000）[4]认为产业生态提供了一种系统整合的管理工具来设计产业系统基础结构。国内学者樊海林和程远（2004）[5]提出产业生态化是操作层面上的可持续发展理念的延伸，分为广义产业生态化（优化资源生产效率）和狭义产业生态化（通过产业生态系统中不同流程和不同行业之间的资源整合与共享，优化能源消费结构，实现废弃物最小化）。袁增伟和毕军（2006）[6]提出产业生态化是根据生态学基本原理，综合运用生态、经济基本规律与系统工程的基本方法经营与管理传统产业系统。近年来，学者们开始构建各类产业生态化评价体系。陆根尧等（2012）[7]运用因子分析与聚类分析对我国各省产业生态化水平进行了静态和动态评价。陈航等（2015）[8]构建了海洋产业生态化水平的评价指标体系并进行了测算。

关于如何实现产业生态化，1987 年布伦特兰委员会在其报告《我们共同的未来》中提出，应把环境当作资本来看待。约翰·贝拉米（2006）[9]指出生态资本化是把生态看成价值附着物，把解决生态问题作为价值增值过程，通过赋予自然以经济价值而将环境纳入市场，只要在经济决策中赋予环境适当的价值，环境就能得到更好的保护。萨拉·萨卡（2012）[10]认为解决生态问题的最好方法是利用经济手段和价格机制。张志敏等（2014）[11]指出利益关系是生态文明建设的核心问题。关于生态化产业实现路径，主要有以下 3 种。一是清洁生产。联合国环境规划署将"清洁生产"定义为"将综合预防的环境策略持续地应用于生产过程和产品中，以便减少对人类和环境的风险性"[12]。陈晓涛（2006）[13]指出清洁生产包括清洁的原材料开发、清洁的生产工艺、成熟可靠的污染治理技术和废物资源化技术等方面。二是补充或延长产业链。Levine（2003）[14]指出，未来产业系统要建立起包括生产者、加工者、消费者及分解者在内的 4 个基本功能单元，即增加类似"生产者"和"分解者"的"补链产业"。孟祥林（2009）[15]认为，产业链的延伸是按照产业间关联程度构造产业的上游或下游企业，尽量将产业链做成闭合系统，让工业废物变废为宝。三是建立产业生态园区。Lowe 和 Holmesm（1995）[16]提出建设由制造业企业和服务业企业组成的企业生物群落，通过资源共同管理，实现生态环境与经济的双重优化和协调发展。张文龙和余锦龙（2008）[17]从中观层次上阐述产业生态化园区建设理念，即在区域（如城市）内，考虑由大型企业之间通过资源交流建立共生关系，并形成区域产业共生网络，既有各大型企业之间的平等型共生和中小型企业的依托型共生，还有各子网络之间的相互渗透，从而构建区域内完整的生态化产业体系。

产业生态化是绿色发展的必由之路。邓远建等（2012）[18]认为生态资本运营的内核与绿色发展的要求是一致的，要实现绿色发展，必须建立健全生态资本运营机制，实现生态资本的可持续利用。蒋南平和向仁康（2013）[19]认为制定资源能源补偿标准、避免资本统制力对生态的破坏、以科技手段来加速生态修复是绿色发展的有效途径。胡鞍钢和周绍杰（2014）[20]指出绿色发展观作为第二代可持续发展观，应通过主体功能区规划明确绿色发展的激励约束机制，提升绿色福利。舒绍福（2016）[21]提出将环境因素融入经济决策、制度改革和技术创新等领域，促进产业绿色转轨。辜胜阻（2016）[22]提出构建绿色低碳循环发展产业体系和清洁低碳、安全高效的现代能源体系，延长绿色产业链，创造新的经济增长点。

关于广东产业生态化与绿色发展的研究，主要集中于生态环境评价和发展路径方面。李茜等（2015）[23]通过对中国省域生态文明进行综合评价，指出广东在生态文明建设方面属于中级协调阶段，环境压力在全国领先，应加强结构性减排力度。刘艳艳和王少剑（2015）[24]运用交互胁迫模型和耦合协调度测算珠三角地区城市生态环境，表明 2000 年以来珠三角地区城市生态环境的耦合协调度一直处于磨合发展阶段，系统协调模式属于生态脆弱型。赖得挥（2014）[25]提出利用生态文明建设撬动发展，粤北地区增强生态产品生产能力；粤东、粤西沿海地区通过构建东西两翼蓝色海岸带生态安全屏障，改造提升传统产业，培育绿色特色产业。黄玉源（2015）[26]指出广东要对企业进行生态工艺和先进设备应用的监督，实现清洁生产和循环经济运作，并推动地方政府对生态经济战略产生认同感，使其得以落实推广。林平凡（2016）[27]认为在区域竞争优势重构路径选择中，应注重生态导向，以产业与生态融合为重点，实施绿色设计，提高区域协调发展水平和可持续发展能力。龚超和王文琦（2015）[28]认为构建广东经济发展的绿色之路，一要地方政府密切关注生态环境建设、提高生态政治意识；二要加强制度创新和结构生态化建设，并努力培育广东全民生态思维，促使各行各业自觉走"生态文明"之路。李迎旭（2015）[29]认为新常态下广东要积极进行产业生态化转型，从制定发展规划、强化激励机制、合理构建产业结构、鼓励生态化技术创新和科学设立监督机制等方面重塑广东竞争优势。

结合以上研究成果，本文基于绿色发展观，探讨广东生态化产业体系的构建，提出生态化社会再生产循环系统的路径和措施。

三、广东产业生态化的基础条件

改革开放以来，广东逐步切入全球价值链，成为产业链中生产、制造、加工、组装的主要承担者，形成"技术、资本在外，生产、制造在内，面向国内外市场"的产业发展模式。新世纪以来，广东进入重化工业化和产业重型化阶段。以石油化工、装备制造及能源原材料等为代表的重化工业迅速崛起，形成了电子信息、电气机械及器材、化学原料、交通运输设备、石油加工等支柱产业，使产业链条延伸、衔接和配套，关联度得到提高。但这些支柱产业大多是高能耗产业，对生态环境带来较大压力。

1. 资源消耗水平。1990 年以来，广东单位 GDP 能耗、单位 GDP 电耗、单位 GDP 水耗、单位工业增加值能耗都呈下降趋势。尤其是单位 GDP 能耗、单位工业增加值能耗呈现出明显的快速下降趋势。如表 1 所示，1990 年单位 GDP 能耗为 2.79 吨标准煤/万元，单位工业增加值能耗高达 9.05 吨标准煤/万元；2005 年，二者分别下降为 0.79 吨标准煤/万元、1.08 吨标准煤/万元；2014 年，二者分别为 0.436 吨标准煤/万元、0.64 吨标准煤/万元，与 1990 年相比较，降幅分别达到 84.4% 和 92.8%。这表明，广东产业节能减耗水平逐步提高，但也意味着未来下降的空间有限，必须寻求其他出路。

2. 能源生产与消费。广东能源生产相对稳定，但能源消费快速增加，二者缺口越来越大。2005 年以来能源缺口迅速被拉大，2000 年能源缺口为 5736 万吨标准煤，2005 年能源缺口为 13 162 万吨标准煤，2014 年能源缺口为 23 075 万吨标准煤，4 倍于 2000 年的缺口数量。随着缺口越来越大，广东从外省调入和从国外进口能源的数量快速增加，目前主要依靠外省调入。2014 年广东从外省调入能源、从国外进口能源分别为 19 278 万吨标准煤、8938 万吨标准煤。

3. 分行业能源消费。表 3 为广东省 2014 年制造业分行业规模以上单位工业增加值能源消费（万吨标准煤/亿元）排前 10 名的行业，工业和制造业的单位增加值能源消耗量自 2009 年以来呈现出明显的下降趋势。分行业来看，虽然高能耗产业的单位增加值能源消耗量也呈现出逐年下降的变化趋势，但单位增加值能源消耗量排名靠前的产业，与目前广东制造业主导产业基本相同。这表明广东省虽然在产业节能减排方面取得一定成效，但目前制造业主导产业的能耗依然较高。

表1　广东单位 GDP 资源消耗水平

年份	单位 GDP 能耗 （吨标准煤/万元）	单位 GDP 电耗 （千瓦时/万元）	单位 GDP 水耗 （立方米/万元）	单位工业增加值能耗 （吨标准煤/万元）
1990	2.790	2439.22		9.05
1995	1.360	1335.96		2.39
2000	0.978	1381.23	450	1.77
2005	0.790	1185.20	205	1.08
2006	0.771	1160.00	175	1.04
2007	0.747	1156.90	151	0.98
2008	0.715	1085.49	129	0.87
2009	0.684	1002.09	119	0.81
2010	0.664	1002.36	103	0.75
2011	0.563	987.73	88	0.71
2012	0.530	808.93	75	0.64
2013	0.510	776.99	71	0.61
2014	0.436	772.19	65	0.64

注：数据来源于 2006—2015 年度《广东统计年鉴》，下表同。

4. 污染排放水平。工业污染排放水平呈现出"总量波动，单位量降低"的特征。1990 年以来，工业废水排放量先上升后下降，近 3 年处于相对稳定的水平；工业废气排放量总体处于上升的态势；工业固体废物排放量总体上处于下降态势。单位 GDP 工业废水排放量处于快速下降的趋势；单位 GDP 工业废气排放量自 2005 年以来处于波动徘徊状态；单位 GDP 工业固体废物排放量处于快速下降的趋势。可见，如何解决工业废气排放总量上升、其单位量居高不下将成为未来广东生态文明建设的重点环节。

表2　广东省能源生产与消费量　　　　　　单位：万吨标准煤

年份	产量	消费	缺口	外省	进口
1990	1006	4044	3038	2955	474
1995	2623	7345	4722	4293	1575
2000	3712	9448	5736	5628	2757
2005	4759	17 921	13 162	10 055	4586
2006	4160	19 059	14 899	12 905	5038
2007	3923	21 143	17 220	16 676	5292
2008	4415	22 287	17 872	16 891	5112
2009	4392	24 654	20 262	16 150	7401
2010	4858	27 195	22 337	16 910	8112

续表

年份	产量	消费	缺口	外省	进口
2011	4847	27 780	23 633	18 406	7504
2012	5088	28 377	23 289	17 527	8241
2013	5418	29 349	23 931	17 342	8580
2014	5594	28 669	23 075	19 278	8938

5. 生态保护水平。2010 年前广东环保投资占 GDP 比重不断增加,至 2010 年达到 3.08%,但近 3 年来环保投资占 GDP 比重明显下降,2013 年仅占 0.2%。未来生态投资需要另谋出路,这正是生态资本化与生态贸易化的契机。

总体而言,虽然近年来广东资源能耗水平有所下降,污染排放水平逐年下降,生态保护水平日益提高,但能源缺口不断拉大,主导产业能耗依然较高,生态环境依旧面临着严峻压力。在新常态背景下,如何实现经济发展和生态文明的契合、构建生态化产业体系建设,尤显重要。

四、广东产业生态化的战略选择

1. 从生态文明理念到生态文明战略。传统发展观是以物质财富最大化为目标、忽略生态环境的外在约束所形成的唯 GDP 发展论。随着各类要素资源不断耗竭,可持续发展观开始成为经济发展的新理念。"创新、协调、绿色、开放、共享"五大发展理念的提出,标志着我国已经从生态文明理念向生态文明战略转变。绿色发展观是可持续发展观在新常态背景下的延伸,但前者比后者内涵更加广泛,影响更加深远。可持续发展观是对传统发展观的修正,强调代际平衡;绿色发展包括绿色经济、绿色环境、绿色政治、绿色文化和绿色社会等诸多方面,将经济、政治、文化和社会有机结合使其得以共生发展,形成生态文明的发展战略,实现工业文明与生态文明的契合。可见,绿色发展要求生态文明不再是一个理念而是一种发展战略。在绿色发展实践中,绿色经济至为关键。绿色经济是指以生态技术、可循环资源和绿色生态资本为基础,通过产业生态化,将生态要素逐步融入社会生产过程,形成绿色增长模式。绿色增长是绿色发展的核心,能否实现绿色发展关键在于能否实现有效的绿色增长管理。如果能够把解决生产、分配、交换和消费等各环节的生态问题转变为商机,绿色增长自然得以实现。因此,生态化产业体系构建将是实现绿色发展的关键路径。作为改革开放的先行者,广东正面临着越来越严苛的环境约束,构建生态化产业体系是其实现绿色发展、保持经济中高速增长的必然选择。

表3 广东省制造业分行业单位增加值能源消费量

单位：万吨标准煤/亿元

行业	2009		2010		2011		2012		2013		2014	
	单位增加值能耗	排序	单位增加值能耗	排序	单位增加值能耗	排序	单位增加值能耗	排序	单位增加值能耗	排序	单位增加值能耗	排序
工业	0.89		0.77		0.84		0.81		0.70		0.65	
制造业	0.86		0.74		0.82		0.77		0.66		0.62	
黑色金属冶炼和压延加工业	4.17	2	3.06	2	3.40	2	3.43	2	2.90	2	2.89	1
造纸和纸制品业	2.40	4	2.14	3	2.80	3	3.00	3	2.78	3	2.87	2
非金属矿物制品业	4.23	1	3.59	1	4.31	1	4.16	1	3.36	1	2.78	3
化学纤维制造业	1.83	5	1.28	5	1.85	5	2.18	4	1.75	4	2.02	4
石油加工、炼焦和核燃料加工工业	2.81	3	1.86	4	2.18	4	1.87	5	1.56	5	1.84	5
纺织业	1.62	6	1.23	6	1.25	7	1.48	7	1.24	6	1.22	6
有色金属冶炼和压延加工业	0.99	8	0.94	8	1.16	8	1.60	6	1.24	7	1.07	7
化学原料和化学制品制造业	0.84	11	0.81	12	0.92	11	1.03	9	0.92	8	0.93	8
橡胶和塑料制品业	1.16	7	1.00	7	1.26	6	0.82	11	0.75	11	0.72	9
农副食品加工工业	0.73	12	0.94	9	1.09	9	1.02	10	0.91	9	0.58	10

表4　广东省污染排放水平

年份	工业废水排放量（万吨）	工业废气排放量（亿立方米）	工业固体废物排放量（万吨）	单位GDP工业废水排放量（吨/万元）	单位GDP工业废气排放量（立方米/万元）	单位GDP工业固体废物排放量（吨/万元）
1990	140 250	3588	74.00	89.96	23 014.31	0.047 000
1995	160 979	8510	12.60	27.13	14 343.38	0.002 120
2000	114 055	8326	11.70	10.62	7751.43	0.001 090
2005	231 568	13 447	13.90	10.27	5961.24	0.000 616
2006	234 713	13 584	13.60	8.83	5109.12	0.000 512
2007	246 331	16 939	11.50	7.75	5330.58	0.000 362
2008	213 314	20 510	12.00	5.80	5573.87	0.000 326
2009	188 844	22 682	15.98	4.78	5744.81	0.000 405
2010	187 031	24 092	14.20	4.06	5235.90	0.000 309
2011	187 805	31 463	3.41	3.53	5912.96	0.000 064
2012	186 100	27 078	3.10	3.26	4744.87	0.000 054
2013	170 500	28 434	1.60	2.74	4574.03	0.000 026
2014	177 600	29 793	1.90	2.61	4393.60	0.000 028

表5　广东省生态保护水平

年份	环保投资占GDP比重	企事业单位污染治理资金（万元）
1990	0.37%	18 331
1995	0.64%	30 007
2000	1.96%	167 707
2005	2.50%	370 384
2006	2.50%	313 708
2007	2.70%	433 128
2008	2.50%	403 276
2009	2.02%	227 464
2010	3.08%	310 584
2011	0.36%	173 140
2012	0.47%	280 995
2013	0.20%	372 162
2014		378 641

2. 构建生态化产业体系。建设生态化产业体系是一个系统工程，需要从产

业链、产业组织、产业结构、产业政策及产业制度等方面寻求突破。具体来看，生态化产业体系的主体是产业，其内涵是生态化，目标是通过激励相容的最大化行动，实现产业（或经济活动）与生态的协调发展。

其首要问题是如何推进生态化可持续工业发展，并在此基础上推进生态化服务业、生态化农业及生态化新兴产业发展，推进广东实现从工业品生产大省向生态化工业品生产大省的转变。生态化产业链是其逻辑起点。无论是在工业文明还是生态文明时代，企业发展的原动力均来自于经济利益，只有当生态产业链上各主体为有效利用共生产业链的内外资源，获得高于通过其他行为优化所能获得的收益时，企业才能自发地链接在一起，形成生态化产业链系统。因此要围绕生态化产业链，构建生态化农业、生态化工业与生态化服务业相互融合的广东生态化产业体系（图1）。

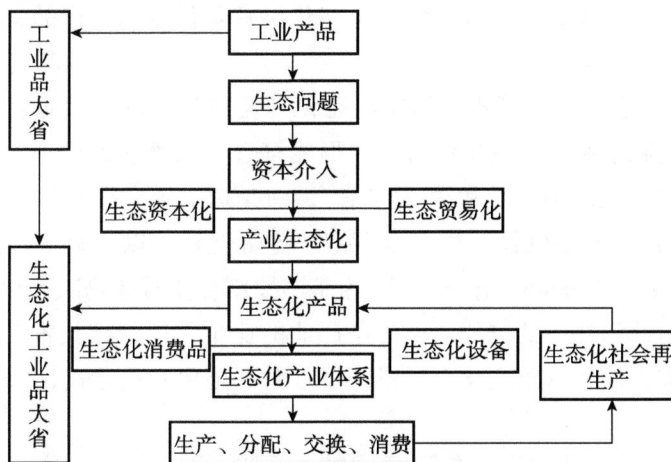

图1　广东省生态化产业体系

具体演进过程为：改革开放以来，基于全球化带动工业化，广东通过切入全球产业链成为工业产品大省，成为"世界制造中心"的关键组成部分，成为中国国际影响力日益提升的重要窗口。随着工业化进程不断深化，工业活动带来了各种生态问题，而这些生态问题也意味着商机。因而应通过吸引资本介入进行创新与生态化生产，通过生产系统重构，形成生态化工业品生产体系。生态化产品不仅包括生态化消费品，更包括生态化生产设备。在整个生态化产业体系的构建过程中，要力图通过产业生态化生产，进而把生态化融入生产、分配、交换、消费的各个环节，形成生态化的社会再生产循环系统：生产—交换—消费—分解—还原—再生，最终形成农业、工业、服务业相互融合的生态化产业体系。在谋求从工业产品大省转变成为生态化工业品大省的过程中，实现工业文明与生态文明的契合。

3. "生态 + 制造"产业模式。产业模式转变是从工业品生产大省转变为生态化工业品生产大省的关键点。产品作为联系生产与生活的中介，是工业文明与生态文明契合的微观基础。以产品为中心，把产品的生产、使用及用后的处理过程联系起来，构成一个产品系统，包括原材料采掘、原材料生产、产品制造、使用及产品用后的处理与循环利用。所有生态问题都与产品系统密切相关，需要全过程的生态设计，即应将生态环境因素纳入产品设计之中，在产品生命周期的每个环节都考虑其可能产生的生态环境负荷，将污染防治和处理从消费终端前移至产品开发设计阶段，通过改进设计使产品对生态环境的影响降到最小程度。根据生态足迹原理，进行全产业链生态设计，意味着微笑曲线的拓展。这是生产生态化工业产品的关键。另外，生产线与生产设备的生态再造或生态创新，是超越微笑曲线，促使生态化设备替代生态化产品，实现更高层次的产业升级。

"生态 + 制造"产业模式将引领生态化社会再生产的全过程：基于生态原则塑造产业链联系和社会再生产过程，形成符合"自然资源效率、生态环境效率"的全程生态发展的"绿色生产体系"，引领树立绿色生活理念；根据"资源—生产/产品—再生资源—生产/产品"流动过程，以"减量化（reduce）、再使用（reuse）、再循环（recycle）"为基本原则，实现废物减量化、资源化和无害化；提高低消耗、低排放、低污染产业的比重，以低碳技术为核心，创新低碳管理模式，发展低碳文化，形成经济社会低碳化发展方式。

五、广东生态化产业体系建设的发展路径

改革开放以来，广东通过承接国际产业转移和内生发展，形成了各具特色的产业集群和专业镇，如中山古镇的灯饰、小榄的五金制品、黄圃的腊味、沙溪的服装、澄城的玩具、南海西樵的纺织、大沥的铝型材制品与摩托车、盐步的内衣、平洲和里水的制鞋、南庄和佛山石湾的陶瓷、张槎的针织、顺德伦教的木工机械、乐从的家俱、东莞虎门的服装、石龙等镇的电子产品、厚街的鞋业、茂名市高州和化州的水果、普宁的凉果等（王珺，2001）[30]。近年来，由于技术与生产组织简单、生产技艺水平不高、产业集聚松散等原因，随着用工成本上升和外贸需求下降，专业镇对当地经济增长的拉动作用逐渐下降。为此，广东实施珠三角与粤东、粤西、粤北共同建设产业转移工业园的发展战略。截至 2016 年 5 月，广东省级产业转移工业园共有 81 个，其中，粤北地区

39个、粤东地区16个、粤西地区18个和珠三角地区8个，集聚产业涵盖装备制造、电子电器、医药器械、金属制品、石油化工、新材料能源、食品加工和农产品加工等；循环经济工业园共有20个，其中，粤北地区8个、珠三角地区6个、粤东粤西地区各3个①。产业转移工业园在一定程度上刺激了产业转移"转入地"经济快速发展，但也暴露出诸多问题：主导产业不突出、集聚规模小、集聚化程度较低；产业过度类似；承接产业与转入地原有产业基础不相符；基础设施较为落后；产生新的生态问题，呈现出生态问题转移的现象。在互联网时代，企业需要从全产业链角度出发，衡量整个产业链条的原料、生产、流通和再生产等环节的成本收益问题，生态化产业体系正是从整个产品生命周期对产业进行合理设计，从而改善不恰当的经济行为，以获得新的盈利空间。因此，可依托产业集群、产业园和专业镇，探索生态化产业体系的发展路径。基于此，本文结合"生态＋制造"产业模式的战略目标，提出以下的阶段性路径（图2）。

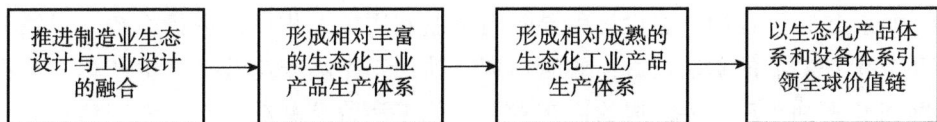

| 推进制造业生态设计与工业设计的融合 | → | 形成相对丰富的生态化工业产品生产体系 | → | 形成相对成熟的生态化工业产品生产体系 | → | 以生态化产品体系和设备体系引领全球价值链 |

图2　生态化产业体系的阶段性路径

1. 广东生态化产业体系建设的阶段性路径

第一阶段：启动制造业生态化进程，推进生态设计与工业设计的融合。从源头导入产品生态设计理念，引导工业企业开展生态设计，在原料、生产、流通、消费、回收、拆解等产品生命周期内充分考虑对生态、人类健康和安全的影响，以减量化、再利用、资源化和无毒无害替代为重要手段，推动制造方式向绿色、节约的生态设计方向转变。推进传统优势产业生态化技术改造，拓展区域生态化合作的空间及路径，探索生态服务合作的途径，培育生态化产业集群、产业园和专业镇。

第二阶段：形成相对丰富的生态化工业产品生产体系。包括打造生态化消费品制造中心，推进生态化设备生产工作，研发若干具有影响力的生态化技术，形成具有影响力的生态化产业集群、产业园和专业镇，培育生态化产业战略联盟和主导企业。

第三阶段：形成相对成熟的生态化工业产品生产体系。形成相对丰富的生态化设备生产体系，初步形成生态化技术体系，若干专业镇成为生态化社会再

①　数据根据广东省经济和信息化委员会、广东省工业园区网相关资料整理所得。

生产样本。专业镇以镇级区域为空间载体，形成产业共生网络，生态化产业集群与生态化专业镇发展相互融合。培育生态化社会再生产的专业县（市）样本，树立生态化区域品牌。

第四阶段：生态化工业设计具有较强的技术标准影响力与话语权，以生态化产品体系与生态化设备体系引领全球价值链。生态化工业产品与生态化设备并重发展，培育生态化产品的出口竞争力，生态化设备出口替代生态化产品出口。开展生态化国际合作，树立生态化国际品牌。

2. 广东生态化产业体系建设的近期目标

①形成具有区域特色的生态化产业集群。粤北地区土地资源相对丰富，有利于承接装备制造业转移，应构建生态化装备制造业的产业集群。粤东地区在原有专业镇基础上，拓展区域生态化合作的空间及路径，引进产品设计工作室、原材料采购供应商、第三方仓储物流公司等，与周边地区形成新的产业链合作，构建全产业链生产的纵向专业化分工专业镇。粤西地区石油化工产业集聚特征明显，可运用生态设计引导园内企业利用生态化设备进行生产，研发具有生态保护效益的制造技术，不断拓宽石油化工产品产业链条，生产相对丰富的生态化石油化工产品，成为广东省石油化工消费品制造中心。珠三角地区利用自身的资本和技术优势，集聚一批新材料、智能装备制造业、生物医药产业等资本、技术密集型产业，引领全省生态化产业体系构建并提供智力、技术支持。

②构建产业生态城。随着产业园区发展的不断成熟，由生态园区向产业生态城甚至是生态城市的转变是必然趋势。借鉴揭阳中德金属生态城的发展模式，广东产业工业园可采用"政府指导、协会主导、企业主体、市场运作"的市场化办园模式，通过合理的生态化产业体系设计，打造原材料交易与制品销售、研发设计、机械设备制造、人力资源、生产废旧物回收再利用、金融服务等各大平台，发展主导产业并形成一个具备完整生态化产业体系的产业生态城。同时，将生态城内的工业、生活废物等也纳入整个生态环保的基础建设体系。例如，中德金属生态城规划打造环保产业园，建设以机械设备制造为主体的整套环保设备生产基地，并且建立第三代生活垃圾技术管理人才培训基地和生活垃圾处理研发中心，提高全园的生态污染处理能力。通过构建这样新型分产业生态城，建立整个生态城的资源再生体系，培育管理资源再生体系的再生投资公司，对物资获取、流动和再利用等活动进行协调，实现主导企业与若干将废物转变成可用产品的"卫星"企业相联系。完成从工业集群向生态化循环产业集群的转变及从工业园向生态工业园、产业生态城的转变。

六、结论与建议

在新常态背景下，广东要顺应绿色发展理念转型，构建生态化产业体系。本文基于当前广东产业生态化的基础条件，提出生态化融入生产、分配、交换、消费的各个环节，大力推进"生态+制造"产业模式，推动广东从工业产品大省转变成为生态化工业产品大省，最终形成生态化社会再生产循环系统。

1. 建设生态化技术体系。建立一批生态产业研究实验室，研究可减轻工业对环境影响的技术及对工业生态过程进行分析、监测和评价的方法。加大对生态化产业共性关键技术研发的支持力度，实施生态技术产业化示范工程，重点支持回收利用、废物资源化利用、可回收利用材料、有毒有害原材料替代、再制造及再生资源高值利用、零排放等关键技术和装备的产业化示范。在若干关键产业实行低碳产业试点，设立若干低碳试验区。加强生态化产业技术推广体系建设，建立技术遴选、评定及推广机制。

2. 建设生态化组织体系。在制造业的细分领域，培育生态产业链战略联盟和管理资源再生体系的再生投资公司，形成企业小循环、产业中循环、区域大循环的节能减排体系。形成生态化产业的多元化金融支持，创新信贷产品，支持企业发行企业（公司）债券、项目收益债券、中期票据等，探索中小企业发行集合债券、集合票据。健全生态化产业服务体系，培育为生态化提供规划、设计、建设、改造、运营的专业化服务公司，建立生态化产品、技术、装备等交易平台。建立产业生态化的规则体系，包括市场规则、财务制度、法律法规等。

3. 促进生态设计与工业设计融合。开展生态设计国际交流，推进生态设计产学研合作，积极引导企业将节能治污从消费终端前移至产品的开发设计阶段。鼓励生态设计采用再生能源逐渐代替不可再生能源，提高产品本身的环保性能，如改变产品成分、降低能耗、改变能源结构等，改变产品及包装材料，使用可再生材料或可自然降解材料等。

4. 加强区域生态合作。珠三角可率先建成生态城市群，引领城市矿产开发，构建城市的微循环系统。加强珠三角与省内其他区域的生态合作，共建绿色产业体系。推进粤港澳区域生态合作，引导在粤港资企业主动参与"粤港清洁生产伙伴计划"，联手打造若干连通粤港澳的区域生态屏障，共同开发、建设与保护区域生态旅游资源，深化海洋生态修复合作，监管废物跨境转移。

5. 应对国际生态约束的冲击。深入研究碳关税征收及国际节能减排的市场动态，研究并掌握国际排放量的测算方法、融资方式、市场规范等，研究温室气体减排的潜力、成本与效率，制定并发布本省的应对方案。培育具备国际竞争力的大型企业，主动实现生态化产业的资本与产品输出。

参考文献

［1］林伟贤，杨屯山. 低碳经济带来的新商业机会［M］. 北京：北京大学出版社，2013.

［2］FROSCH R A，GALLOPOULOS N. Strategies for manufacturing［J］. Journal of scientific American，1989，261（3）：144－152.

［3］S ERKMAN. Industrial ecology：an historical view［J］. Journal of cleaner production，1997，261（3）：1－10.

［4］PAUL HAWHEN，AMORY LOVINS，L HUNTER LOVINS. 自然资本论：下一次工业革命［M］. 王乃粒，诸大建，龚义台，译. 上海：上海科学普及出版社，2000.

［5］樊海林，程远. 产业生态：一个企业竞争的视角［J］. 中国工业经济，2004（3）：29－36.

［6］袁增伟，毕军. 产业生态学最新研究进展及趋势展望［J］. 生态学报，2006（8）：2709－2715.

［7］陆根尧，盛龙，唐辰华. 中国产业生态化水平的静态与动态分析——基于省际数据的实证研究［J］. 中国工业经济，2012（3）：147－159.

［8］陈航，王海鹰，张春雨. 我国海洋产业生态化水平评价指标体系的构建与测算［J］. 统计与决策，2015（10）：48－51.

［9］约翰·贝拉米·福斯特. 生态危机与资本主义［M］. 耿建新，宋兴无，译. 上海：上海译文出版社，2006.

［10］萨拉·萨卡. 生态社会主义还是生态资本主义？［M］. 张淑兰，译. 济南：山东大学出版社，2012.

［11］张志敏，何爱平，赵菡. 生态文明建设中的利益悖论及其破解：基于政治经济学的视角［J］. 经济学家，2014（7）：66－72.

［12］涂瑞和. 联合国环境规划署与清洁生产［J］. 产业与环境：中文版，2003（1）：19.

［13］陈晓涛. 循环经济下的技术生态化演进分析［J］. 科学管理研究，2006（3）：37－40.

［14］LEVINE S H. Comparing products and production in ecological and industrial systems［J］. Journal of industrial ecology，2003，3（1）：33－42.

［15］孟祥林. 产业生态化：从基础条件与发展误区论平衡理念下的创新策略［J］. 学海，2009（4）：98－104.

［16］LOWE E，HOLMESM S. A field book for the development of eco-industrial parks ［R］. Report for the U. S. Environmental Protection Agency. Oakland（CA）：Indigo Development International，1995：67 - 72.

［17］张文龙，余锦龙. 基于产业共生网络的区域产业生态化路径选择 ［J］. 社会科学家，2008（12）：47 - 50.

［18］邓远建，张陈蕊，袁浩. 生态资本运营机制：基于绿色发展的分析 ［J］. 中国人口·资源与环境，2012（4）：19 - 24.

［19］蒋南平，向仁康. 中国经济绿色发展的若干问题 ［J］. 当代经济研究，2013（2）：50 - 54.

［20］胡鞍钢，周绍杰. 绿色发展：功能界定、机制分析与发展战略 ［J］. 中国人口·资源与环境，2014（1）：14 - 20.

［21］舒绍福. 绿色发展的环境政策革新：国际镜鉴与启示 ［J］. 改革，2016（3）：102 - 109.

［22］辜胜阻. 绿色转型是实现经济社会发展与环境质量兼顾的重要途径 ［J］. 宏观经济管理，2016（4）：6 - 8.

［23］李茜，胡昊，李名升，等. 中国生态文明综合评价及环境、经济与社会协调发展研究 ［J］. 资源科学，2015（7）：1444 - 1454.

［24］刘艳艳，王少剑. 珠三角地区城市化与生态环境的交互胁迫关系及耦合协调度 ［J］. 人文地理，2015（3）：64 - 71.

［25］赖得挥. 以生态文明建设撬动粤东西北发展 ［J］. 广东经济，2014（7）：46 - 49.

［26］黄玉源. 以珠三角地区为例分析实施生态经济战略的重大效益 ［J］. 环境与可持续发展，2015（4）：157 - 159.

［27］林平凡. 创新驱动实现区域竞争优势重构的路径选择 ［J］. 广东社会科学，2016（2）：29 - 37.

［28］龚超，王文琦. 略论生态文明理论与生态广东文明建设之路 ［J］. 探求，2015（5）：83 - 88.

［29］李迎旭. 新形势下我国产业生态化转型研究——以广东省为例 ［J］. 长春理工大学学报（社会科学版），2015（5）：71 - 75.

［30］王珺. 广东专业镇经济的类型与演进 ［J］. 广东商学院学报，2001（4）：35 - 40.

科技金融与高新技术产业协同
演化机制及实证检验
——源于广东实践

刘湘云，吴文洋*

一、引言

近年来，我国提出以创新驱动区域经济发展，以科技引领金融创新，让金融创新深入服务科技创新，同时创新政策手段配合科技金融协同创新，探索科技金融产业协同创新发展模式、路径及体系。2015 年，科技部等部门联合颁布《关于促进科技和金融结合　加快实施自主创新战略的若干意见》，指出实现金融、科技、产业间的内生循环，要坚持以科技金融为核心的协同创新机制，着力推动科技创新、金融创新、产业发展和政策创新的四大融合发展。《国家"十三五"科学和技术发展规划》指出，要大力扶持和培养科技创新企业，为其开展自主创新活动提供条件保障，以此实现创新驱动发展，加快建设国家创新体系，促进科技金融与科技产业结合，引导和支持经济发展速度、方式和质量的转变，实现经济新常态下的区域经济稳增长格局。科技金融与高新技术产业协同创新与发展已成为我国区域创新的重要发展战略，且如何构建科技金融产业协同创新与发展体系已经成为当前的热点与难点问题。究其原因，是由于科技金融产业协同创新与发展的动力机制、协同演化关系和路径尚不清晰。基于此，本文运用系统工程理论、组织行为学理论及协同学理论深入探索科技金融与高新技术产业协同演化机制，并基于广东省的实践经验进行实证检验：理论上，运用协同学理论、组织行为学等理论与方法分析研究上述问题，实现了在复杂经济问题中跨学科理论的应用与融合；实践上，能够更好地贯彻和落实国家双创政策和供给侧结构性改革的要求，促进产业结构转型升级，为探索我

* 刘湘云，广东财经大学创业教育学院院长，教授，金融学博士后；吴文洋，暨南大学经济学院博士研究生。

国科技金融产业协同创新发展模式、路径及体系提供实践指导。

二、文献综述

（一）科技金融的内涵

国外暂无科技金融这一术语，但很多研究涉及科技金融的范畴，包括金融科技、金融创新与科技创新等领域。反观国内，虽然开展研究与实践的时间较早，但国内学者并没有对科技金融给出统一的定义。赵昌文等（2009）[1]提出，科技金融是由政府、企业、金融机构等为科技创新活动主体加快实现转型升级提供的一种创新性的制度安排，主要包括政策制度、金融服务制度和配套投融资体系等。科技部（2011）[2]明确规定，科技金融是指通过创新财政科技投入方式，引导和促进证券业、银行业与保险业金融机构及创业投资等各类资本，创新金融产品和改进服务模式，搭建服务平台，实现科技创新链条与金融资本链条的有机结合，为科技型企业从初创期到成熟期各发展阶段提供融资支持和金融服务的一系列政策和制度的一种系统性安排。王宏起和徐玉莲（2012）[3]在此基础上指出，科技金融是一种创新型的投融资服务体系，是由多种参与主体共同组成，主要包括各金融机构主体、科技产业主体、政府部门及其他科技创新主体。刘军民（2015）[4]、房汉延（2016）[5]认为科技金融的本质是对科技创新活动市场需求的一种创新性安排，是科技资本化及金融资本有机构成提高的过程。肇启伟等（2015）[6]、薛莉和叶玲飞（2016）[7]认为，构建科技金融体系的根本原因是解决科技型企业的现金流问题，服务对象为科技型企业，服务主体主要是政府、银行、风险投资、资本市场四大部分，目的是促进科技企业科技成果的顺利研发、小试、中试，最终实现产业化的公共平台。

（二）科技金融与高新技术产业协同演化关系

综合国内大多数学者对于科技金融与高新技术产业之间的关系研究，可总结出两大观点。其一，金融资本对科技创新和企业发展具有推动作用，二者间存在良性互动的关系。Hyeok J 和 Robert M T（2007）[8]发现金融的深化对技术创新具有巨大的推动作用，对企业的成长也发挥着至关重要的作用。Colombo G 和 Grilli L（2011）[9]选取全球上万家科技型上市公司的研发强度等相关数据进行实证分析，发现科技型企业获得的金融支持力度越大，企业在科技创新成果方面取得的成就越多。Mudambi R 等（2016）[10]实证研究科技创新与金融发展之间的关系，发现金融发展越先进，技术创新越明显。刘湘云和吴文洋（2017）[11]基于高新技术产业实证检验了2000年以来广东省一系列科技金融政策对高新技术产业的影响，发现科技金融政策的实施对高新技术产业发展具有显著的支持作用。其二，高新技术产业的发展助推科技金融创新，主要表现在技术创新活动和科技产业发展对于金融工具、产品和服务等方面的创新性需求，主要体现在两个层面。一是微观层面上，企业科技创新或技术进步对金融机构发展具有显著的影响。戴志敏（2008）[12]认为金融创新活动需要科技资源的支持，金融产品的推广需要相关科技手段的推动，从而发现科技创新对金融创新和金融产品的推广具有强烈的促进作用。Doh S和Kim B（2014）[13]选取韩国的样本数据对金融创新与技术进步之间的关系进行研究，发现科技企业的科技创新倒逼金融机构进行金融创新，从而适应企业发展需求。李丛文（2015）[14]认为，金融创新与科技产业间关系紧密、良性互动，以科技产业为载体的技术创新主要从降低交易成本、优化信息交互及增进监督机制3个方面促进金融创新。Kübra Şimşek和Nihan Yıldırım（2016）[15]选取土耳其产业园100家通信技术公司的信贷规模等数据，实证得出产业园区中的高技术企业的发展离不开金融创新的支持。二是宏观层面上，高新技术企业发展有助于资本市场的完善。HPo－Hsuan Hsu和Xuan Tian（2014）[16]采用固定效应模型，实证检验不同国家资本市场的发展水平和体系健全程度与技术创新机制和效率之间的关系，结果发现资本市场发展水平越高、体系越健全的国家，其科技创新机制越健全、创新效率也越高。薛婧（2016）[17]以黑龙江省19家高新技术企业在哈尔滨科技创新城内成功挂牌Q板为例，说明区域科技创新助推区域资本市场向多元化层次化发展。

（三）科技金融与高新技术产业协同演化机制

演化经济学由凡勃伦（Veblen）最早提出，是当今国内外最热门、最前沿的研究领域，是借鉴生物进化的思想方法和自然科学多领域的研究成果。Gereffi和Lee J（2016）[18]认为科技产业是促进区域经济发展和强化区域竞争优势的重要组成部分，其演化的过程与自然物种进化一样呈现出多样性、遗传性和自然选择性三大规律，具有共生性、竞争性和捕食性三大特征。国内外学者在研究金融与科技协同演化机制时，不仅将科技和金融纳入协同演化复合系统，还将高校和科研机构也纳入该系统，更注重"产学研"一体化协同等方面的研究。Perez（2002）[19]基于生命周期理论，认为由于利润驱动的作用，风险资本涌入新技术领域，加快了金融与科技的融合，从而推动科技创新活动的繁荣和快速增长。徐岩等（2014）[20]、姜明辉等（2015）[21]运用系统工程理论与虚拟仿真方法分析科技金融产业形成机制，认为高新技术产业科技创新资源与金融资源通过科技金融产业复合系统进行整体创新，从而实现科技金融体系发展的持续稳定和有序。中国人民银行广州分行课题组（2015）[22]研究发现，商业银行科技园区支行业务创新、VC 和 PE 投资的运营与支持机制、创新研发投入机制是促进我国金融与科技融合发展的重要推手。陈西川（2016）[23]认为，高新技术产业协同演化动力机制还包括由于外部资源环境约束产生的倒逼动力机制，以及由科技创新主体内部对自身发展强烈意愿形成的正逼动力机制。解佳龙等（2016）[24]基于 logistic 增长曲线，探究了我国高新技术产业与金融产业的协同演化路径与阶段转换机制。郭红兵和苏国强（2017）[25]运用"链"思维，阐述了科技金融结合具有创新链与资金链的协同机制、各种金融工具的协调机制和科技链金融配套机制。此外，张怀文（2016）[26]、肖奎喜等（2016）[27]将政府和社会资本纳入科技金融产业复合系统，分析认为高新技术产业与金融协同演化机制包括资源整合机制、交互式管理机制、创新机制、市场互动机制、产权选择机制、产业价值链延伸机制和政府机制等。

综上所述，多数研究成果仅间接、定性分析我国科技与金融结合现状、存在问题和制约因素，简单界定科技金融的内涵，从局部视角分析金融资本对科技创新、企业发展和经济增长的影响机制；关于科技金融与高新技术产业协同演化的研究，只是解释了科技创新或技术进步发生的原因及影响因素，忽视了二者间的动态演化关系、特征及机制等。此外，当前研究是一种基于历史宏观的经验分析，缺乏微观经验的实证佐证。更重要的是，未能将科技金融与高新技术产业的协同演化关系纳入到动态的复合系统框架之中分析与讨论，从而无法系统地构建科技金融与高新技术产业协同演化的完整理论和实证分析框架。因此，基于复杂性系统视角下，运用演化经济学和协同学分析研究科技金融与高新技术产业的协同演化机制，能够为科技金融研究提供一种新的思路。

三、科技金融与高新技术产业协同演化的复杂系统分析

科技金融与高新技术产业协同演化是一个由多要素、多主体、多层次形成的集合体，是一个典型的开放型复杂巨系统形成过程。我国科技金融与高新技术产业融合发展是一个动态演化过程，从最初单一的科技开发贷款发展到现在多层次、综合性的科技金融体系，包括科技金融、产业和环境因素3个子系统，涵盖高校及科研院所、银行、资本市场、保险、创业投资、中介机构、产业集

群、行业企业等各类组织体系，"科技金融—产业—环境"复杂系统动态演化层级结构如图1所示。

科技金融通过实现科技创新链条与金融资本链条的有机结合，为科技企业提供一系列金融服务与资金支持，实现科技、金融与产业的良性循环，最终实现区域经济增长，其复杂性主要体现在二者间的关系复杂性。一方面，科技金融子系统通过科技金融工具、制度和服务等，为高新技术产业子系统提供发展所需的资金，同时进行项目遴选和风险管理；另一方面，高新技术产业子系统的发展、成果转化、科技研发和项目落地等需要科技金融子系统的资金和技术等支持。二者之间协同演化，形成区域经济生态，最终促进经济增长。科技金融与高新技术产业协同演化的动态关系主要体现在科技金融支持高新技术产业发展和高新技术产业发展助推科技金融创新两方面，如图2所示。

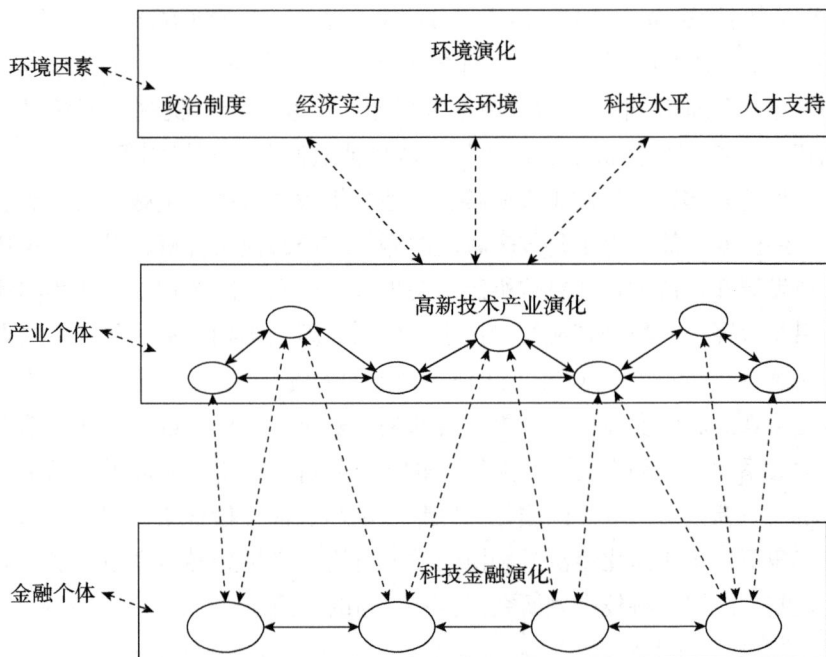

图1 "科技金融—产业—环境"复杂系统动态演化层级结构

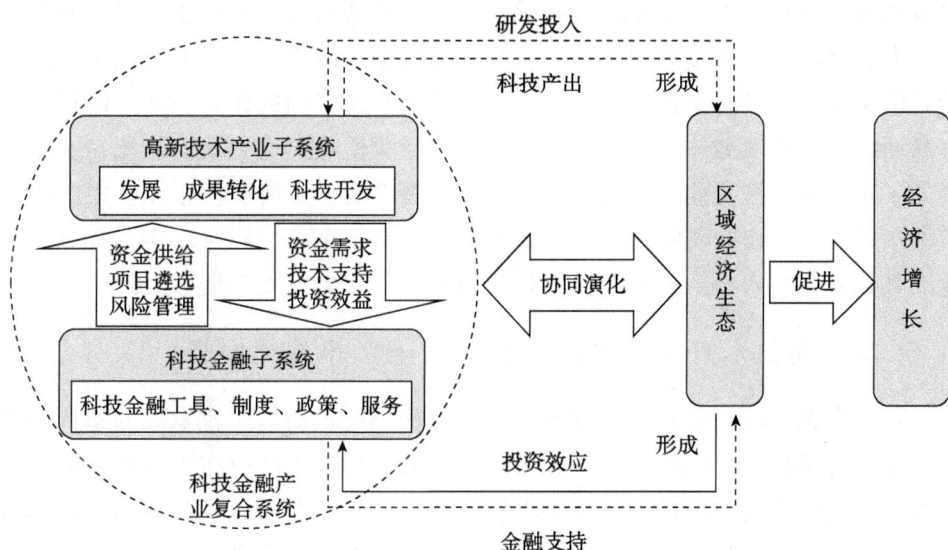

图2 科技金融与高新技术产业协同演化复杂系统

（一）科技金融子系统支持高新技术产业发展

根据科技部对科技金融的解释，发现科技金融在金融、人才、服务和政策方面与高新技术产业发展依赖的宏观和微观条件具有共性和相关性，从而支持高新技术产业的快速发展。主要表现在以下3个方面。一是科技创新夯实高新技术产业发展竞争力。科技是高新技术产业发展的内在支撑，科技水平的高低代表了企业在整个行业的实力和竞争力。一方面，规划建设具有专业化、制度化特色的高新技术产业科技服务机构，有效地实现高新技术产业科技服务创新资源要素的集聚，提升高新技术产业发展软实力，形成规模效应；另一方面，科技创新服务实现了国内外企业、高等院校和科研机构等科技创新资源的整合，促进资源的共享利用，扩大企业影响力，提高企业竞争力。二是金融创新为高新技术产业的发展提供了新动力。金融是现代经济的血液，企业的发展离不开金融的支持。当前，融资难融资贵是制约企业发展的主要难题之一，主要原因是企业抵押物少、企业价值难以评估。因此，我国部分地区金融机构在政府引导下进行金融产品和服务创新，依托高新技术产业开发区密集资源优势及政策支持，积极推进科技金融平台和产学研协同创新平台建设，推动应收账款融资业务、科技信贷风险补偿资金池、拨贷联动和投贷联动等金融创新模式，对高新技术企业进行了业务指导和对接，为高新技术企业提供高效率、一站式、全方位的金融创新产品和服务，加速高新技术产业的发展。三是政府优惠政策巩固了高新技术产业发展的后盾。为大力支持高新技术产业发展，我国各级地方政府出台了大量的相关优惠政策，特别是在所得税方面力度很大。这些措施的实施犹如在高新技术产业的发展背后筑起了坚固的保障壁垒，助推和完善高新技术产业发展体系的构建。高新技术产业受益于地方政府的支持，不仅提高了企业家经营企业的动力，还释放出发展潜能，从而实现企业规模的不断扩大。此外，政府的税收优惠在一定程度上降低了企业的经营成本，提高了企业的其他业务收入，从而使企业的利润增加，有助于相关产业的发展。

（二）高技术产业子系统助推科技金融子系统创新

科技金融对高新技术产业发展的支持是基于高新技术产业发展的不同阶段或者不同时期提供不同的科技金融服务。例如，高技术产业在不同的发展阶段有着不同的资金需求规模，这就要求科技金融服务与高新技术产业的发展形成一一对应的配套产品，这种随着企业不断地发展而要求金融产品的适应性反馈作用，主要表现为推动科技金融业务和科技金融产品的创新。因此，一方面，高新技术产业以信息技术为载体，不断推动科技金融的创新；另一方面，随着高新技术的不断推广，商业银行等金融机构需要更新自身、业务、完善科技金融产品，以迎合高新技术不断扩散的发展态势。高新技术产业发展助推科技金融创新主要体现在以下两个方面。一是高新技术的发展促进金融产品形式和服务模式创新。高新技术的发展降低了金融行业融合其他行业的壁垒，从而带动了金融产品形式和服务模式的创新。二是互联网技术的进一步推广为金融服务与金融产品的创新提供了便利。高新技术中的互联网信息技术的出现，不仅改变了金融机构传统的经营方式，还改变了金融服务行业的进入壁垒，从而为金融服务与金融产品的创新提供了极大的便利。

四、科技金融与高新技术产业协同演化机制分析

协同演化机制广泛存在于一切复合系统中，是复合系统协同演化的重要基础，复合系统中子系统越多，相互之间的信息、物质和资源等方面的交流现象越明显，协同演化机制也就越突出。本文借鉴大多数学者的研究成果，将科技金融与高新技术产业协同演化机制定义为：在一定的时间和范围内，科技金融子系统与高新技术产业子系统之间相互影响、协同发展，促使科技金融与高新技术产业复合系统内各子系统之间交流、共生、合作，从而促进各种经济资源的高效配置，推动企业转型，实现经济繁荣的科技金融产业协同发展的一系列制度安排。

（一）协同演化机制理论模型

科技金融与高新技术产业协同演化主要源于两个方面，分别为子系统间演化机制和复合系统内协同演化机制。在协同演化机制的作用下，区域实现科技创新与金融资源整合，推进产学研金合作的目的，从而促进科技与金融协同创新的持续性、领先性与市场科技金融发展的有序性。因此，可基于两个层面构建科技金融与高新技术产业协同演化机制理论模型，如图3所示。

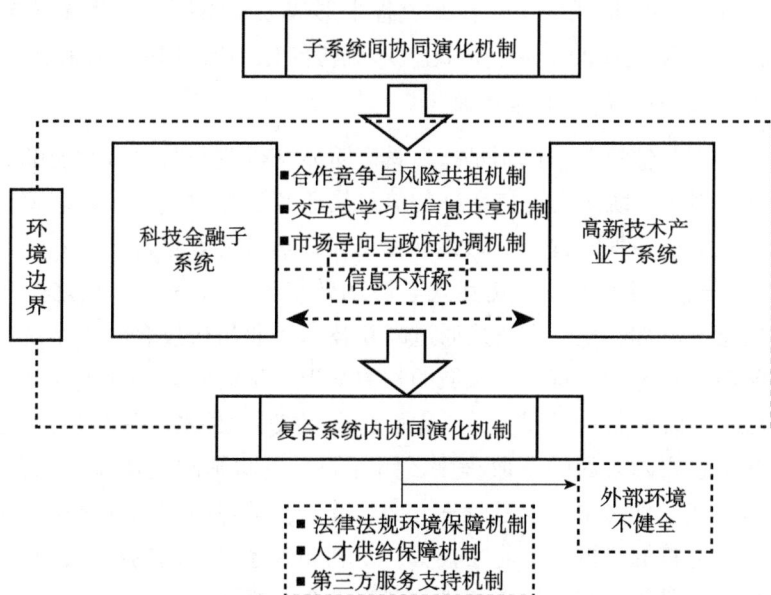

图3 科技金融与高新技术产业协同演化机制理论模型

（二）子系统间协同演化机制分析

1. 合作竞争与风险共担机制

高新技术产业子系统与科技金融子系统协同演化的目的是打造一个集科研开发、技术创新、金融服务、金融管理、政策服务于一体的科技金融产业政策协同体，该协同体需内部各参与主体进行合作竞争，共同努力，达到优势互补，同时又因各主体间的合作竞争分散了创新活动的风险。合作竞争机制主要包括以下两个层面。一是外部层面的竞争机制。对于高新技术产业来说，有限的社会资源决定了高新技术产业创新发展的水平，因此，以产学研为代表的合作方式会为其带来更多的创新发展动力，那么产学研主体会选择与更具竞争力的高新技术产业合作，在外部层面产学研各主体间形成了竞争态势。二是内部层面的合作机制。在科技金融与高新技术产业主体成员合作的过程中，成员间通过信息系统交换信息降低了信息交流成本，减少了信息不对称发生的概率，从而推动各行为主体的合作动力，提高了合作共赢的可能性。风险共担主要体现在高新技术产业发展过程中的金融支持方面，一般而言，科技型企业在不同的发展周期有不同的融资手段：初创期以内源性融资、天使投资、财政支持和创业风险投资并存的形式为主；成长期以科技贷款、创业风险投资、科技担保和科技保险并存的形式为主；成熟期以科技贷款、创业风险投资、科技保险和科技资本市场并存的形式为主，在此过程中形成多个不同的介入主体或者参与主体共同服务一家企业的格局，因此，形成协同化的风险共担机制。

2. 交互式学习与信息共享机制

交互式学习与信息共享机制是指在具有明显跨行业和跨领域性质的高新技术产业与科技金融子系统之间保持良好的信息沟通和资源对接，从而缓解由于信息不对称而造成的一系列问题。信息共享和交互式学习两者相辅相成，信息共享的广度决定交互式学习的深度，交互式学习的效果离不开信息共享之基础。一方面，解决信息不对称的重要方法是通过高新技术产业与科技金融子系统中各参与主体互相学习，熟悉和了解对方领域的相关知识，从而极大地促进高新技术产业与科技金融子系统的融合发展；另一方面，交互式学习需要根据学习进程扩大各学习主体在信息资源方面的开放程度，因此需要在此基础上建立信息共享机制，主要包括学习前、学习中和学习后三方面。首先，学习前信息共享机制是指将以高新技术产业为首的科技型企业在融资、专利和人才等方面的需求信息；以商业银行、科技厅、科创委等为代表的科技金融平台的投资条件、投资政策和投资范围等信息进行搜集整理和解读，从而提高科技金融和高新技术产业在服务和需求方面的协同度，降低协同成本。其次，学习中信息共享机制主要关注在服务企业发展过程中为有利于掌握企业发展现状或为加大服务力度而披露的一系列信息，诸如企业发布的月报和季报等重大项目进展及政府等部门披露的监管办法、政策指南和服务公告等，这些有利于科技金融与高新技术产业参与主体的投资决策。最后，学习后信息共享机制主要强调的是事后的各项服务事项的跟进和反馈，并根据具体进展决定不同的后续服务，同时也是管控风险和成本的重要手段。

3. 市场导向与政府协调机制

市场导向机制在科技金融与高新技术产业协同演化中起着关键性作用，是整个科技金融体系运转的主导机制和优化机制。在科技金融与高新技术产业协同演化过程中，高新技术产业子系统作为资源的需求者，科技金融子系统作为资源的供给者，两子系统在资源供求关系相互影响的作用下形成要素市场价格，而要素市场价格反过来又影响资源要素的供求。但由于市场导向机制存在缺陷，使得市场失灵现象出现。如我国实际情况显示，仅靠市场导向作用并不能够实现科技、金融和产业三者的融合，要弥补市场失灵，需要政府发挥看得见的手的作用，即以市场机制为基础，通过完善财政投入机制和建立健全协调管理机构对经济进行适当的调节管控。当前促进科技金融产业协同演化的重要任务是完善相关财政投入机制，具体包括完善直接财政收入和间接财政投入两个方面，通过制定产业扶持政策和建立产业引导基金等方式来实现。促进科技金融产业协同演化的辅助手段是建立健全政府协调管理机构，这有利于加强科技金融产业协同演化主体间信息的有效交流，为企业管理层进行决策提供一些具体的参考依据。

（三）复合系统内协同演化机制分析

1. 法律法规保障机制

随着市场经济的发展，高新技术产业在经济活动和社会发展等方面的贡献也将更加突出，然而长期以来，由于高新技术产业自身存在高风险且抗风险能力偏弱等特征而面临着严峻的融资挑战。高新技术产业科技创新成果和科技金融产品一旦投放市场，很容易被其他企业、机构或个人无偿地仿制和学习，如果缺少完善的法律法规对其科技成果和知识产权予以保护，投资者和创新成果的拥有者往往很难获得与高投入和高风险相匹配的高收益，有时还可能难以收回投资成本。同时，科技金融服务在我国还处于探索阶段，金融机构和第三方科技金融服务机构在市场开拓和产品开发等方面仍存在技术界限。这些必然会严重打击投资者和创新者的积极性，最终进一步制约科技金融与高新技术产业的协同创新与融合发展。因此，我国部分区域制定了一系列的法律法规，为其快速融合发展提供环境保障。例如，广东省人民政府办公厅发布《关于促进科技和金融结合的实施意见》（粤府办〔2013〕33号），在支持科技型企业发展方面加大公共科技金融投入，促进科技成果的资本化和产业化，推动科技金融产业的融合，创新实施科技信贷、科技保险补贴和科技金融特色服务三大公共科技金融专题。

2. 人才供给保障机制

科技金融与高新技术产业协同发展需要有一大批高素质的综合性创新人才、金融人才及复合型人才。无论是高新技术产业还是科技金融创新，都需要人才的支持和保障，有效的人才供给是区域科技创新、科技金融创新和高新技术产业发展的重要因素，因此需要一大批高素质的科技创新人才与金融人才，以及既懂金融又懂科技的复合型人才。首先，应加大对创新人才的培养力度，鼓励高校建立集理工专业、管理专业、金融专业于一体的专业人才培养机制，以满足在科技创新与金融创新活动中对人才的需求。同时，应积极推动复合型人才的对外交流，也可以通过给予优厚待遇吸引国外科技与金融优秀复合型人才，加强国际间合作，并建立有效的激励机制与评价体系，通过期权、股权等方式鼓励他们从事创新活动。其次，在培养创新人才的同时，应加大对人才创新意识、冒险精神的培养。注重创新意识与创新思维的培养，能够激发创新人才的想象力与创造力，积极进行新产品与新技术的研发；注重冒险精神的培养，目的在于培养创新人才的前瞻意识及对市场的敏感嗅觉，敢于承担科技创新的高风险[28]。

3. 第三方服务支持机制

高新技术产业与科技金融实现融合发展与协同创新，除了科技金融产业复合系统中各个直接主体的贡献外，间接第三方服务体系也发挥了重要的支持作用。第三方服务支持机制主要体现在科技金融综合服务平台的建立方面，平台多采取"政产学研金用"一体化模式。基于"开放协同"共建的符合国家"2011 协同创新计划"的协同体，致力于服务科技企业，旨在构建科技金融高端智库、建立科技金融研究基地、打造科技金融创新团队，传播科技金融理念与政策，培养科技金融人才。该机制将高水平、高质量的战略规划、投融资对接、商业模式设计及项目孵化等服务提供给高新技术等科技型企业，为高科技企业发展提供源源不断的资金支持和高质量的市场服务。同时为推动高新技术企业和投资机构、金融机构等深入融合，提供一站式的项目孵化与对接服务，整合各方资源，促进科技金融产业协同演化提供实践动力。

五、协同演化机制模型构建

结合科技金融与高新技术产业协同演化的复杂系统，本文运用哈肯模型建立科技金融与高新技术产业复合系统的演化机制模型。哈肯模型描述了在一定外部环境下，系统内部不同变量之间相互作用，形成新结构的过程。假设将科技金融与高新技术产业演化视为复合系统 $P = \{P_1, P_2\}$，其中，P_1 为科技金融子系统，P_2 为高新技术产业子系统；将协同演化机制因素视为复合系统 $S = \{S_1, S_2\}$，其中，S_1 为子系统间协同演化机制，S_2 为复合系统内协同演化机制。排除随机干扰因素的影响，构建表示两个系统间互相作用的方程，即哈肯模型协同演化机制方程：

$$\dot{S} = -\lambda_1 S - \alpha SP \tag{1}$$

$$\dot{P} = -\lambda_2 P + \beta S^2 \tag{2}$$

模型方程中 λ_1、λ_2、α、β 为参数，$-\lambda_1 S$、$-\lambda_2 P$ 分别表示两个系统内部各影响系统演化的变量，$-\alpha SP$ 表示两个系统之间的非线性作用，βS^2 表示 S 对 P 的作用力。当 $\lambda_2 \geqslant \lambda_1$、$\lambda_2 > 0$ 时，表明 S 是 P 的序参量；同时，采用绝热消除原理，令 $\dot{P}=0$，可以得到方程（2）的近似解：

$$P \approx \frac{\beta}{\lambda_2} S^2 \tag{3}$$

式（3）表示在复合系统的协同演化进程中，S 是 P 的一个重要影响变量。因此，阻力变量的作用力小，S 主导参量是复合系统的序参量，主导着复合系统的演化。将式（3）带入式（1），得到序参量方程：

$$\dot{S} = -\lambda_1 S - \frac{\alpha \beta}{\lambda_2} S^3 \tag{4}$$

对式（4）的相反数进行积分，即可得到势函数方程：

$$F（S）= \frac{\lambda_1}{2} S^2 - \frac{\alpha \beta}{4\lambda_2} S^4 \tag{5}$$

将势函数 $F（S）$ 看作 S^2 的函数，则有两种曲线特征：一是开口向上的抛物线，二是开口向下的抛物线。当开口向上，即 $\lambda_1 > 0$，参量方程有唯一解，即 $S=0$，得到势函数的曲线如图 4 所示；当 $\lambda_1 < 0$ 时，序参量方程有多个解，分别为 0、$\sqrt{-\frac{\lambda_1 \lambda_2}{\alpha \beta}}$、$-\sqrt{-\frac{\lambda_1 \lambda_2}{\alpha \beta}}$，此时可以得到协同演化的趋势图，如图 5 所示。

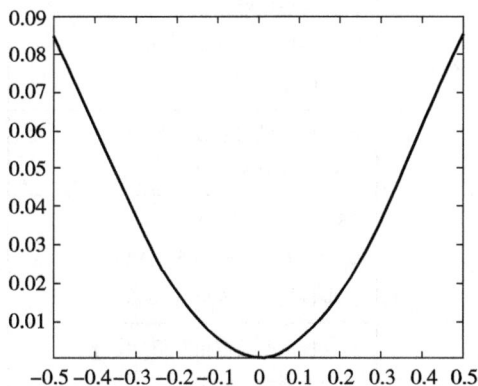

图 4　唯一解情况下协同演化趋势　　　　图 5　多解情况下协同演化趋势

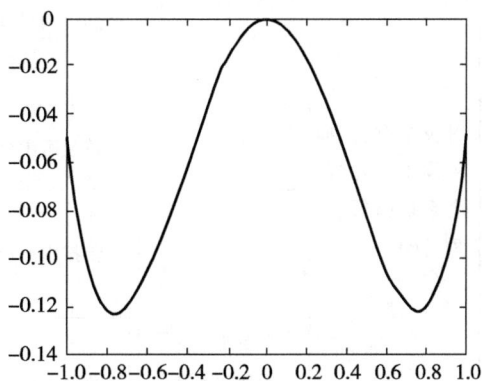

实际中为便于运用，将式（1）和式（2）离散化为：

$$S(t+1) = (1-\lambda_1)S(t) - \alpha S(t)P(t) \tag{6}$$

$$P(t+1) = (1-\lambda_2)P(t) + \beta S^2(t) \tag{7}$$

哈肯模型注重的是复合系统内各个子系统之间的相互影响、合作、共生等对整个复合系统的影响，即各子系统的协同作用，这种作用不是各子系统作用力的加总。哈肯模型为系统协同演化提供了清晰的思路。因此，本文用哈肯模型协同演化机制方程来研究科技金融子系统与高技术产业子系统的协同演化机制。

六、实证分析与检验

（一）样本选取与标准化处理

哈肯提出的协同来源于个体行为主体的共生演化，即从时间维度上来讲是一个动态的概念，因此本文也从时间维度选取相关指标。参考美国国家创新系统的影响因素、科技部《国家高新技术产业开发区指标体系》及国内外学者对于高新技术产业科技创新、科技金融结合效益评价的研究成果，基于科技金融与高新技术产业协同演化的视角构建指标体系，详细指标体系如表1所示。

表1   科技金融与高新技术产业协同演化机制指标体系

	序参量	一级层次指标	二级层次指标
科技金融与高新技术产业复合系统指标体系（P）	科技金融子系统（P1）	科技资本市场	创业风险投资资本总额（X1） 股权投资资本总额（X2） 股票市值/GDP（X3）
		金融机构科技贷款政府部门科技金融支持	科技信贷规模总额（X4） 财政科技拨款总额（X5） 税收优惠总额（X6）
		科技金融中介服务	创业投资机构家数（X7） 金融业从业人员（X8）
	高新技术产业子系统（P2）	高新技术产业投入	R&D 经费支出（Y1） 研发展人员全时当量（Y2） 从事科技活动人员（Y3）
		高新技术产业产出	高新技术产品产出总值（Y4） 专利申请数（Y5） 专利授权数（Y6）
		高新技术产业环境	高技术产业总数（Y7） 区域经济生产总值（Y8）

	序参量	一级层次指标	二级层次指标
协同演化机制因素指标体系 (S)	子系统间协同演化机制 (S1)	合作竞争与风险共担	创新创业大赛次数 (A1) 科技保险总额 (A2)
		交互式学习与信息共享	政策宣讲活动次数 (A3) 项目路演活动次数 (A4)
		市场导向与政府协调	财政科技拨款总额 (A5) 税收优惠总额 (A6)
	复合系统内协同演化机制 (S2)	法律法规保障	科技信贷规模总额 (B1) 新三板挂牌补贴总额 (B2)
		人才供给保障	人才引进总数 (B3) 培训董秘等高管总数 (B4)
		第三方服务支持	科技金融服务平台总数 (B5) 孵化企业总数 (B6)

本部分选择广东省 2001—2016 年数据为样本，按照哈肯模型的实证特征将其分成 2001—2008 年和 2009—2016 年两个时期，数据以广东省统计局和国家统计局数据库官方公布的为准。此外，由于样本数据具有不同的量纲，为保证结果的科学性，采用标准化法对高新技术产业子系统、科技金融子系统和协同演化机制各项体系指标进行无量纲化处理。由于标准化法的处理值存在正负差异，同时为了计算的简便，将初步处理结果乘以 100 并向上平移 200 个单位，使所有处理值为正数且数值偏大。处理公式如下：

$$e_{ij}^0 = 200 + \frac{e_{ij} - \overline{e_i}}{s_i} \times 100 \qquad (8)$$

$$s_i = \sqrt{\frac{1}{n-1} \cdot \sum_{j=1}^{n} \left(e_{ij} - \overline{e_i}\right)^2} \qquad (9)$$

式中：e_{ij}^0 为第 j 期第 i 个指标的评价值，e_{ij} 为第 j 期第 i 个指标的原始值，$\overline{e_i}$ 为时间跨度内第 i 个指标的均值，s_i 为时间跨度第 i 个指标的标准差。将样本数据经式（8）和式（9）的方法处理后得到标准化后的数据。

（二）指标权重计算

本文最终设定的各子系统各项评价指标的构成具有系列性特征，尽管上述各项评级指标都经过了无量纲化处理，但是指标所代表的重要性却各不相同，所以要对权重系数进行重要性评级。评级方法采用层次分析法来进行，科技金融与高新技术产业协同演化指标体系的二级层次指标的权重如表 2 所示。

表 2　科技金融与高新技术产业协同演化指标体系二级指标权重

科技金融子系统指标权重							
指标	X1	X2	X3	X4	X5	X6	X7	X8
权重	0.1271	0.1276	0.1058	0.1373	0.1357	0.1209	0.1262	0.1194
高新技术产业子系统指标权重							
指标	Y1	Y2	Y3	Y4	Y5	Y6	Y7	Y8
权重	0.1336	0.1272	0.1016	0.1355	0.1169	0.1007	0.1503	0.1342
复合系统内协同演化机制因素指标权重							
指标	A1	A2	A3	A4	A5	A6	
权重	0.1353	0.1903	0.1667	0.1925	0.1844	0.1327	
子系统间协同演化机制因素指标权重							
指标	B1	B2	B3	B4	B5	B6	
权重	0.2014	0.1747	0.2192	0.1176	0.1629	0.1282	

（三）实证检验

借鉴赵玉林和李丫丫（2017）[29]及李丫丫（2012）[30]的处理方法，根据表 2 中的各二级指标权重，将已通过无量纲化处理过的数据通过协同演化机制模型进行测算，此时得到两个关系组：

$$S(t+1) = \underset{(3.03)}{1.877S(t)} + \underset{(2.23)}{2.553S(t)P(t)} + \underset{(5.17)}{0.244} \qquad (10)$$

$$R\text{-}squared = 0.9268, \ F = 272.77$$

$$P(t+1) = \underset{(-2.38)}{-1.019P(t)} + \underset{(2.54)}{1.241S(t)S(t)} + \underset{(6.31)}{1.027} \qquad (11)$$

$$R\text{-}squared = 0.9057, \ F = 346.09$$

其中，式（10）和式（11）下括号中的数字为 t 检验值，两个模型都通过 5% 显著性水平检验。对上述方程进行回归分析，$R\text{-}squared$ 均大于 0.9，F 值均大于 100，t 值也都通过了检验，表明拟合效果较好。此时，$1-\lambda_1 = 1.877$，$\lambda_1 = -0.877$，$1-\lambda_2 = -1.019$，$\lambda_2 = 2.019$；则有 $\lambda_2 \geqslant \lambda_1$、$\lambda_2 > 0$ 时，表明高新技术产业成长是科技金融的序参量。进一步分析科技金融与高新技术产业协同演化机制的离散化哈肯模型，得到二者间相互作用的微分方程组：

$$\dot{S} = -0.877S + 2.553SP \qquad (12)$$

$$\dot{P} = -2.019P + 1.241S^2 \qquad (13)$$

令 $\dot{P}=0$，求得式（13）的近似解：

$$P \approx \frac{\beta}{\lambda_2} S^2 = \frac{1.241}{2.019} S^2 \tag{14}$$

式（14）表明科技金融与高新技术产业子系统演化程度随着相关协同演化机制作用强度的不断变化而变化。将式（14）带入式（12）中，得到序参量方程：

$$\dot{S} = -0.877S + 1.569S^3 \tag{15}$$

对式（15）等号右边取相反数，然后积分即可以得到协同演化势函数：

$$F(S) = 0.4385S^2 - 0.39225S^4 \tag{16}$$

势函数的二阶导数为：

$$\frac{d^2F}{dS^2} = 0.877 - 4.7064S^2 \tag{17}$$

令 $\dot{S}_1 = 0$，可得到式（15）的零点值，即 $S=0$ 或 $S=0.7476$ 或 $S=-0.7476$，将该值代入势函数的二阶导函数（17）中，得到其二阶导函数值：

$$\frac{d^2F}{dS^2} = 0.877 - 4.7064S^2 = -1.75343 \tag{18}$$

二阶导函数值小于零，说明在零点值 $S=0.7476$ 或 $S=-0.7476$ 时势函数具有极大值，势函数的形状如图6所示。

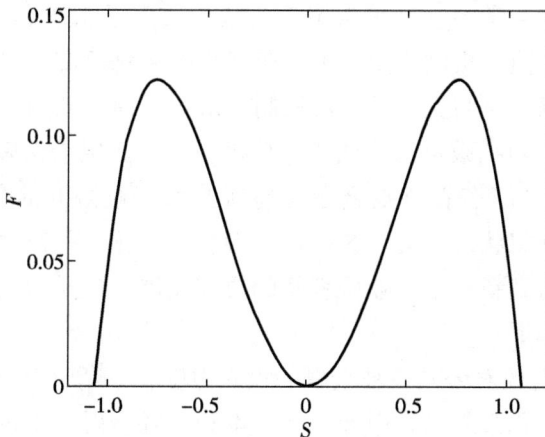

图6 科技金融与高新技术产业协同演化势函数曲线

（四）协同演化稳态解分析

科技金融与高新技术产业协同演化过程的势函数的结构特性反映了科技金融与高新技术产业协同演化机制，即根据势函数的结构特性，可以清晰地看出，以信息共享与交互式学习机制等为代表的子系统间协同演化机制和以法律法规环境保障机制等为代表的复合系统内协同演化机制，是推动广东省科技金融与高新技术产业协同演化的动力机制，在该机制的作用下，科技金融子系统与高新技术产业子系统发生非零作用，促使科技金融产业复合系统形成新的稳态解，达到新的有序状态。即，从初始状态（$S=0$）演化到新的稳定有序状态（$S=0.7476$ 或 -0.7476），甚至从一种稳定有序状态（$S=-0.7476$）演化到另一种新的有序状态（$S=0.7476$）。由式（16）和式（18）可知，当状态参量（S，P）和系数变量（λ_1，λ_2，α，β）发生变化时，系统的势函数也会发生变化，即从初始状态演化到新的稳定有序状态，科技金融产业协同演化机制促进科技金融产业复合系统演化从无序到有序，实现"$1+1>2$"的协同效应和科技金融与高新技术产业的良性互动。

七、结论与建议

本文基于协同学和演化经济学理论，剖析了科技金融子系统与高新技术产业子系统协同演化机制，并选取广东省相关数据进行实证，得出科技金融与高新技术产业协同演化是一个内容复杂、多要素、多主体、多层次的集合体，是一个典型的开放型复杂巨系统形成过程；科技金融产业复合系统通过竞争合作、信息共享、交互学习、环境保障等方式，实现子系统和复合系统的有序；科技金融产业协同演化机制主要分为系统间协同演化机制（包括合作竞争与风险共担机制、信息共享与交互性学习机制、市场导向与政府协调机制）和系统内协同演化机制（包括政策法律法规保障机制、人才供给保障与第三方服务支持机制）。近年来，广东省科技金融与高新技术产业协同演化程度逐步加深，但是仍没有达到理想状态，为加快推进二者协同演化，提高协同演化程度，迅速提升科技金融与高新技术产业两者间的协同发展，应尽快实施科技金融产业协同战略。思路如下。

1. 加大国家财政对公共科技金融的投入力度，不断整合财政资金，设立政府创业引导基金，积极鼓励并引导社会资本和市场金融资本的投资方向，增强科技创新领域对公共与市场科技金融资金的吸引力，从而满足高新技术产业在科技创新的不同阶段对资本的需求，实现在科技金融资金充裕的情况下，科技创新成为新常态下经济增长的驱动因素。

2. 鼓励并加强企业、高校等创新资源的培育，通过成立科技金融俱乐部、开设科技金融理论与实践操作班及科技金融沙龙等，向金融机构或科技型行业企业不断传授科技金融领域相关知识，以鼓励其不断进行科技创新，从而提高区域间科技创新的能力，实现科技金融和科技创新的良性互动发展，增强区域的经济竞争力。

3. 积极建立协同体网络。通过利用现代信息技术建立各种投资论坛、科技金融高端论坛、新三板发展论坛和科技创新论坛等，鼓励和加强各发展主体间互相交流与合作，大力发展有利于科技金融产业协同发展的网络群。

参考文献

[1] 赵昌文，陈春发，唐英凯. 科技金融 [M]. 北京：科技出版社，2009.

[2] 中华人民共和国科学技术部. 国家"十二五"科学和技术发展规划 [EB/OL]. (2011 - 01 - 13) [2018 - 03 - 11]. http：//www. most. gov. cn/mostinfo/xinxifenlei/gjkjgh/201107/t20110713_88230_13. htm.

[3] 王宏起，徐玉莲. 科技创新与科技金融协同度模型及其应用研究 [J]. 中国软科学，2012 (6)：129 - 138.

[4] 刘军民. 科技金融的相关理论问题探析 [J]. 经济研究参考，2015 (7)：13 - 26.

[5] 房汉廷. 创新视角下的科技金融本质 [J]. 高科技与产业化，2016 (3)：40 - 45.

[6] 肇启伟，付剑峰，刘洪江. 科技金融中的关键问题 [J]. 管理世界，2015 (3)：164 - 167.

[7] 薛莉，叶玲飞. 双阶段视阈下科技金融体系的异质性解构 [J]. 江苏社会科学，2016 (4)：67 - 72.

[8] HYEOK J, ROBERT M T. Sources of TFP growth：occupational choice and financial deepening [J]. Economic theory, 2007, 32 (1)：179 - 221.

[9] COLOMBO G, GRILLI L. Funding gaps? access to bank loans by high-tech start-ups [J]. Small business economics, 2011, 29 (1)：25 - 46.

[10] MUDAMBI R, MUDAMBI S M, MUKHERJEE D, et al. Global connectivity and the evolution of industrial clusters：from tires to polymers in Northeast Ohio [J]. Industrial marketing management, 2016, 15 (1)：344 - 368.

[11] 刘湘云，吴文洋. 基于高新技术产业的科技金融政策作用路径及效果评价研究 [J]. 科技管理研究，2017 (18)：27 - 36.

[12] 戴志敏，罗峥. 科技进步对金融创新活动促进研究 [J]. 科技管理研究，2008 (11)：48 - 51.

[13] DOH S, KIM B. Government support for SME innovations inthe regional industries：the case of government financialsupport program in South Korea [J]. Research policy, 2014, 43 (9)：1557 - 1569.

[14] 李丛文. 金融创新、技术创新与经济增长——新常态分析视角 [J]. 现代财经

（天津财经大学学报），2015（2）：13－24.

[15] KÜBRA ŞIMŞEK, NIHAN YILDIRIM. Constraints to open innovation in science and technology parks [J]. Procedia-social and behavioral sciences, 2016, 11 (1): 229－235.

[16] PO－HSUAN HSU, XUAN TIAN. Financial development and innova-tion: croscountry evidence [J]. Journal of financial economics, 2014, 112 (1): 116－135.

[17] 薛婧. 哈尔滨科技创新城构建多元资本市场　全力服务中小企业 [N]. 中国高新技术产业导报, 2016－04－11（10）.

[18] GEREFFI G, LEE J. Economic and social upgrading in global value chains and industrial clusters: why governance matters [J]. Journal of business ethics, 2016, 133 (1): 25－38.

[19] PEREZ. Technical revolution and financial capital: the dynamics of the bubble and golden age [M]. Beijing: Renmin University Press, 2002.

[20] 徐岩, 李昊峰, 郭楠. 基于产业视角的科技金融体系构建 [J]. 沈阳工业大学学报（社会科学版）, 2014（4）：299－303.

[21] 姜明辉, 贾晓辉, 于闯. 产业集群演化的仿真研究 [J]. 经济问题探索, 2015（12）：81－90.

[22] 中国人民银行广州分行课题组. 金融与科技融合模式：国际经验借鉴 [J]. 南方金融, 2015（3）：4－20.

[23] 陈西川. 企业协同科技创新动力研究 [J]. 郑州大学学报（哲学社会科学版）, 2015（2）：81－83.

[24] 解佳龙, 胡树华, 王利军. 高新区发展阶段划分及演化路径研究 [J]. 经济体制改革, 2016（3）：107－113.

[25] 郭红兵, 苏国强. 从产业链金融到科技链金融——论科技链金融的概念、模式和意义 [J]. 南方金融, 2017（5）：10－17.

[26] 张怀文. 低碳经济背景下新能源产业集群动力机制和演化路径分析 [J]. 工业技术经济, 2016（9）：155－160.

[27] 肖奎喜, 谢玥玥, 徐世长. 创新驱动背景下实现中国科技金融突破性发展的制度安排及政策建议——基于发达国家和地区科技金融体制创新的借鉴 [J]. 科技进步与对策, 2016（23）：105－110.

[28] 周文莉, 顾远东, 彭纪生. 研发人员创造力效能感、积极情绪与创新行为的关系研究 [J]. 珞珈管理评论, 2017（4）：76－87.

[29] 赵玉林, 李丫丫. 技术融合、竞争协同与新兴产业绩效提升——基于全球生物芯片产业的实证研究 [J]. 科研管理, 2017（8）：11－18.

[30] 李丫丫. 高技术产业融合与技术进步协同演化机制研究 [D]. 武汉：武汉理工大学, 2012.

第三章

企业能力对企业自主品牌升级的影响研究
——基于广东省制造业企业的调查分析

宋 耘，王 婕[*]

一、引言

制造业大而不强是目前我国经济发展面临的一个大问题，其直接表现为企业利润空间的严重不足。《2008—2014 年中国制造业 500 强研究报告》显示，7 年来中国制造业 500 强的利润率一直低于 5%，2011 年该指标表现最好，也仅为 4.74%，之后便持续下滑至 2014 年的 2.7%[①]。作为国内佼佼者的 500 强企业尚且如此，其他众多未进入榜单的中小企业的情况更加堪忧。造成这一局面的主要原因是我国企业通过代工嵌入全球分工网络后，被外国旗舰企业锁定在低端制造环节，无力打造自主品牌，只能被迫接受不利的价格条件。例如，中国 DVD 全球产量第一，但是出口均价不到 45 美元，每台利润不到 1 美元[②]。世界某知名品牌包市场售价 3000 元，由东莞慧达手袋厂代工，出厂价仅为 120元，每个包的代工利润最多为 20 元[③]。与代工企业受到无情压榨形成鲜明对比的是外国旗舰企业的丰厚利润空间。据广东佛山陶瓷行业的业内人士透露，目前我国陶瓷产品出口主要采用为国外知名品牌代工的方式，作为价值链上的旗舰企业，美国、意大利等国的品牌商的产品利润往往可以达到 300%[④]。

要想改变中国企业长期以来在产业内分工中的弱势地位，实现向全球价值

---

* 宋耘，中山大学管理学院副教授，管理学博士；王婕，中山大学管理学院企业管理专业博士研究生。

① 参见 http：//www. kccbest. com/trends/trendsdetail/524。

② 中国制造如何在微笑曲线上微笑，参见 http：//news. xinhuanet. com/fortune/2013 – 03/14/c_124457960. html。

③ 大陆工厂代工上万元名牌包利润仅 5 元，参见 http：//news. xinhuanet. com/cankao/2013 – 05/17/c_132389774. html。

④ 资料由作者于 2016 年 6 月到广东佛山中国陶瓷城总部集团调研所得。

链高端环节攀升甚至构建以我国企业为主导的全球价值链，需要高度重视自主品牌的创建。自主品牌是企业拥有自主知识产权的品牌，自主品牌升级（OBM）意味着企业从贴牌生产到以自主品牌进行销售的跨越。从我国企业升级的前沿实践来看，一些企业在为外国旗舰企业代工的同时，在本土市场积极构建研发和营销网络，以自主品牌直接面向更为广阔的本土终端市场，在国内市场实现了自主品牌升级。然而在海外市场，由于外国旗舰企业具有强大的市场势力，且营销网络的建设耗资巨大、困难重重，导致能像华为一样在海外市场大规模实现自主品牌升级并因此打开利润空间的中国企业寥寥无几。基于我国企业在海内外市场实践的差异，笔者认为在研究企业自主品牌升级时，应区分国内和国外两个市场。

升级绩效的影响因素是升级领域研究的关键课题。作为升级概念的提出者，Gereffi（1999）[1]将升级定义为企业向获利能力更高的经济领域发展的过程，认为这一过程始终伴随着企业能力的提升。自此，国内外学者对企业升级影响因素的研究便大多建立在资源基础观理论（Barney，1991）[2]和动态能力理论（Teece 等，1997）[3]的基础上，承认能力获取是企业升级的必要条件，是在国外市场实现自主品牌升级的关键性影响因素（王朝晖等，2013）[4]。在企业能力的具体构成上，我们借鉴企业竞争力领域的研究，聚焦于技术能力、网络能力和营销能力 3 个方面（吴晓云和张欣妍，2015）[5]。其中，网络能力与技术能力直接影响到企业外部知识获取与通过整合产生新知识的效果，营销能力则决定了企业品牌和渠道建设的效果。在这三大能力中，技术能力对企业升级的作用受到广泛关注，取得了丰富的研究成果（Lall，1991；毛蕴诗等，2014）[6-7]。营销能力与企业绩效之间的关系虽然也受到重视，但鲜有研究注意到营销能力对企业升级水平的影响（Eng 和 Graham，2009）[8]。而伴随着组织间合作的日益普遍，以培育和维持外部伙伴关系为特征的网络能力被认为是企业提高升级绩效的重要能力，研究强调建立企业间关系可带来资源联合、资源分享和学习（Eng，2005）[9]。

从文献梳理的结果来看，现有研究在讨论企业升级的影响因素时，大多将企业升级作为一个整体概念来处理，忽略了不同企业升级类型所需能力的差异，尤其不够重视企业自主品牌升级这一具有重要战略意义的现象。鉴于此，本文聚焦于企业自主品牌升级的影响因素研究，创新性地将企业自主品牌升级区分为国内市场升级和国外市场升级，并将网络能力、技术能力和营销能力共同纳入到研究框架中，以广东省制造业企业为样本进行分析，试图回答以下4 个问题：一是网络能力与技术能力、营销能力是否存在相互影响；二是分别考察网络能力、技术能力与营销能力如何影响企业的自主品牌升级；三是综合考察 3 种能力在影响企业自主品牌升级过程中的作用机制如何；四是 3 种能力对企业国内市场自主品牌升级和国外市场自主品牌升级的影响是否存在差异。

二、文献回顾与假设提出

（一）自主品牌升级的相关研究

自主品牌升级（OBM）是企业升级的一种高级形式，Amsden（1989）[10]在研究东亚电子产业的发展后得出结论，新兴市场的企业实现升级的最佳路径是首先从 OEM（代工）向 ODM（原始设计与制造）演变，然后才能实现自主品牌升级。Humphrey 和 Schmitz（2002）[11]根据企业不同阶段的活动内容，提出了发展中国家企业升级的 4 种类型：过程升级、产品升级、功能升级和跨产业升级。其中，功能升级主要表现为以自主品牌创建为核心的自主品牌升级，它区别于过程升级和产品升级这两种代工形式内部的渐进式演进，是从代工到创建自主品牌的跨越。

自主品牌升级路径受到国内外研究者的关注。如 Hobday（1994）[12]、Ernst 和 Kim（2002）[13]对日本、韩国和中国台湾地区的电子产业进行研究发现，处于全球价值链低端的企业早期通过为国际知名品牌代工，经过一段时期的技术模仿和消化吸收，最终完成了向 OBM 的跨越。Sturgeon 和 Lester（2003）[14]对 20 世纪 70~80 年代"亚洲四小龙"企业基于全球供应基地的"供应商导向型产业升级"进行研究，发现这些企业通过成为跨国公司的全球供应商，以 OEM 形式进入全球市场，然后逐步形成"制造 + 设计"的模式，最终实现了自主品牌升级。毛蕴诗和郑奇志（2012）[15]对多家企业进行案例研究后发现，针对国外市场，企业可以通过收购发达国家的高端品牌，获取战略性资产，实现从 OEM 或 ODM 向 OBM 的升级，也可以通过分拆重组，让 OEM、ODM、OBM 3 种模式并存。杨桂菊（2010）[16]认为，代工企业进行自主品牌升级的最终目的是达到 IBM 阶段，即品牌国际化阶段。

不管采用何种路径，代工企业实现自主品牌升级的难度都很大。因为作为全球价值链的构建者和管理者，外国旗舰企业不但控制了核心技术，还通过控制营销网络，将代工企业屏蔽在终端市场之外。代工企业要突破技术壁垒和市场限制，必须在研发、设计、生产等技术领域或在市场策略等营销领域具有优势。从企业能力角度来看，就是必须同时实现技术能力和营销能力这两种系统性能力的拓展。Hobday（2000）[17]在研究东南亚五个国家的电子产业时发现，由于技术能力和营销能力较弱，这些国家的制造业企业长期处于 OEM 和 ODM 阶段，迟迟难以实现自主品牌升级。基于在复杂多变的市场环境中企业对外部异质知识具有强烈需求的认识，近年的研究日益关注企业外部网络中蕴含着的知识、信息等有价值资源对企业技术能力和营销能力的反哺作用，而这种反哺作用的大小取决于企业构建、维护和管理网络的能力。

（二）网络能力与技术能力的相互作用

企业网络是企业与供应商、客户、竞争者及其他组织之间的长期合作关系（Brass 等，2004）[18]。社会资本理论的核心观点认为，网络关系作为处理社会事务的一种极具价值的资源，为网络成员提供了共同拥有的资本和促使网络成员在各种感知世界中相互信任的资本，这些资本能够为网络成员获取收益提供声望保证，因此，网络关系是企业竞争成败的最终决定因素。Häkansson（1987）[19]最早提出网络能力的概念，将其定义为企业提高网络位置的能力和处理特定网络关系的能力。Möller 和 Halinen（1999）[20]区分了网络能力的 4 个维度：网络愿景能力、网络管理能力、组合管理能力和关系管理能力。本文认为网络能力是企业甄别外部网络价值和机会，构建企业网络、进行资源分配、发起和管理各层次网络关系以获得稀缺资源的动态能力。具体包括：①网络构建能力，即企业识别和构建战略性网络的能力；②网络控制能力，即企业占据有利的网络位置，并进行网络维持和控制的能力；③网络关系管理能力，即企业管理外部伙伴关系的能力；④关系组合管理能力，即将资源在不同的关系组合间进行优化配置的能力。

作为后发国家，中国一直面临着实现技术追赶的现实问题，从微观层面来看，这种追赶是通过本土企业技术能力的提升来实现的。由于身处转型经济的复杂环境，中国企业技术能力的发展路径与发达经济体、新工业化国家和地区的企业存在较大差异，因此引起了研究者的广泛关注。刘洋等（2013）[21]强调通过内部研发与合作创新两种途径提升技术能力。Morrison 等（2008）[22]建立了基于企业技术能力的代工企业升级理论，认为技术能力积累是决定企业升级水平的内生因素。基于这些已有研究成果，我们将技术能力定义为企业吸收、运用和创造新的技术知识的能力，并从技术人员、技术基础、信息系统和组织结构 4 个方面来考察。

基于网络理论的创新研究强调嵌入外部网络对企业技术能力的积极作用。企业技术能力的发展既依赖于内部积累，也离不开与外部知识源的合作与交流。网络能力强的企业通常能占据更好的网络位置，或者更善于与网络伙伴建立起相互信任的稳定关系。优越的网络位置能更好地克服信息约束，为企业带来有价值且兼具稀缺性、难以模仿性的网络资源（Gulati, 1998）[23]，信任关系则有助于减少机会主义行为，有利于知识和信息在企业间的共享（Schilling and Phelps, 2007）[24]。López – Sáez 等（2010）[25]的研究发现，稳定的合作关系有助于将从外部获取的隐性知识显性化，促进企业技术能力的增长。

相比研究者对网络能力如何影响技术能力的重视，技术能力对网络能力的影响则几乎被学界所忽略。邢小强和仝允桓（2007）[26]曾指出，技术能力为开发和利用新网络关系提供了知识基础，同时也限制了网络活动的方向和效果。本文认为从企业能力的知识属性来看，技术能力和网络能力的知识基础具有一定的重叠性。技术能力强的企业能更好地识别外部知识的价值，对于与什么样的外部组织成为合作伙伴才有利于企业创新绩效的提高有更为准确的判断，因此在进行网络构建时有能力主动选择合作伙伴，提高合作网络的价值。另外，网络中心位置属于稀缺资源，网络成员都希望能成为网络中的核心企业，在位置争夺过程中，技术能力强的企业由于具有更高的地位与合法性水平，因此享有先发优势，不但更容易成功构建高水平的合作网络，而且更可能在网络中处于中心位置，从而获得依附在网络位置上的优质资源，进一步提高技术能力。很明显，这是一个相互促进的循环过程。

基于以上分析，提出如下假设。

H1：技术能力与网络能力存在显著的相互正向影响关系。

（三）网络能力对营销能力的影响

营销能力是人力资产、市场资产和组织资产的复杂组合（Möller 和 Antti-la, 2010）[27]，Day（1994）[28]从知识角度将企业营销能力定义为积极利用内外部资产，协调各种不同的内外部活动，实现企业营销管理的技术性知识的综合。Vorhies 和 Morgan（2005）[29]通过文献研究整理出 7 种与企业绩效相关的营销能力，分别是定价、产品开发、渠道管理、市场沟通、销售管理、市场信息管理及市场计划。本文主要关注营销能力中与企业升级相关的内容，包括新产品推广与顾客需求跟踪能力、渠道管理能力和市场沟通能力。

网络能力强的企业能获得更多的外部信息，包括与营销活动有关的信息，如特定市场的消费者偏好、市场机会、渠道关系等。尤其是在有供应商与客户参与的网络中处于中心位置的企业，可能成为市场信息和市场知识的交汇点。市场知识能引导营销能力重组，促进营销能力发展（Eng 和 Graham，

2009)[8]，有利于企业提高市场感知力（Day，1994）[28]，把握市场需求。网络能力强的企业还善于进行关系管理，在频繁互动中与网络伙伴建立起相互信任的关系，因此可能获得网络伙伴的帮助，有效建立新的分销渠道。

基于以上分析，提出如下假设。

H2：网络能力对营销能力具有正向影响。

（四）网络能力与技术能力对企业自主品牌升级的影响

企业与大学、科研机构等的广泛联系是获取技术知识的重要渠道，通过这种联系可以较快掌握行业的技术发展趋势或最新技术，从而为企业的升级提供技术信息来源（Meyer 等，2004）[30]。而企业之间建立紧密的横向关系则有助于企业联合异质资源、采取联合行动、进行联合研发（Navaretti 等，2004）[31]，联合体在人力资本上进行共同投资，可以帮助企业克服升级过程中存在投资不足的风险。而且通过企业间、协会等方式构建的网络力量会影响区域创新政策的推行，后者对当地企业从全球价值链上的低附加值端向高附加值端顺利演进具有推动作用（Provan 等，2007）[32]。

本文认为，企业在自主品牌升级的过程中会遇到资金、技术诀窍、内部资源、产品-市场知识、分销渠道等诸多障碍。克服这些障碍的途径之一是通过发展与其他外部主体的关系来获得外部资源，并将这些外部资源转化为企业的内部能力，进而影响自主品牌升级水平。由此，根据中国企业自主品牌升级的实践，将其区分为国内市场自主品牌升级和国外市场自主品牌升级。

基于以上分析，提出如下假设。

H3$_a$：网络能力对企业的国内市场自主品牌升级水平具有正向影响。

H3$_b$：网络能力对企业的国外市场自主品牌升级水平具有正向影响。

在研究外部网络对企业创新绩效的影响时，需要考虑技术能力的作用。Maurer 等（2011）[33]研究德国制造业企业时发现社会资本显著影响知识存量。而知识存量对创新绩效的影响在很多知识管理的研究中得到确认（Van Wijk 等，2012）[34]。Nieves 和 Osorio（2013）[35]认为，与外部网络的连接会通过改变企业的知识存量而影响到创新绩效。Tsai（2009）[36]对台湾地区企业合作网络的研究表明，只有在考虑吸收能力的情况下，与外部企业的合作才会提高创新绩效。知识存量、吸收能力都是技术能力的重要构成要素，网络能力决定了企业能接触到的外部知识的数量和质量，但外部知识需要被企业理解、整合，进而转化为新的技术能力，最终才能对企业升级绩效产生影响。

基于以上分析，提出如下假设。

H4$_a$：技术能力在网络能力影响企业国内市场自主品牌升级的过程中具有中介作用。

H4$_b$：技术能力在网络能力影响企业国外市场自主品牌升级的过程中具有中介作用。

（五）营销能力对企业自主品牌升级的影响

企业的升级过程伴随着能力的重构。企业从为价值链上的旗舰企业生产或设计产品，转为直接为终端消费者提供产品，这一转型增加了企业面对市场的复杂程度，如果没有能力的提升作为配合，是很难获得成功的。营销能力是企业能力中的重要构成，Hilmersson 和 Jansson（2012）[37]指出，企业在进入国外市场时存在外来者劣势，其中一个重要表现就是企业在国外市场需要的营销能力与企业现有的营销能力之间存在差距。毛蕴诗等（2009）[38]对东菱凯琴和佳士科技两个企业的升级过程进行研究，发现它们在从 OEM 到 OBM 的升级过程中都伴随着企业销售网络的铺建和完善，以及企业宣传推广力度与经验的增加。项丽瑶等（2014）[39]认为营销能力是企业实现 OBM 所需要的关键能力，升级绩效取决于企业在品牌策划、市场策略等营销领域相对优势的大小。本文认为，以自主品牌进入市场，对 OEM 或 ODM 企业最大的挑战就是渠道和品牌等营销资产的建设。

基于以上分析，提出如下假设。

H5$_a$：营销能力对企业的国内市场自主品牌升级水平具有正向影响。

H5$_b$：营销能力对企业的国外市场自主品牌升级水平具有正向影响。

三、研究设计与方法

（一）数据来源

在广东省生产力促进中心、番禺区沙湾专业镇政府、广州市白云区政府的协助下，研究团队共发放问卷 329 份，回收 203 份，其中，有效问卷157 份，有效回收率77.34%。样本企业主要分布在日化用品、照明产品、电子产品和仪器、汽车、医疗机械、通信设备、家用电器等行业，其基本特征见表 1。所有样本企业在国内市场均有自主品牌产品的销售，81 家企业在海外进行自主品牌销售。

表 1 样本企业特征

变量	变量定义	样本量(个)	占比	变量	变量定义	样本量(个)	占比
是否上市企业	是	32	20.38%	销售额	1千万元以内	31	19.75%
	否	125	79.75%		1千万~3千万元	25	15.92%
企业所有权性质	国有企业	9	5.73%		3千万~6千万元	16	10.19%
	集体与民营	90	57.32%		6千万~1亿元	21	13.38%
	中外合资企业	38	24.20%		1亿~3亿元	16	10.19%
	其他所有制	20	12.74%		3亿元以上	48	30.57%
资产总额	4千万元以下	53	33.76%	企业发展阶段	OEM阶段	12	7.64%
	4千万~1亿元	33	21.02%		OEM→ODM	12	7.64%
	1亿~4亿元	27	17.20%		OEM/ODM→OBM	45	28.66%
	4亿元以上	44	28.03%		OBM阶段	88	56.05%
海外销售额平均占比			19.63%	自主品牌销售中国外销售额的平均占比			30.99%

(二) 变量测量

在设计量表时，我们充分借鉴了国内外的相关研究。对于国外学者提出的量表，我们根据中国场景进行了调整，以尽可能贴近中国企业的现实。研究人员就初步形成的量表进行了广泛的讨论，经小样本预调研最终形成量表和调查问卷。

1. 企业网络能力。综合 Ritter 和 Gemünden（2003）[40]、任胜钢（2011）[41]的研究，将网络能力划分为4个维度：网络规划能力、网络控制能力、网络关系管理能力和关系组合管理能力，分别用3个、3个、22个、4个题项进行测量。

2. 企业技术能力。参考魏江（2008）[42]的研究，采用18个题项从技术人员、技术基础、组织维度和信息维度4个方面来测量。

3. 企业营销能力。主要借鉴 Eng 和 Graham（2009）[8]的研究，采用14个题项从产品开发、渠道管理和市场沟通3个方面来衡量企业营销能力①。

4. 自主品牌升级绩效。借鉴毛蕴诗等（2010）[43]的研究，采用自主品牌销售占比来衡量自主品牌升级水平，并将自主品牌销售占比进一步区分为国内自

---

① 限于篇幅，具体题项内容略去，备索。

主品牌销售占比和国外自主品牌销售占比，分别衡量国内市场自主品牌升级水平和国外市场自主品牌升级水平。

（三）量表的信度和效度分析

1. 网络能力

网络能力包含 4 个维度，其中网络关系管理能力涉及对政府、供应商、分销商、金融机构、科研机构、顾客的关系管理，因此，我们设计了三级维度的题项来进行测量，在对网络能力的整体量表进行分析前，需要先就网络关系管理能力量表的信度和效度情况进行报告。

网络关系管理能力量表 Cronbach's Alpha 值为 0.927，具有良好的信度。KMO 值为 0.879，变量之间具有较高的线性关系（表2）。由于各维度题项的指向明确，我们按照 6 个子维度（政府关系管理、供应商关系管理、分销商关系管理、金融机构关系管理、研发网络关系管理、顾客关系管理）对量表进行验证性因子分析，并依据分析结果对量表实施改善。最终该部分量表删减为 16个题项（表3），删减前后的拟合情况见表2。量表的组合信度和聚合效度都较好。网络关系管理能力量表的测量结果最终以三级维度测量题项结果的加权平均值呈现，并纳入网络能力整体量表的分析。

企业网络能力整体量表的 Cronbach's Alpha 值为 0.913，KMO 值为 0.894，具有良好的信度。二阶验证性因子分析结果如表 2 所示，但绝对拟合指数（GFI）为 0.881，尚未达到模型可接受的标准。在对题项进行因子分析时，发现部分题项存在明显的因子交叉荷载，因此对题项进行删除和调整，最后得到 25 个题项的量表（表3）。测量模型的整体拟合度提高，模型结构效度良好（表2）。

表2 量表的验证性因子分析拟合指标

变量	模型	Cronbach's Alpha	KMO	$\chi^2/d.f.$	RMSEA	CFI	GFI	CR	AVE
网络关系管理能力	初始模型	0.927	0.879	1.866	0.074	0.930	0.833		
	修正后模型	0.911	0.873	1.509	0.057	0.970	0.905	0.969	0.680
网络能力	最初模型	0.913	0.894	1.859	0.074	0.936	0.881		
	修正后模型	0.909	0.896	1.576	0.061	0.961	0.903	0.947	0.549

续表

变量	模型	Cronbach's Alpha	KMO	$\chi^2/d.f.$	RMSEA	CFI	GFI	CR	AVE
技术能力	最初模型	0.948	0.912	3.143	0.117	0.876	0.778		
	修正后模型	0.936	0.915	1.653	0.065	0.971	0.909	0.968	0.686
营销能力	最初模型	0.939	0.896	4.343	0.146	0.888	0.781		
	修正后模型	0.902	0.868	1.600	0.063	0.986	0.955	0.956	0.709

2. 技术能力

技术能力量表的 Cronbach's Alpha 值为 0.948，KMO 值为 0.912，量表具有良好的信度，适合进行因子分析。但模型拟合结果显示，拟合指数未达到可接受标准。根据 AMOS 修正指标的提示找出并删除了 4 个题项，重新拟合模型（结果见表 2），最终量表包括 14 个题项（表 3）。表 3 表明，模型拟合程度较好，组合信度良好，聚合效度较优。

3. 营销能力

企业营销能力量表的 Cronbach's Alpha 值为 0.939，KMO 值为 0.896。量表信度较好，并适合进一步做因子分析。在模型指标修正的提示下删减了 5 个题项，最终营销能力量表包含 9 个题项（表 3）。测量模型的各项拟合结果、组合信度和聚合效度都较好（详见表 2）。

（四）修正后的量表

根据对网络能力、技术能力、营销能力量表进行的信度和效度分析，结合因子分析结果，对三大量表的题项进行删减和修正（具体过程详见前文），形成最终量表，如表 3 所示。

表 3　经修正后的网络能力、技术能力、营销能力量

网络能力	网络规划能力	●积极寻找行业内具有市场影响力的合作伙伴进行合作
		●除了现有的合作伙伴外，积极利用各种渠道，如商会、展销会、行业协会、咨询机构、政府机构等寻求合作伙伴
	网络控制能力	●善于从过去的合作经验中总结、完善合作流程
		●定期评估与合作伙伴的合作关系与效果
		●经常对"对外交流人员"的工作进行指导和协调

续表

网络能力	网络关系管理能力	●对政府的关系管理（3个题项）
		●对供应商的关系管理（2个题项）
		●对分销商的关系管理（3个题项）
		●对金融机构的关系管理（2个题项）
		●研发网络的关系管理（3个题项）
		●对顾客的关系管理（3个题项）
	网络组合管理能力	●定期对合作伙伴进行评估和调整
		●在不同的合作关系中合理分配企业资源
		●定期举行跨部门管理人员会议，讨论如何在合作中实现协同效应
		●整合不同合作伙伴的技术、资金、渠道、信息等资源
技术能力	技术人员	●科技人员在职工总数中的占比情况
		●对专业技术人员的培训投入
	技术基础	●专利发明数量情况
		●拥有实验室、研发基地等研究中心的情况
		●研发经费的投入情况
		●与研发联盟的合作程度
	组织维度	●重视技术创新
		●有清晰的研发项目管理制度
		●针对不同的技术研发项目合理分配资金、设备、人员等资源
		●研发资金投入能满足需求
	信息维度	●建立了完备的技术信息中心
		●技术部门内部协作良好
		●技术部门与其他部门间协作良好
		●技术部门与企业外部合作伙伴沟通紧密
营销能力	产品开发	●掌握新产品推广技巧
		●掌握顾客需求调研技巧
		●新产品开发成功率高
	渠道管理	●能吸引和保留有价值的销售渠道
		●从渠道伙伴处获取必要信息和知识
		●为渠道伙伴提供高质量的服务支持
	市场沟通	●广告创意和管理经常得到同行的赞誉
		●能恰当地运用公共关系技巧处理事务
		●掌握了品牌定位和管理的技巧

四、数据分析与假设检验

(一) 主要变量的描述性统计

主要研究变量的描述性统计结果如表4所示。在3种企业能力中，企业对自身网络能力的评价最高，其次是营销能力，技术能力的评价最低。AVE平方根大于相应行与列的相关系数，说明量表具有很好的区分效度。各变量间的相关系数显著，企业的网络能力、技术能力、营销能力与自主品牌升级水平之间都存在显著的正相关关系，适合进行下一步的数据分析和假设检验。

表4　主要变量的描述性统计分析、相关系数和区分效度

变量	*MEAN*	*S. D.*	网络能力	技术能力	营销能力	自主品牌升级
网络能力	5.236	0.954	0.741			
技术能力	4.949	1.080	0.544 ***	0.828		
营销能力	5.154	1.083	0.652 ***	0.624 ***	0.842	
自主品牌升级	4.363	1.503	0.337 ***	0.455 ***	0.434 ***	0.940

注：相关系数矩阵对角线上显示的是 AVE 的平方根值；相关矩阵的左下方显示的是相关系数值；*** 表示相关系数在 $P < 0.01$ 的水平下显著。

(二) 数据同源性检验

为了避免样本数据的同源性偏差问题，本文采用 Podsakoff 和 Organ (1986)[44]提出的 Harman 单因子检测法进行检验，以问卷所有条目进行未旋转因子分析时第一主成分的因子载荷量反映 CMV 程度。再对4个量表的所有题项进行因子分析，提取出12个主成分，第一个成分因子载荷量占36.12%，未占到总变异的一半，说明单一因子没有解释绝大部分的变异量，其他因子载荷均在1.87% ~ 7.68%，说明样本数据的同源性偏差问题在本研究中并不明显。

(三) 假设检验与讨论分析

本文采用回归方程模型验证研究假设，并且用结构方程模型进一步讨论企业网络能力、技术能力和营销能力共同作用于企业自主品牌升级的结果。在回归方程模型和结构方程模型当中，以企业所有权性质、资产总额、国外销售额占比、自主品牌销售中国内（国外）销售的占比［分别对应于以国内（国外）市场自主品牌升级为因变量的情况］、企业发展阶段为控制变量，控制变量定义详见表 1。由于篇幅限制，控制变量的回归系数不在文中详细列示。

1. 回归分析

首先对 3 种企业能力之间的关系进行回归分析（表 5）。数据显示，网络能力对技术能力具有显著的正向影响（$\beta = 0.593$，$P < 0.01$），技术能力对网络能力具有显著的正向影响（$\beta = 0.463$，$P < 0.01$），因此假设 H1 得到验证。网络能力对营销能力具有显著的正向影响（$\beta = 0.746$，$P < 0.01$），假设 H2 也得到验证。

表 5　网络能力与技术能力、营销能力的回归分析结果

模型		回归系数	F	$Sig.$	$Adj. R^2$
网络能力对技术能力的影响	1	0.593 ***	8.433	0	0.301
技术能力对网络能力的影响	2	0.463 ***	8.967	0	0.316
网络能力对营销能力的影响	3	0.746 ***	19.715	0	0.592

注：*** 表示回归系数在 $P < 0.01$ 的水平下显著。

接着就三大能力对自主品牌升级的影响进行回归分析（表 6）。数据显示，网络能力对企业国内、国外市场自主品牌升级水平的影响皆显著为正（$\beta_{国内} = 0.658$，$\beta_{国外} = 0.36$；$P < 0.1$），假设 H3$_a$、H3$_b$ 通过检验。从调整 R^2 来看，模型 1 的解释力明显大于模型 2，且网络能力的系数模型 1 $\beta_{国内}$ 大于模型 2 $\beta_{国外}$，在一定程度上说明网络能力对于企业国内市场自主品牌升级水平的影响较国外市场大。营销能力对企业国内、国外市场自主品牌升级水平的影响显著（$\beta_{国内} = 0.721$，$\beta_{国外} = 0.596$；$P < 0.01$），假设 H5$_a$ 与 H5$_b$ 得到支持。表 6 模型 6 的方程贡献率（16.1%）明显低于模型 5（35.2%），且模型 3 的系数 $\beta_{国内}$（0.721）＞模型 2 的系数 $\beta_{国外}$（0.596），说明营销能力对于企业国内市场自主品牌升级的影响比对国外市场自主品牌升级的影响大。

表 6　网络能力、技术能力、营销能力与自主品牌升级的回归分析结果

模型		市场类型	网络能力	技术能力	营销能力	F	$Sig.$	$Adj. R^2$
网络能力对自主品牌升级的影响	1	国内	0.658 ***			6.802	0	0.232
	2	国外	0.36 **			1.77	0.095	0.064
技术能力对自主品牌升级的影响	3	国内		0.767 ***		10.757	0	0.336
	4	国外		0.88 ***		6.329	0	0.321

模型		市场类型	网络能力	技术能力	营销能力	F	$Sig.$	$Adj. R^2$
营销能力对自主品牌升级的影响	5	国内			0.721 ***	9.922	0	0.317
	6	国外			0.596 ***	3.156	0.004	0.161
网络能力和技术能力对自主品牌升级的协同影响	7	国内	0.287 **	0.635 ***		10.29	0	0.352
	8	国外	−0.246	1.004 ***		5.853	0	0.327
网络能力和营销能力对自主品牌升级的协同影响	9	国内	0.214		0.602 ***	9.091	0	0.321
	10	国外	−0.114		0.662 ***	2.805	0.006	0.153

注：*** 表示回归系数在 $P < 0.01$ 的水平下显著，** 表示回归系数在 $P < 0.05$ 的水平下显著。

下面进一步分析 3 种能力对自主品牌升级的作用机制。网络能力对技术能力的影响显著为正（表 5 模型 1），技术能力对企业国内、国外市场自主品牌升级的影响均显著为正（表 6 模型 3 和模型 4）。将网络能力和技术能力两个变量同时放入回归方程后，技术能力对于企业国内、国外市场自主品牌升级水平的影响依然显著为正，但网络能力对于企业国内、外市场自主品牌升级水平的影响产生了不同的变化。网络能力对企业国内市场自主品牌升级水平的影响依然为正，但显著性下降（对比表 6 模型 1 和模型 7）；而其对国外市场自主品牌升级水平的影响不再显著（对比表 6 模型 2 和模型 8）。这表明技术能力在网络能力影响企业国内、国外市场自主品牌升级水平的路径中分别发挥了部分中介作用和完全中介作用，假设 H4$_a$ 和 H4$_b$ 得到支持。

依据相同的逻辑路径，营销能力在网络能力影响企业国内、国外市场自主品牌升级水平的过程中也具有中介作用。网络能力对营销能力的影响显著为正（表 5 模型 2），营销能力对企业国内、国外市场自主品牌升级水平的影响显著为正（表 6 模型 5 和模型 6）。当网络能力与营销能力同时作用于企业国内、外市场的自主品牌升级时，网络能力的影响不再显著。在表 6 的模型 8 中，技术能力的回归系数大于 1，说明企业国外市场自主品牌升级的变动速度大于技术能力的变动速度。即企业技术能力的增加能够较大幅地推动企业在国外市场的自主品牌的升级。

2. 整体关系模型路径的检验

前文通过回归方程分析了企业 3 种能力与国内、国外市场自主品牌升级之间的关系，但其忽略了3种变量共同作用于自主品牌升级时自变量之间的相互作用。因此我们基于偏最小二乘法（PLS）构建了3种能力企业国内、国外市场自主品牌升级水平的结构方程模型（图1、图2），并对中介效应进行 Bootstrap 分析。

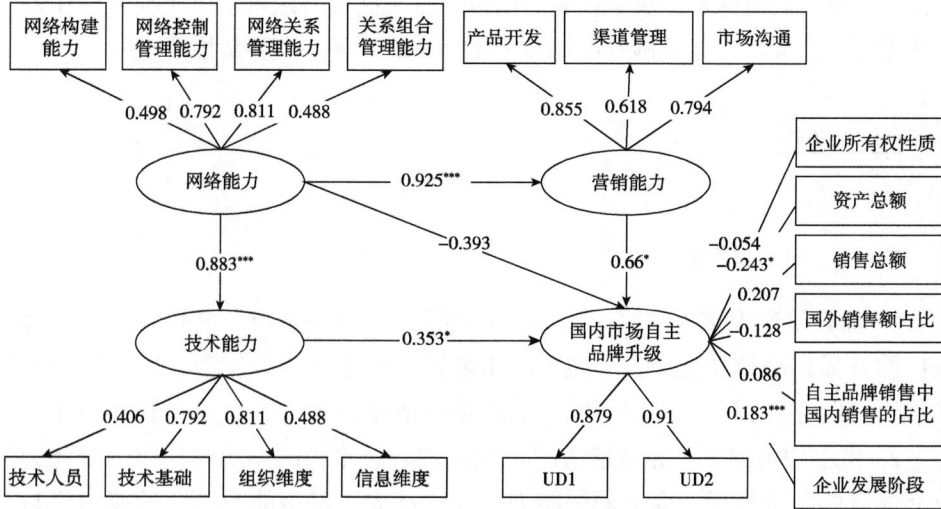

χ^2=167.071；df=128；χ^2/df=1.305；*RMSEA*=0.044；*GFI*=0.974；*IFI*=0.975；*TLI*=0.965

图1 3种企业能力对企业国内市场自主品牌升级水平影响的结构方程模型

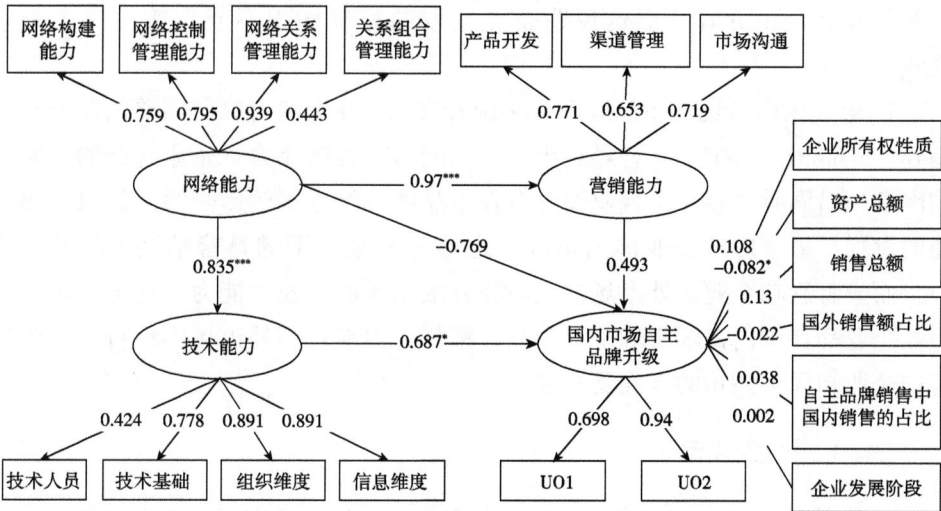

χ^2=149.285；df=124；χ^2/df=1.204；*RMSEA*=0.048；*CFI*=0.974；*IFI*=0.975；*TLI*=0.964

图2 3种企业能力对企业国外市场自主品牌升级水平影响的结构方程模型

结构方程模型的结果显示，营销能力和技术能力对企业国内市场自主品牌升级的影响显著为正，网络能力对企业国内市场自主品牌升级的直接影响效应不显著；而在企业国外市场自主品牌升级中，只有技术能力对升级水平具有显著影响，营销能力和网络能力的影响不显著。这是在考虑3种企业能力的相互作用后得出的结果。它意味着，决定企业国内市场自主品牌升级水平的主要是营销能力和技术能力，而决定企业国外市场自主品牌升级水平的主要是技术能力。

五、结论

（一）研究结论

1. 现有研究大多关注网络能力对外部知识获取的影响，并指出建立外部联系以弥补知识缺口、提高技术能力的重要性。但本文研究发现，网络能力与技术能力之间存在相互的正向影响，而不是网络能力对技术能力的单向影响。

2. 当单独考察3种企业能力对自主品牌升级水平的影响时，每一种能力都具有显著的积极作用。但对网络能力与技术能力、网络能力与营销能力进行组合分析时，网络能力对自主品牌升级的影响效应就明显减弱甚至消失了，即技术能力和营销能力在网络能力影响企业国内外市场自主品牌升级的过程中发挥了部分或完全中介作用。这说明企业获取的外部知识不能直接作用于企业绩效。

3. 企业国内市场自主品牌升级和国外市场自主品牌升级所需要的能力存在差异。Schmitz（2007）[45]曾经指出，技术能力和营销能力是企业升级的主要驱动因素。当同时考察3种企业能力对自主品牌升级水平的影响时，得出了更明确的发现：显著影响企业国内市场自主品牌升级水平的是营销能力和技术能力，而显著影响企业国外市场自主品牌升级水平的是技术能力。这与我国相当多的企业都在国内市场实现了自主品牌销售，而能在国外市场实现自主品牌销售的企业却凤毛麟角的事实是一致的。

（二）管理启示

1. 既然网络能力与技术能力之间存在相互影响，考虑到企业面临的资源约束，在不同的发展阶段，对网络能力和技术能力的培育就应有不同的侧重。因为能力的培育需要花费时间，优先的能力能够帮助企业获得更高效率。具体而言，当企业的技术能力较薄弱时，享有的网络资源会相当有限，难以为企业带来有价值的外部知识。这时企业应集中资源进行内部学习，依靠自身力量提高技术能力。而当技术能力达到一定水平之后，企业就具备了加入高质量的外部网络甚至在其中占据有利位置的基础条件，这时就应该重视对网络能力的投资和跨越组织边界的学习，充分利用网络能力和技术能力之间的相互促进关系，进入良性循环，实现两种能力的共同提升[46]。Soh 等（2004）[47]对美国电信企业联盟网络的研究发现，企业的网络中心度越低，获得行业协会等颁发的新产品奖励对企业后续研发投入的影响就越大，因为获奖增强了企业对自身技术研发方向的信心，企业受此鼓舞，会倾向于进一步增加研发投入，提高技术能力，并尝试进入网络中更中心的位置。这一研究为我们的观点提供了支持，同时代表了一种企业先技术能力、后网络能力的发展路径。

2. 外部知识不能直接作用于企业绩效的发现解释了我国许多企业落入"引进—落后—再引进—再落后"怪圈的原因。即虽然存在外部知识来源，但企业没有将来自外部的增量知识与企业内部的存量知识进行融合，导致技术创新难以为继。因此，通过构建和管理网络获取外部知识固然重要，但知识的消化、运用和整合才是关键，如果不能有效地把外部知识转化为企业自身的技术能力和营销能力，网络能力的建设对企业的自主品牌升级就没有什么实质性的作用[48]。

3. 企业国内外市场自主品牌升级所需要的能力差异是本研究的重要发现，它揭示了我国企业自主品牌升级的可能路径。打造国内品牌需要营销能力和技术能力的支撑，但当企业具备一定的技术能力之后，就可以通过做好市场调研、顾客需求跟踪、新产品推广等产品开发工作，以及渠道管理和市场沟通来打造自主品牌并获得本土市场认可。一般来说，企业在国内市场实现自主品牌销售，门槛相对较低，但要在国外市场打出自主品牌，就必须有强大的技术能力来支持。华为是一个典型例证。华为品牌在全球市场得到广泛认可，其获利能力也因此令许多中国企业无法望其项背。在电子信息产业的中游环节，华为占据了32%的利润，仅次于思科（思科控制了中游利润的45%）①。而支撑华为品牌的是它雄厚的技术能力：每年占销售收入10%以上的研发投入（2005—2014 年的研发投入总额高达1880 亿元），超过45%的员工从事研发工作，以及因此获得的在新一代无线通信技术 LTE 中占全球15%以上的基础专利，在光纤到户、光传送网、固定宽带语音等技术领域处于全球领先地位的专利，在

---

① 郎咸平：对于高通罚款只能让我们解一口闷气。参见证券时报网：http：//www.stcn.com/2015/0421/12187085.shtml，2015 年4 月21 日。

170 多个标准组织和开源组织中担任核心职位①。从中我们可以看到自主品牌升级的可能路径（图 3）。

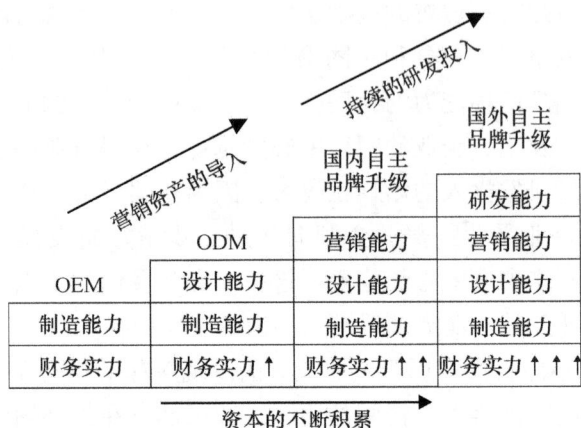

图 3　多种类型企业能力作用下的企业国内外市场自主品牌升级路径

制造能力和设计能力都是企业技术能力的构成要素。OEM 虽然利润微薄，但能显著提高企业的制造能力。在 ODM 的过程中，企业的设计能力得到了锻炼，财务实力也同样在缓慢积聚。当这些基础技术能力达到一定水平之后，企业可选择在国内打造自主品牌，具体策略是加大在营销资产上的投资。国内市场自主品牌升级可以在一定程度上改善企业的获利能力，随着财务实力的增强，企业在技术上进行持续投资就具有了现实可能性。研发上的高投入增加了企业实现技术突破的概率，当技术能力跃升到世界一流水平，企业就能真正实现在国外市场尤其是发达国家市场的自主品牌升级。这是一个漫长而艰苦的过程，该路径的背后是企业资源的不断累积和企业能力的大幅提升。

（三）研究局限和未来的研究方向

本研究的主要局限是考虑到数据获取的可行性，仅针对广东省的制造业企业发放问卷，导致样本在区域和容量方面都存在一定的局限。另外，能力的演进对企业自主品牌升级的影响在模型中没有涉及。在后续研究中，可进一步扩大样本量，关注企业能力的动态变化，并将企业放到全球价值链的大背景中，以考察企业的自主品牌升级对于重构全球价值链的影响。

---

① 华为技术有限公司官方网站：http://www.huawei.com/cn/about-huawei。

参考文献

［1］ GEREFFI G. International trade and industrial upgrading in the apparel commodity chain ［J］. Journal of international economics，1999，48 （1）：37 – 70.

［2］ BARNEY J. Firm resources and sustained competitive advantage ［J］. Journal of management，1991，17 （1）：99 – 120.

［3］ TEECE D J，PISANO G，SHUEN A. Dynamic capabilities and strategic management ［J］. Strategic management journal，1997，18 （7）：509 – 533.

［4］ 王朝晖，陈洁光，黄霆，等. 企业创建自主品牌关键影响因素动态演化的实地研究——基于广州 12 家企业个案现场访谈数据的质性分析 ［J］. 管理世界，2013 （6）：111 – 127.

［5］ 吴晓云，张欣妍. 企业能力、技术创新和价值网络合作创新与企业绩效 ［J］. 管理科学，2015 （6）：12 – 26.

［6］ LALL S. Explaining industrial success in the developing world ［M］. UK：Macmillan Education，1991.

［7］ 毛蕴诗，徐向龙，陈涛. 基于核心技术与关键零部件的产业竞争力分析——以中国制造业为例 ［J］. 经济与管理研究，2014 （1）：64 – 72.

［8］ TECK-YONG ENG，J GRAHAM SPICKETT-HONES. An investigation of marketing capabilities and upgrading performance of manufacturers in mainland China and Hongkong ［J］. Journal of world business，2009，44 （1）：463 – 475.

［9］ TECK-YONG ENG. An empirical analysis of the influence of cross-relational impacts of strategy analysis on relationship performance in a business network context ［J］. Journal of strategic marketing，2005，13 （3）：219 – 237.

［10］ AMSDEN A H. Asias next giant-how Korea competes in the world-economy ［J］. Technology review，1989，92 （4）：46 – 53.

［11］ HUMPHREY J，SCHMITZ H. How does insertion in global value chains affect upgrading in industrial clusters？ ［J］. Regional studies，2002，36 （9）：1017 – 1027.

［12］ HOBDAY M. East Asian latecomer firms：learning the technology of electronics ［J］. World development，1994，23 （7）：1171 – 1193.

［13］ ERNST D，KIM L. Global production networks，knowledge diffusion，and local capability formation a conceptual framework ［R］. Aalborg，Denmark：Nelson & Winter Conference，2012，4：46 – 53.

［14］ STURGEON T J，LESTER R K. Upgrading in East Asian industries：new challenges for local supplies ［R］. WP for World Bank's Project on Industrial Performance，2002.

［15］ 毛蕴诗，郑奇志. 基于微笑曲线的企业升级路径选择模型——理论框架的构建与案例

研究 [J]. 中山大学学报 (社会科学版), 2012 (3): 162 - 174.

[16] 杨桂菊. 代工企业转型升级: 演进路径的理论模型——基于 3 家本土企业的案例研究 [J]. 管理世界, 2010 (6): 132 - 142.

[17] HOBDAY M. East versus Southeast Asian innovation system: comparing OEM and TNC-Led growth in electronics [C] //Technology, Learning and Innovation. New York: Cambridge University Press, 2000.

[18] BRASS D J, GALASKIEWICZ J, GREVE H R, et al. Taking stock of networks and organizations: a multilevel perspective [J]. Academy of management journal, 2004, 47 (6): 795 - 817.

[19] HÄKANSSON H. Industrial technological development: a network approach [M]. London: Croom Helm, 1987.

[20] MÖLLER KRISTIAN K, AINO HALINEN. Business relationships and networks: managerial challenge of network era [J]. Industrial marketing management, 1999, 28 (5): 413 - 427.

[21] 刘洋, 魏江, 江诗松. 后发企业如何进行创新追赶——研发网络边界拓展的视角 [J]. 管理世界, 2013 (3): 96 - 110.

[22] MORRISON A, PIETROBELLI C, RABELLOTTI R. Global value chains and technological capabilities: a framework to study industrial innovation in developing countries [J]. Oxford development studies, 2008, 36 (1): 39 - 58.

[23] GULATI RANJAY. Alliances and networks [J]. Strategic management journal, 1998, 19 (4): 293 - 317.

[24] SCHILLING M A, PHELPS C C. Interfirm collaboration networks: the impact of large-scale network structure on firm innovation [J]. Management science, 2007, 53 (7): 1113 - 1126.

[25] LÓPEZSÁEZ P, NAVASLÓPEZ JE, MARTÍNDECASTRO G, et al. External knowledge acquisition processes in knowledge-intensive clusters [J]. Journal of knowledge management, 2010, 14 (5): 690 - 707.

[26] 邢小强, 全允桓. 创新视角下的企业网络能力与技术能力关系研究 [J]. 科学学与科学技术管理, 2007 (12): 182 - 186.

[27] KRISTIAN MÖLLER, MAI ANTTILA. Marketing capability: a key success factor in small business? [J]. Journal of marketing management, 2010, 3 (2): 185 - 203.

[28] DAY G S. The capabilities of market-driven organization [J]. Journal of marketing a quarterly publication of the American marketing association, 1994, 58 (4): 37 - 52.

[29] VORHIES D W, MORGAN N A. Benchmarking marketing capabilities for sustained competitive advantage [J]. Journal of marketing, 2005, 69 (1): 80 - 94.

[30] MEYER-STAMER J, MAGGI C, SEIBEL S. Upgrading in the tile industry of Italy, Spain

and Brazil: insights from cluster and value chain analysis [M]. Cheltenham: Elgar, 2004.

[31] NAVARETTI G B, GALEOTTI M, MATTOZZI A. Moving skills from hands to heads: does importing technology affect export performance in textiles? [J]. Research policy, 2004, 33 (6): 879 – 895.

[32] PROVAN K G, FISH A, SYDOW J. Interorganizational networks at the network level: a review of the empirical literature on whole networks [J]. Journal of management, 2007, 33 (3): 479 – 516.

[33] MUARER I, BARTSCH V, EBERS M. The value of intraorganizational social capital: how it fosters knowledge transfer, innovation performance and growth [J]. Organization studies, 2011, 32 (2): 157 – 185.

[34] RAYMOND VAN WIJK, JUSTIN J P JANSEN, FRANS A J VAN DEN BOSCH, et al. How firms shape knowledge to explore and exploit: a study of knowledge flows, knowledge stocks and innovative performance across units [J]. Technology analysis & strategic management, 2012, 24 (9): 929 – 950.

[35] NIEVES J, OSORIO J. The role of social networks in knowledge creation [J]. Knowledge management research & practice, 2013, 11 (1): 62 – 77.

[36] TSAI K H. Collaborative networks and product innovation performance: toward a contingency perspective [J]. Researh policy, 2009, 38 (5): 765 – 778.

[37] HILMERSSON M, JANSSON H. International network extension processes to institutionally different markets: entry nodes and processes of exporting SMEs [J]. International business review, 2012, 21 (4): 682 – 693.

[38] 毛蕴诗, 姜岳新, 莫伟杰. 制度环境、企业能力与 OEM 企业升级战略——东菱凯琴与佳士科技的比较案例研究 [J]. 管理世界, 2009 (6): 135 – 157.

[39] 项丽瑶, 胡峰, 俞荣建. 基于"三矩"结构范式的本土代工企业升级能力构建 [J]. 中国工业经济, 2014 (4): 84 – 96.

[40] RITTER T, GEMÜNDEN HG. Network competence: its impact on innovation success and its antecedents [J]. Journal of business research, 2003, 56 (9): 745 – 755.

[41] 任胜钢. 创业者网络能力结构的测评及其对企业创新绩效的影响机制研究 [J]. 南开管理评论, 2010 (1): 69 – 80.

[42] 魏江, 王铜安, 刘锦. 企业技术能力的要素与评价的实证研究 [J]. 研究与发展管理, 2008 (3): 39 – 45.

[43] 毛蕴诗, 李田, 谢琦. 金融危机对我国中小企业的影响及企业应对策略研究——基于长三角与广东省的对比分析 [J]. 广东社会科学, 2010 (5): 11 – 17.

[44] PODSAKOFF P M, ORGAN D W. Self-reports in organizational research: problems and prospects [J]. Journal of management, 1986, 12 (4): 531 – 544.

[45] SCHMITZ H. Reducing complexity in the industrial policy debate [J]. Development policy

review, 2007, 25 (4): 417 –428.

[46] 吴晓云, 杨岭才. 价值网络对知识密集型服务企业商业模式影响的实证研究 [J]. 财经论丛, 2015 (12): 70 –76.

[47] SOH P H, MAHMOOD I P, MITCHEL W L. Dynamic inducements in R&D investment: market signals and network locations [J]. Academy of management journal, 2004, 47 (6): 907 –917.

[48] 吴群. "互联网 +中小企业" 的发展致思 [J]. 理论探索, 2016 (1): 103 –107.

企业组织中上司排斥的诱因及其作用机理

——来自广东企业的经验证据

谢 俊，汪 林，史丽华*

一、问题的提出

在"冷暴力"肆虐的现代职场，上司排斥现象屡见不鲜，已经成为实践界和理论界关注的重要话题。典型的上司排斥行为包括避免与员工交谈、不让员工参与重要活动、对员工业绩视而不见等（蒋奖等，2011）[1]。2009 年智联招聘网对 1 万余名职场人员调查的结果表明，有 44.5% 的被调查者承认"曾被打入冷宫，不受领导重用"，41.2% 的被调查者认为"拼命工作，升职加薪总是轮不到自己"，29.2% 的被调查者认为"领导时常给自己小鞋穿"。此外，国内外学者的实证研究结论显示，排斥会增加员工的工作紧张感和工作抑郁（Wu 等，2012）[2]、降低工作满意度及组织承诺（Ferris 等，2008）[3]，负面影响员工的组织公民行为（谢俊和严鸣，2016）[4]。

鉴于排斥带来诸多负面影响，部分学者就排斥的前因及其影响过程进行了探索（Robinson 等，2013）[5]。但多数研究均是基于受害者推动理论，主要关注被排斥者的个体特征，即认为具备某一类特征的个体容易成为被排斥的对象。如员工的神经质倾向（Wu 等，2011）[6]、不文明行为（Scott 等，2013）[7]和社会技能（Wu 等，2015；薛亦伦等，2016）[8-9]。这些研究从被排斥者的个性或行为特征的角度，揭示了"何种类型的员工更易被排斥"，但却忽略了排斥行为实施者这一关键因素，即对"为何领导会排斥某一特定员工"的缘由及其诱发机理缺乏深入研究。

事实上，基于这一角度的探讨具有重要的理论和现实意义。第一，从理论研究来看，实施排斥行为是有成本的，会增加排斥者的愧疚感及人际交往的压

---

* 谢俊，广东外语外贸大学粤商研究中心副教授，管理学博士；汪林，中山大学岭南学院副教授，博士生导师；史丽华，广州大学工商管理学院讲师，管理学博士。

力（Robinson 等，2013；Williams 和 Sommer，1997）[5,10]。既然排斥特定下属将给领导带来负面效应，那为何上司排斥行为仍然屡见不鲜？对此，本文将从排斥者的角度出发，探讨上司实施排斥行为背后的动机，深入剖析上司排斥的诱发机制。由此得出的结论将能更好地指导企业构建合理、有效的排斥预防及干预机制，进而缓解上司排斥行为及其所带来的消极影响。第二，从中国情境意义来看，上司排斥在中国文化背景下更加突出。在高权力距离导向的华人组织里，领导对自身领导者地位有较强的优越感，下属对领导者的地位也有着较强的顺从和依附感（Lian 等，2012）[11]。这种领导权力的自我强化与他人强化，会让领导对现有情境有更强的控制感，并容易滋生更强的自我中心感，导致上司排斥行为的组织氛围和文化"温床"得以生成。对此，本研究将利用中国组织情境中的上下级匹配问卷，从排斥者入手，引入道德排斥这一新的视角，探索上司实施排斥行为背后的动机和情感，揭示上司排斥的诱发机制。

关于道德排斥，Opotow（1990）[12]、Hafer 和 Olson（2003）[13]指出，在人际互动过程中，个体拥有相应的公正范围，并会以此为心理边界，确认哪些个体适用于道德规则和公正原则。那些被排斥在公正范围以外的个体不仅无法获得公正对待，还会受到排挤、忽视甚至遇到敌对的攻击行为。相关文献主要强调以下 3 个因素将促使某一个体被排斥在公正范围以外：感知到的与目标人物的差异、与目标人物的冲突及目标人物的潜在价值（Tepper 等，2011）[14]。其内在逻辑：当行为实施者感知到与目标人物存在差异及冲突，且该对象并不具备潜在价值或有用性时，他们往往就会成为敌对行为的实施对象。基于此，本研究将引入上司感知与目标下属的深层次差异（简称"上下级深层次差异"）、上司感知与目标下属的关系冲突（简称"关系冲突"）和下属代表性 3 个变量，从道德排斥视角探讨为何上司会排斥某一特定下属（Why）、其诱发机制是什么（How）及在何种情况下这一排斥行为更易发生（When）。

二、理论基础与研究假设

（一）上下级深层次差异与上司排斥

随着职场多元化的发展，工作场所中上级领导与下属员工的差异性及其对员工工作表现的影响获得理论界与实务界的广泛关注。早期的相关研究重点探讨了上下级在年龄、性别和种族等方面的表层差异（surface – level dissimilarity），但这些表层特征并不足以充分解释态度和行为的变化。近年的相关研究聚焦于上下级感知到的价值观、工作态度等深层次差异（deep – level dissimilarity）所发挥的重要影响（Harrison 和 Klein，2007）[15]。与此相一致，本研究中的上下级深层次差异，即是指上司所感知到的与目标员工在价值观和工作态度上的差异。

上下级深层次差异与上司排斥的正相关关系可以从理论、逻辑与实证证据中得到支持。首先，依照社会认同和自我归类理论，个体出于潜在的自尊需要，会寻求并依附于一种可区别于其他群体的独特群体。内群体拥有相似的特征和偏好，与外群体存在较大差异性，并对外群体存在负面刻板印象及偏见（Turner，1975；Hogg 和 Terry，2000）[16-17]。而价值观与工作态度上的深层次差异通常是对个体进行归类的基础（Harrison 等，2002）[18]。换言之，当上级领导感知到与目标下属在价值观或工作态度上存在较大差异时，会下意识地将此类下属归为外群体人员，同时冷漠、偏见乃至威胁等消极态度及认知将被唤起。不仅如此，有关道德排斥的相关研究指出，个体的归类倾向将诱发道德排斥，那些被归类为外群体的个体将被排斥在公正范围以外，可能遭受排挤、忽视甚至敌对的攻击行为（Tepper 等，2011）[14]。其次，职场排斥的发生可能是出于防御动机，即通过排斥行为来避免与对方产生负向互动，从而保护自我（Robinson 等，2013）[5]。因而，当上下级存在深层次差异时，上司可能预期将与该下属出现负向的人际互动而产生一些排斥下属的行为，如截留关键信息、沉默对待等。最后，一些间接的实证研究结果也表明，上下级深层次差异将诱发领导针对下属的辱虐行为（Tepper 等，2011）[14]。基于此，提出以下假设。

H1：上下级深层次差异与上司排斥显著正相关。

（二）关系冲突的中介作用

本文所关注的上下级关系冲突聚焦于个性与人际关系方面的冲突，主要强调上下级之间存在人际上的不合与摩擦，通常包含紧张、敌意及厌恶等情绪成分（Jehn 和 Mannix，2001）[19]。关系冲突的中介作用可以从理论、逻辑和实证证据等方面得到支撑。

首先，依据社会归类理论，归类常常伴随着认知与态度上的偏差，内团体人员之间相互吸引，并拥有更多的正向情感互动，而对于外团体人员，则往往会出现不信任、难以合作等负面评价（Turner，1975；Hogg 和 Terry，2000）[16-17]，因而人际互动中易产生摩擦和冲突。正如 Opotow（1990）[12]、Hafer 和 Olson（2003）[13]的研究所指出，冲突中的个体将发展出两种不同的对待方式，对与自身处于同一阵营的个体将应用道德规则并施以公正对待，而对于冲突中的敌对方则会将其排除在公正范围以外，即成为被排斥的对象。深层次差异将强化上司所知觉的与下属关系的冲突，此时一系列负面的情绪状态如愤怒、挫败感等将会产生，人际交往也将包含更多的负向情感，甚至可能转化为敌对的排斥行为。

其次，伤害对方和保护自我是排斥者实施排斥行为的两大动机（Robinson等，2013）[5]。上下级深层次差异将诱发关系冲突，此时上级主管将有更强的伤害动机与防御动机，进而引发排斥行为。

最后，感知到的深层次差异与关系冲突呈正相关关系（Harrison等，2002）[18]，上下级之间的关系冲突将引发针对下属的辱虐行为（Tepper等，2011）[14]。

综上不难推断，当上级领导感知与下属在工作价值观和工作态度上存在深层次差异时，其关系就有可能产生冲突，进而有可能针对该下属实施一系列排斥行为，如忽视下属需求、贬抑下属及阻碍其晋升等。基于此，提出以下假设。

H2：关系冲突在上下级深层次差异与上司排斥中起中介作用。

（三）下属代表性的调节作用

下属代表性概念源于领导代表性的相关研究。以 Hogg（2001）[20]、Van Knippenberg 和 Hogg（2003）[21]为代表的学者从自我归类理论和社会认同理论出发，提出了领导代表性概念，主要是指领导具有去个人化的团队共同属性。团队中的领导既作为独立的个体存在，也与其他成员共享团队成员资格，随着团队成员对团队认同度越来越高，领导的有效性越来越取决于领导是否具有去个人化的团队共享特征。后期的一些相关研究指出，不仅团队领导的代表性存在差异，作为团队成员的下属员工同样存在代表性的差别。下属代表性的高低，即下属员工在多大程度上能够体现团队的价值观、规范和目标，将影响上下级之间、团队成员之间的互动模式（De Cremer 等，2010；Van Knippenberg，2011）[22-23]。

根据前文所述，当上下级关系冲突强烈时，目标员工将被排斥在公正范围以外，从而引发上司排斥行为。然而，将个体排除出公正范围需要考虑目标人物的有用性或潜在价值（Hafer 和 Olson，2003；Tepper 等，2011）[13-14]。目标人物的价值正是影响个体是否成为被排斥对象的重要考量因素（Scott 等，2013）[7]，当其存在较高的潜在价值时，排斥者必须衡量实施排斥行为的成本，从而决定是否实施排斥行为及实施排斥行为的频率。领导评价的下属代表性在一定程度上反映了下属在团队中的地位及声誉，进而会直接影响上下级之间的互动。基于此，本文将领导评价的下属代表性作为员工潜在价值或有用性的客观体现，以探讨其对关系冲突中介作用的调节效应。

具体而言，对于高代表性的下属，其价值观、行为模式与团队保持高度一致，对自身在团队中的工作角色和定位更为清晰，在团队成员中也拥有较高的声誉与影响力。其他团队成员通常也与高代表性的核心员工有更多的互动交流，高代表性下属遭遇上司不公对待的信息也更易在团队中传递（Cullen 等，2014）[24]。换句话说，对高代表性的下属实施排斥可能会引发自食其果的效应，不仅难以得到团队成员的支持，还可能影响团队的运作效率。因此，即便处于与上级的关系冲突当中，上司出于有用性（如未来组织政策的推行需要高代表性员工的支持）及排斥实施成本（如对该员工的排斥将可能引发团队关系破裂）等因素的考量，也未必会对此类下属实施排斥行为，从而会弱化上下级深层次差异通过关系冲突影响排斥的间接效应。但对于低代表性的下属，因其价值观与行为模式可能与团队所倡导的价值观和规范格格不入，属于长期游离于团队的"边缘人"角色（Christian 等，2012）[25]。一般来说，针对低代表性下属的排斥成本较低，不易引起不良后果。因而当上司感知到与此类员工存在较强的关系冲突时，故意忽视此类员工的需求、阻碍其晋升等排斥行为往往更容易发生，由此不仅增强了关系冲突与上司排斥的关系，也强化了上下级深层次差异通过关系冲突影响排斥的间接效应。基于此，本文提出以下假设。

H3：下属代表性负向调节上下级深层次差异通过关系冲突影响上司排斥的中介效应。即当下属代表性较高时，上下级深层次差异通过关系冲突影响上司排斥的中介效应较弱；反之则较强。

三、研究方法

（一）研究样本

本研究通过两轮问卷调查来收集数据。研究对象为广东地区的 7 家大型国有企业和民营企业，主要分布在广州、深圳、东莞和惠州等地。为避免同源偏差影响研究结果，本研究采用直接主管和下属员工配对的方式收集数据，主管和下属在不同时间（间隔一个月）及不同地点填写问卷，同时向他们强调了调研的匿名性和保密性。共发放问卷 350 套，当场收回领导—员工配对问卷 285 份。剔除明显乱填及缺失较多的问卷，最终获得 213 份有效问卷，总有效回收率为 61%。对

213 名下属员工的数据进行描述性统计，结果显示：性别方面，男性占 69%，女性占 31%；年龄方面，20～29 岁占 21.6%，30～39 岁占 49.3%；与主管共事时间方面，有 50.7% 的员工为 1～3 年。

（二）测量工具

除上司排斥量表外，本研究所采用的测量量表均来自国外主流期刊已发表的文献。为确保中英文版本的一致性，采用了标准的双向翻译程序。测量量表均以 5 点李克特刻度进行评价。

1. 上下级深层次差异。采用 Tepper 等（2011）[7] 研究中使用的量表，该量表共 5 个条目，由上司进行评价。本研究中测得的内部一致性系数为 0.89。

2. 关系冲突。采用 Jehn 和 Mannix（2001）[19] 开发的 3 条目量表，由上司进行评价。本研究中测得的内部一致性系数为 0.74。

3. 上司排斥。采用蒋奖等（2011）[1] 等开发的 10 条目量表，由下属员工进行评价。本研究测得的内部一致性系数为 0.90。

4. 下属代表性。采用 Van Knippenberg B 和 Van Knippenberg D（2005）[26] 的 3 条目量表，由上司进行评价。本研究测得的内部一致性系数为 0.88。

5. 控制变量。为了避免一些无关变量影响本研究中变量间的因果关系，我们将上下级性别相似性、年龄相似性、与主管共事时间、企业性质作为控制变量。性别相似性方面，当主管与下属为不同性别时取 0，相同性别则为 1。年龄相似性方面，为上下级年龄相减后取绝对值。与主管共事时间方面，分为不满 1 年、1～3 年、3～5 年、5～10 年、10～15 年及 15 年以上，统计时分别记为 1～6。企业性质方面，当企业为国有企业时取 1，民营企业则为 0。

四、分析结果

（一）区分效度与同源偏差检验

为了考察上下级深层次差异、关系冲突、上司排斥、下属代表性这 4 个潜变量的区分效度，我们对测量数据进行了验证性因子分析，比较了各种嵌套模型的拟合度。考虑到上司排斥的测量条目较多，为提高模型的拟合度，我们依据探索性因子分析（EFA）结果，将上司排斥的题项打包为 3 个显示条目。其余变量则是 1 个条目作为一个显变量。此外，由于上下级深层次差异、关系冲突和下属代表性均由上司做出评价，可能存在一定的同源偏差（Common Method Variance），因而采用广泛使用的"Harman 单因子方法"对同源偏差进行检验。表 1 的验证性因子分析结果表明，单因子模型的拟合指数远远不能满足阈值，与其他模型相比，四因子模型的拟合指数最为理想（$\chi^2/df = 1.84 < 2.00$；$RMSEA = 0.06 < 0.08$；$SRMR = 0.04 < 0.05$；$CFI = 0.96 > 0.90$；$TLI = 0.95 > 0.90$），说明本研究所涉及的 4 个潜变量具有较高的区分效度，代表了 4 个不同的构念，并且同源偏差并不严重，不会干扰后文的统计推断结果。

表 1 验证性因子分析结果

模型	χ^2	df	χ^2/df	$RMSEA$	$SRMR$	CFI	TLI
四因子模型：DLD；RC；SE；FP	130.33	71	1.84	0.06	0.04	0.96	0.95
三因子模型：DLD + RC；SE；FP	276.47	74	3.74	0.11	0.10	0.87	0.84
三因子模型：DLD；RC + SE；FP	267.06	74	3.61	0.11	0.09	0.87	0.85
三因子模型：DLD；RC；SE + FP	485.41	74	6.56	0.16	0.12	0.73	0.67
两因子模型：DLD + RC + FP；SE	661.94	76	8.71	0.18	0.15	0.64	0.57
单因子模型：DLD + RC + SE + FP	1011.37	77	13.13	0.24	0.19	0.39	0.28

注：DLD 代表上下级深层次差异，RC 代表关系冲突，SE 代表上司排斥，FP 代表下属代表性，"+"代表两个因子合并为一个因子。

（二）描述性统计分析

各变量的均值、标准差和相关系数如表 2 所示。从表 2 可以看出，上下级深层次差异与上司排斥显著正相关（$r = 0.19$，$P < 0.01$），与关系冲突显著正相关（$r = 0.23$，$P < 0.01$）；关系冲突与上司排斥显著正相关（$r = 0.25$，$P < 0.01$），与下属代表性显著负相关（$r = -0.14$，$P < 0.05$），假设 H1 和 H2 得到数据的初步支持。

表 2 各变量的信度、描述性统计和相关系数

变量	M	SD	1	2	3	4	5	6	7
性别相似性	0.62	0.49							
年龄差异	10.90	5.24	0.03						

续表

变量	M	SD	1	2	3	4	5	6	7
共事时间	2.42	0.94	0.03	0.10					
深层次差异	2.90	0.81	0.18**	0.03	-0.05	(0.89)			
关系冲突	2.15	0.65	0.05	0.08	0.09	0.23**	(0.74)		
上司排斥	2.11	0.60	-0.02	0.17**	0.03	0.19**	0.25**	(0.90)	
下属代表性	3.29	0.97	-0.06	-0.13	-0.15*	-0.03	-0.14*	0.02	(0.88)

注：$N = 213$；* 表示 $P < 0.05$，** 表示 $P < 0.01$（双尾检验）；括号内为变量的信度系数。下表同。

(三) 研究假设的检验

1. 主效应和中介效应。根据 Baron 和 Kenny (1986)[27] 推荐的方法，本研究分三步对主效应和中介效应进行分析。第一，自变量对结果变量的影响。以上司排斥为因变量，探讨上下级深层次差异对上司排斥的影响。第二，自变量对中介变量的影响。以关系冲突为因变量，分析上下级深层次差异对关系冲突的影响。第三，中介效应。以上司排斥为因变量，同时将自变量上下级深层次差异与中介变量关系冲突纳入回归方程，分析中介效应是否成立。层级回归分析结果见表3。

由表3的结果可以看出，上下级深层次差异对上司排斥（模型4，$\beta = 0.24$，$P < 0.01$）具有显著正向影响，假设 H1 得到支持。上下级深层次差异对关系冲突具有显著正向影响（模型2，$\beta = 0.26$，$P < 0.01$），并且当上下级深层次差异与关系冲突同时进入回归方程时，关系冲突对上司排斥（模型5，$\beta = 0.20$，$P < 0.01$）的回归系数仍然显著，而上下级深层次差异对上司排斥（模型5，$\beta = 0.19$，$P < 0.05$）的回归系数减弱。由此可见，关系冲突在上下级深层次差异与上司排斥关系中只起部分中介作用，假设 H2 得到支持。

表3　中介效应与调节效应的检验结果

变量		关系冲突		上司排斥			
		模型1	模型2	模型3	模型4	模型5	模型6
控制变量	性别差异	0.05	0.03	-0.00	-0.02	-0.03	-0.02
	年龄差异	0.07	0.06	0.18*	0.18*	0.16*	0.16*
	共事时间	0.09	0.09	0.01	0.02	0.00	0.00
	企业性质	0.01	0.10	0.07	0.15	0.13	0.15*

续表

变量		关系冲突		上司排斥			
		模型 1	模型 2	模型 3	模型 4	模型 5	模型 6
自变量	上下级深层次差异		0.26**		0.24**	0.19*	0.19*
中介变量	关系冲突					0.20**	0.20**
调节变量	下属代表性						0.13
交互项	关系冲突×下属代表性						−0.19**
	R^2	0.02	0.08	0.04	0.09	0.12	0.16
	F	0.82	3.36**	1.88	3.83**	4.72**	4.96**
	ΔR^2	0.02	0.06	0.04	0.05	0.04	0.04

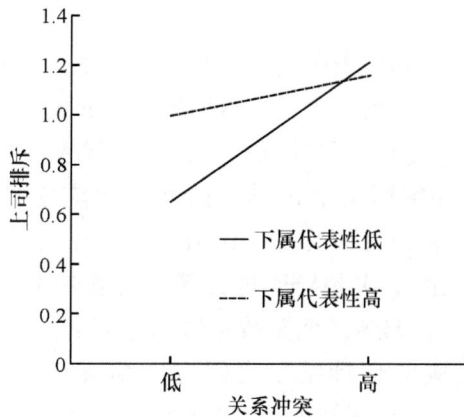

图 1　下属代表性的调节作用

2. 调节效应。为验证假设 H3，本研究以上司排斥为因变量，引入控制变量、自变量和调节变量及它们的交互项进入方程。为了消除共线性，在构造交互项时，已经将自变量和调节变量进行了标准化。层级回归分析结果见表 3。从表 3 可以看出，关系冲突与上司代表性的交互项对上司排斥具有显著的负向影响（模型 6，$\beta = -0.19$，$P < 0.01$），假设 H3 得到支持。为了更直观地呈现下属代表性对关系冲突与上司排斥的调节效应，我们绘制了调节效应图。从图 1 可见，在下属代表性低的情况下，关系冲突和上司排斥之间的正向关系较强。

3. 被调节的中介效应。为验证假设 H3，本文按照 Peacher 等（2007）[28]的检验方法，采用重新抽样自助法进行重复抽样（均为 2000 次重复抽样）生成间接效应的置信区间，以验证被调节的中介效应假设。分析结果如表 4 所示。

表 4　被调节的中介效应 Bootstrap 检验

调节变量	上下级深层次差异（X）→ 关系冲突（M）→ 上司排斥（Y）				
	第一阶段 P_{MX}	第二阶段 P_{YM}	直接效应 P_{YX}	间接效应 $P_{MX} \times P_{YM}$	间接效应 95% CI
低下属代表性（−1 标准差）	0.18 **	0.34 **	0.10	0.06 *	[0.022, 0.128]
高下属代表性（＋1 标准差）	0.18 **	0.05	0.10	0.01	[−0.018, 0.042]
组间差异	0.00	−0.29 *	0.00	−0.05 *	[−0.125, −0.011]

注：* 表示 $P < 0.05$，** 表示 $P < 0.01$（双尾检验）；Bootstrap 样本数为 2000，CI 为置信区间；P_{MX} 代表上下级深层次差异对关系冲突的影响；P_{YM} 代表关系冲突对上司排斥的影响；P_{YX} 代表上下级深层次差异对上司排斥的影响。

　　统计结果显示，当下属代表性取两种不同的条件值（即均值加上一个标准差和均值减去一个标准差）时，上下级深层次差异通过关系冲突影响上司排斥的间接效应存在差异（表4）。具体而言，在下属代表性高的情况下，上下级深层次差异通过关系冲突影响上司排斥的间接效应不显著，间接效应值为0.01，95%的偏差校正置信区间为 [−0.018，0.042]，包括零；在下属代表性低的情况下，上下级深层次差异通过关系冲突影响上司排斥的间接效应显著，间接效应值为0.06，95%的偏差校正置信区间为 [0.022，0.128]，不包括零；这两个间接效应的估计结果之间存在显著差异（$\Delta = -0.05$，$P < 0.05$），95%的偏差校正置信区间为 [−0.125，−0.011]，不包括零。由此可见，当下属代表性取高低不同值时，上下级深层次差异通过关系冲突影响上司排斥的间接效应存在显著差异，被调节的中介效应假设得到数据支持。

五、结论与讨论

（一）主要研究结论及其理论意义

　　首先，本文基于道德排斥视角探讨了上司排斥的诱因及其作用机制，拓展了职场排斥前因机制的分析。以往许多文献虽然强调了对职场排斥前因分析的重要意义，但实证研究关注的重心仍然是影响后果，对职场排斥前因的探讨则显得不足（Robinson 等，2013）[5]，有关上司排斥诱发机制的研究更是鲜见。对此，一些学者曾指出，员工与同事、上司的互动模式不同，上司排斥和同事排斥的表现形式及诱发机理也有所差异，因而有必要深入探讨组织内不同角色主体之间实施排斥行为的前因及其影响机制（蒋奖等，2011）[1]。为此，本研究分两阶段调研中国企业中主管与下属的配对样本，探索并验证了上下级深层次差异对上司排斥的作用机制，从而进一步丰富与完善了现有职场排斥的相关研究。

其次，与基于受害者推动理论的排斥前因研究不同，本研究基于道德排斥这一新的视角，从上司感知到的与目标下属的差异、与目标下属间的冲突及目标下属的价值3个方面入手，更为全面和系统地解释了为何上司会排斥某一特定下属，因而对于揭示上司排斥诱发机制这一"黑箱"有一定的理论上的建构意义。通过研究发现，上下级深层次差异不仅会直接导致上司排斥，还会通过激化关系冲突诱发上司排斥，且只有当下属代表性低时，这一中介效应才成立。可见，关系冲突与低代表性的共同作用，会使得目标员工被上司排斥在其公正范围以外，由此导致一系列排斥行为的发生。换句话说，关系冲突更像是上司排斥的"催化剂"，而下属代表性则充当了上司排斥的"保护伞"。这一研究结论不仅验证了道德排斥理论在预测上司排斥行为上的有效性，也为其理论应用设立了边界条件。

最后，本研究通过构建被调节的中介模型探讨了上司排斥行为的诱发机制，不仅能更全面、更系统地考察中介变量和调节变量的综合作用过程，同时对未来职场负面行为的前因探索具有启示意义。正如 Tepper 等（2011）[14] 所言，基于道德排斥的研究视角在未来具有广阔的应用前景。如在组织偏差行为的研究中，大部分学者是从公正理论、社会学习理论及个性差异出发，来探索为何员工从事针对组织、上司或同事的偏差行为（Thau 和 Mitchell，2010）[29]，而往往忽略了道德排斥的研究视角。本文则基于道德排斥视角对上司排斥行为进行探讨，从而为推动后续研究从这一理论视角解读职场内各种偏差行为的诱发机制提供了新的文献参考。本研究不仅期望能为职场偏差行为的预测、解释及治理机制的研究提供新的切入点，也期望能进一步丰富和完善道德排斥理论的相关研究文献。

（二）研究的实践意义

基于以上研究结论，本文提出如下实践建议。首先，对于企业高层领导而言，在管理人员选拔和胜任特征评价时，组织应当注意监测候选人的工作价值观，在晋升评价过程中引入和强化必要的价值观测试环节，防止那些心胸狭窄、容易对下属有敌意的人担任管理岗位，从而从根源上有效减少上司排斥行为的出现。其次，对于各层级管理者而言，应当充分意识到随着中国经济社会的进一步发展，职场多样性变得极为常见。尤其是随着"80 后""90 后"逐步成为职场主力，上下级之间的价值观差异与人际摩擦可能更为频繁。正所谓"海纳百川，有容乃大"，管理者应当有宽容的胸怀，以"求同存异"的态度正视上下级的差异，减少人际摩擦。此外，管理者还应通过加强自身的道德修养，提升个人素质，消除深层次的管理者与下属之间的差异性感知，建立畅通的上下级沟通渠道，塑造组织导向的共同价值观和积极的工作态度，最终达到"上下一心"的理想状态。最后，对于下属员工而言，不应过分追求"标新立异"，而应注重塑造组织至上的价值观，在日常的行为规范中展现出与组织相一致的特质或行为，以提升其代表性，从而避免成为职场排斥的施暴对象。

（三）研究的局限性及未来研究方向

第一，本文基于两阶段的配对问卷调查数据探讨了上司排斥的诱发机制，但上下级深层次差异、关系冲突和下属代表性量表均由上司做出评价，因而可能存在一定的同源偏差。虽然同源偏差检验表明偏差问题并不严重，没有影响统计结论的稳健性，但未来仍有必要通过纵向研究设计来探讨上司排斥的诱发机理。第二，在高权力距离的中国组织里，上下级差异引发上司排斥的过程中，关系冲突可能仅仅是其中的一种中介机制，还可能存在其他影响路径。未来的研究应当继续深入挖掘可能的中介变量及其影响作用机制。第三，组织情境（如组织文化、任务特征等）是解释职场排斥发生的另一重要因素。未来的研究应当基于个体与情境互动理论，结合被排斥者、排斥者及情境因素，全面而深入地探索职场排斥的诱发机制及其影响过程。

参考文献

[1] 蒋奖, 鲁峥嵘, 张雯. 工作场所排斥问卷的编制及信效度检验 [J]. 中国临床心理学杂志, 2011 (6)：720 - 724.

[2] WU L Z, YIM F H, KWAN H W, et al. Coping with workplace ostracism：the roles of ingratiation and political skill in employee psychological distress [J]. Journal of management studies, 2012, 49 (1)：178 - 198.

[3] FERRIS D L, BROWN D J, BERRY J W, et al. The development and validation of the workplace ostracism scale [J]. Journal of applied psychology, 2008, 93 (6)：1348 - 1366.

[4] 谢俊, 严鸣. 积极应对还是逃避？主动性人格对职场排斥与组织公民行为的影响机制 [J]. 心理学报, 2016 (10)：1314 - 1325.

[5] ROBINSON S L, O'REILY J, WAMG W. Invisible at work：an integrated model of work-

place ostracism ［J］. Journal of management, 2013, 39（1）: 203 – 231.

［6］ WU L Z, WEI L, HUI C. Dispositional antecedents and consequences of workplace ostracism: an empirical examination ［J］. Frontiers of business research in China, 2011, 5（1）: 23 – 44.

［7］ SCOTT K L, RESTUBOG S L, ZAGENCZYK T J. A social exchange-based model of the antecedents of workplace exclusion ［J］. Journal of applied psychology, 2013, 98（1）: 37 – 48.

［8］ WU L Z, FERRIS D L, KWAN H K, et al. Breaking（or making）the silence: how goal interdependence and social skill predict being ostracized ［J］. Organizational behavior and human decision processes, 2015, 131（1）: 51 – 66.

［9］ 薛亦伦, 张骁, 丁雪, 等. 高政治技能的员工如何规避工作场所排斥？［J］. 管理世界, 2016（7）: 98 – 108.

［10］ WILLIAMS K D, SOMMER K L. Social ostracism by coworkers: does rejection lead to loafing or compensation？ ［J］. Personality and social psychology bulletin, 1997, 23（7）: 693 – 706.

［11］ LIAN H W, FERRIS D L, BROWN D J. Does power distance exacerbate or mitigate the effects of abusive supervision? it depends on the outcome ［J］. Journal of applied psychology, 2012, 97（1）: 107 – 123.

［12］ OPOTOW S. Moral exclusion and injustice: an introduction ［J］. Journal of social issues, 1990, 46（1）: 1 – 20.

［13］ HAFER C L, OLSON J M. An analysis of empirical research in the scope of justice ［J］. Personality and social psychology review, 2003, 7（4）: 311 – 323.

［14］ TEPPER B J, MOSS S E, DUFFY M K. Predictors of abusive supervision: supervisor perceptions of deep-level dissimilarity, relationship conflict, and subordinate performance ［J］. Academy of management journal, 2011, 54（2）: 279 – 294.

［15］ HARRISON D A, KLEIN K J. What's the difference? diversity constructs as separation, variety, or disparity in organizations ［J］. Academy of management review, 2007, 32（4）: 1199 – 1228.

［16］ TURNER J C. Social comparison and social identity: some prospects for intergroup behavior ［J］. European journal of social psychology, 1975, 5（1）: 5 – 34.

［17］ HOGG M A, TERRY D J. Social identity and self-categorization processes in organizational contexts ［J］. Academy of management review, 2000, 25（1）: 121 – 140.

［18］ HARRISON D A, PRICE K H, GAVIN J H, et al. Time, teams, and task performance: changing effects of surface-and deep-level diversity on group functioning ［J］. Academy of management journal, 2002, 45（5）: 1029 – 1045.

［19］ JEHN K A, MANNIX E A. The dynamic nature of conflict: a longitudinal study of intragroup conflict and group performance ［J］. Academy of management journal, 2001, 44（2）: 238 – 251.

［20］ HOGG M A. A social identity theory of leadership ［J］. Personality and social psychology review, 2001, 5 (3): 184 – 200.

［21］ VAN KNIPPENBERG D, HOGG M A. A social identity model of leadership effectiveness in organizations ［J］. Research in organizational behavior, 2003, 25 (25): 243 – 295.

［22］ DE CREMER D, VAN DIJKE M, MAYER D M. Cooperating when "you" and "I" are trea- ted fairly: the moderating role of leader prototypicality ［J］. Journal of applied psychology, 2010, 95 (6): 1121 – 1133.

［23］ VAN KNIPPENBERG D. Embodying who we are: leader group prototypicality and leadership effectiveness ［J］. Leadership quarterly, 2011, 22 (6): 1078 – 1091.

［24］ CULLEN K L, FAN J Y, LIU C. Employee popularity mediates the relationship between political skill and workplace interpersonal mistreatment ［J］. Journal of management, 2014, 40 (6): 1760 – 1778.

［25］ CHRISTIAN J S, CHRISTIAN M S, GARZA A S, et al. Examining retaliatory responses to justice violations and recovery attempts in teams ［J］. Journal of applied psychology, 2012, 97 (6): 1218 – 1232.

［26］ VAN KNIPPENBERG B, VAN KNIPPENBERG D. Leader self-sacrifice and leadership effec- tiveness: the moderating role of leader prototypicality ［J］. Journal of applied psychology, 2005, 90 (1): 25 – 37.

［27］ BARON R M, KENNY D A. The moderator-mediator variable distinction in social psychologi- cal research-conceptual, strategic, and statistical considerations ［J］. Journal of personality and social psychology, 1986, 51 (6): 1173 – 1182.

［28］ PEACHER K, RUCKER D D, HAYES A F. Addressing moderated mediation hypotheses: theory, methods, and prescriptions ［J］. Multivariate behavioral research, 2007, 42 (1): 185 – 227.

［29］ THAU S, MITCHELL M S. Self-gain or self-regulation impairment? test of competing explana- tions of the supervisor abuse and employee deviance relationship through perceptions of distrib- utive justice ［J］. Journal of applied psychology, 2010, 95 (6): 1009 – 1031.

创业拼凑与中小企业绩效研究：
来自广东企业的经验证据

吴　亮，张建琦，刘　衡[*]

一、研究背景

Lévi – Strauss（1967）[1]在人类学研究中首次提出"拼凑"这一概念。随后，该概念被引入到创业领域，被视为一种应对资源短缺的新机制，即企业在资源短缺下，可通过"无中生有"来应对挑战。创业拼凑被定义为"企业为应对机遇和威胁，即刻行动，整合内外部已有的、便宜、和容易获取的资源，并打破其原始属性来进行资源重构的惯例"（Bake 和 Nelson，2005；Duymedjian 和 Rüling，2010）[2-3]。创业拼凑强调在面临挑战时的行动导向（a bias for action）、测试固有局限（a bias for testing limitations）和对手边资源的依赖（reliance on resource at hand）。当前创业拼凑的研究主要沿着3条脉络发展：一是探讨创业拼凑对企业创新和竞争优势的影响及其机制（Ferneley 和 Bell，2006；Garud 和 Karnøe，2003；Salunke 等，2013；Senyard 等，2009；Wu 等，2017；何一清等，2015）[4-9]；二是从个体与组织因素入手探讨创业拼凑的发生机制（Banerjee 和 Campbell，2009；Desa，2008）[10-11]；三是考虑团队因素和企业特征对创业拼凑效用的影响（Senyard 等，2014；祝振铎和李非，2014）[12-13]。这些研究不仅开阔了理论视野，而且对中小企业如何有效利用创业拼凑以克服资源约束来获取竞争优势发挥了重要指导作用。

但迄今为止，有关中小企业创业拼凑的理论研究和实践应用依然存在一些困惑。首先，创业拼凑可以提升中小企业绩效吗？部分研究发现，创业拼凑能够帮助企业提高资源管理的效率，从而提升中小企业绩效（Stinchfield 等，

---

* 吴亮，广东外语外贸大学粤商研究中心讲师，博士；张建琦，中山大学岭南学院教授，博士生导师；刘衡，中山大学岭南学院副教授，博士生导师。

2012；Turturea 和 Verheul，2016)[14-15]。但也有一部分研究指出，创业拼凑具有潜在的缺点，如追求次最优解，因而不能帮助企业提升绩效[11]。当前创业拼凑与中小企业绩效之间的关系仍需进一步探索[13]。其次，运用创业拼凑的中小企业为什么有些增加了企业绩效，有些则减少了企业绩效？创业拼凑虽然具有潜在的负面影响[12]，但有些运用创业拼凑的中小企业仍获得了较好的绩效[15]，而另一些运用创业拼凑的中小企业则没能从中获益[2]。然而，正如以往研究所指出，组织因素会影响创业拼凑效用的实现（Duymedjian 和 Rüling，2010；赵兴庐和张建琦，2016)[3,16]。但组织学习是否会影响创业拼凑与中小企业绩效之间的关系仍需要进一步厘清。

上述创业拼凑与中小企业绩效之间关系研究中存在的困惑可能基于以下两点。第一，当前研究忽视了探讨创业拼凑对企业财务和成长绩效的差异化影响[13]。因此，区分不同类型的企业绩效，将有助于了解创业拼凑是否可以帮助中小企业提升绩效。第二，创业拼凑需要相应的学习机制与之相匹配（Duymedjian 和 Rüling，2010；Andersen，2008)[3,17]。因此，创业拼凑效用的实现取决于企业的学习机制来与之相匹配，但以往创业拼凑的相关研究忽视了组织学习在创业拼凑过程中的重要作用。因此，为更好地探究创业拼凑对中小企业绩效的影响，迫切需要同时考虑创业拼凑对不同类型企业绩效的影响，以及学习机制在上述关系中所起的作用。

综上所述，本文将进一步探究创业拼凑对中小企业财务和成长绩效的差异化影响。结合创业拼凑的文献与动态能力的视角，本文指出中小企业创业拼凑的效用实现取决于两个关键的因素，即企业对资源进行建构的惯例，以及学习机制对资源建构惯例的影响（Andersen，2008；Chen 等，2015)[17-18]。具体而言，基于资源建构类型的不同会差异化影响竞争优势的分析框架（Peteraf 等，2013)[19]，本研究指出创业拼凑可以帮助受资源约束的中小企业建立有效的资源建构惯例，从而帮助中小企业获取较好的财务绩效，但仅有较高水平的资源建构惯例可帮助中小企业获取较好的成长绩效。基于学习机制会影响动态能力效用的理论逻辑[18]，本文指出中小企业资源建构能力的提高取决于与之相匹配的学习机制。探索和利用式学习是组织的两种重要学习机制（Chen 等，2015；Lavie 等，2010)[18,20]。高水平的探索式学习能够与资源建构惯例相匹配，因而会增强中小企业创业拼凑的效用；而高水平的利用式学习能力难以与资源建构惯例相匹配，因而会削弱中小企业创业拼凑的效用。整体而言，本研究将有助于更好地理解创业拼凑如何差异化影响不同类型中小企业的绩效，以及学习机制对创业拼凑与不同类型中小企业绩效关系的差异化影响，以期能帮助受资源约束的中小企业获得生存和发展的空间。

二、理论基础与研究假设

（一）创业拼凑与中小企业绩效

动态能力理论指出，建立新的资源建构可以使企业获取一系列短期的竞争优势[19]。创业拼凑能够帮助企业建立新的资源建构；财务绩效是短期竞争优势的一种体现。因而，与没有采用创业拼凑的中小企业相比，采用创业拼凑的中小企业会获得较多的财务绩效。具体体现在以下几个方面。首先，创业拼凑过程中，企业可以较低的成本来构建资源，从而使得中小企业具有较强的成本优势（Davidsson 等，2016）[21]，以便获取更好的财务绩效。一方面，拼凑者对企业内部闲置和废弃资源的充分利用会降低资源构建的成本[21]；另一方面，拼凑者会注重从企业外部搜集便宜和较为易得的资源，这也会降低资源构建的成本（张建琦等，2015）[22]。

其次，创业拼凑可以帮助中小企业辨别和建造大量的新资源，从而帮助企业获取较好的财务绩效[22]。创业拼凑过程中，拼凑者会突破已有资源的原始用途，识别出资源的新用途，从而帮助中小企业识别和创造新资源，以获取较好的财务绩效。与此同时，对资源的创造性利用过程中，中小企业会积累有关资源新用途挖掘的宝贵经验和知识[17]，而这些经验和知识往往具有独特性、稀缺性及难以模仿的特点，使之具有更好的竞争优势（Sonenshein，2014）[23]。

再次，创业拼凑可以帮助中小企业提高组织敏捷性，从而能够快速响应与应对市场和顾客需求的变动，以获取较好的财务绩效[4]。创业拼凑过程中，中小企业可及时构建物质和创意资源（吴亮等，2016）[24]，从而使得企业能够为客户快速提供解决方案，满足客户的特殊需求，及时调整生产和服务规模，以便有效地应对市场环境的变化。为此，提出以下假设。

H1：创业拼凑正向影响中小企业财务绩效。

动态能力理论指出，对当前资源的重新建构可以获取持续性竞争优势[19]。创业拼凑自身潜在的负面作用会影响中小企业对当前资源的构建，但这种潜在的负面影响会随着拼凑活动的进一步展开而逐步弱化；成长绩效是持续性竞争优势的一种体现。因此，与较少采用创业拼凑的中小企业相比，较多采用创业拼凑的中小企业会获取较好的成长绩效。具体体现在以下几方面。

一方面，随着创业拼凑活动的开展，创业拼凑潜在的负面影响会逐渐凸显，这将会阻碍中小企业获得较好的成长绩效。首先，创业拼凑所带来的创新往往质量较低，难以满足高要求顾客的需求[7]。因为，拼凑会使企业在多领域同时开展资源构建活动，这会影响生产制造知识的积累，从而会损害创新的质量[2,6]。其次，创业拼凑依赖于内部手边资源所开展的创新，往往不了解客户的新需求，并忽视外部环境的变化，因此所开发的产品往往具有较弱的新颖性，难以进入新的市场领域[8,11]。最后，通过创业拼凑所创造的机会较容易被竞争对手模仿，因而会使中小企业难以获取更进一步成长的机会（Hendry 和 Harborne，2011；张书军和张芳，2017)[25-26]。

另一方面，较高水平的创业拼凑会削弱其自身潜在的负面影响，从而帮助中小企业获得较好的成长绩效。首先，高水平的创业拼凑会更加重视试错式学习[3]，有助于积累更多的流程知识，并确保创新产品的生产过程被惯例化，以提升创新质量。其次，高水平的创业拼凑会更加重视实验活动[5]，有助于获取更多的创意资源，提升创新的新颖性，从而赢得市场先机。最后，高水平的创业拼凑会帮助企业积累有关手边资源重组的独特经验和知识[23]，以便创造出难以被竞争对手模仿的机会，使中小企业具有较强的竞争优势，从而获取较好的成长绩效。为此，提出以下假设。

H2：创业拼凑与中小企业成长绩效呈 U 形关系。

（二）探索式学习的调节作用

动态能力理论指出，学习机制将会差异化影响动态能力的发展，即会差异化影响企业能力运用中的资源整合、资源调配及资源建构的效力、效率[18]。学习机制中的连续实践，经验知识的编纂和整理，以及不断试错能够正向引导动态能力的进化（Eisenhardt 和 Martin，2000)[27]。作为学习机制的一种重要体现，探索式学习是指企业倾向于分配资源以获得未知的知识、未知的技能及未知的生产制造经验（Atuahene - Gima，2005)[28]。探索式学习能够帮助企业不断开展新的实践，编纂和整理新的经验知识，以及不断进行试错，从而能够正向引导动态能力效用的实现（Easterby - Smith 和 Prieto，2008)[29]。因此，探索式学习会正向调节创业拼凑与中小企业财务绩效和成长绩效之间的关系。

首先，探索式学习可帮助中小企业建立新的外部网络，促使其与创业拼凑相匹配，从而促进财务绩效的获取（Smith 和 Tushman，2005)[30]。企业财务绩效的提升依赖于企业通过创业拼凑以较低的成本来构建资源[21]，而以较低的成本来构建资源通常依赖于企业内部闲置和废弃的资源，但该资源构建的过程往往缺乏对这些闲置和废弃资源进行创造性利用的创意[22]。高水平探索式学习能够帮助企业建立新的外部网络（Stettner 和 Lavie，2014）[31]，获取对资源进行创造性改造的创意，使得企业内部闲置和废弃的资源得到更充分的利用。此外，企业外部便宜和具有潜在价值的资源也是资源构建的重要源泉（Baker 等，2013）[32]，高水平探索式学习帮助企业所建立的新外部网络能够使得拼凑者更便于从外部网络中构建便宜且具有潜在价值的资源[31]，进而有助于中小企业财务绩效的提升。

其次，探索式学习可帮助中小企业获取新的技术知识，其能够与创业拼凑中的新资源构建相匹配，从而提升财务绩效[20]。新资源的构建需要突破已有资源的原始用途，并识别出资源的新用途[2]。对资源新用途的识别依赖于企业技术能力的提升，而高水平探索式学习能够帮助企业获取新的技术和技能（Cao 等，2009）[33]，使中小企业能更好地发掘出已有资源的新用途，创造出更多的新资源，进而提升财务绩效。此外，创业拼凑过程中，对资源创造性利用的经验积累能够与高水平探索式学习所带来的新技术相融合[3]，使得企业发掘新资源的能力更难以被模仿，从而确保中小企业财务绩效的获取。为此，提出以下假设。

H3：探索式学习对创业拼凑与中小企业财务绩效之间的正向关系起调节作用。

在本研究中，我们还推断探索式学习会增强中小企业创业拼凑与成长绩效之间的关系。首先，探索式学习会削弱中小企业创业拼凑对成长绩效的潜在负面影响。一方面，高水平探索式学习对实验的重视能帮助拼凑者识别出资源的更多用途（March，1991）[34]，从而可以通过拼凑构建出更多的资源促进中小企业创新活动的开展。与此同时，高水平探索式学习对实验的重视能帮助拼凑者积累更多对各种材料和创意重新配置的经验[3]，从而学习到更多的经验知识，以便完善生产制造流程，确保通过拼凑所开发的产品具有较高的质量。另一方面，高水平探索式学习对新市场信息的获取能够帮助拼凑者更好地了解客户的最新需求（Kim 和 Atuahene‐Gima，2010）[35]及市场环境的最新变化[20]，从而开发出具有新颖性的产品和服务，获取较好的成长绩效。

其次，探索式学习可增强中小企业创业拼凑对成长绩效的促进作用。一方面，高水平探索式学习对风险承担的重视可帮助拼凑者不断开展试错式学习[34]。这将确保拼凑过程中利用闲置和废弃的资源进行创新和创造机会的解决方案具有较高的异质性[5]，使得所开发的创新和机会不容易被竞争对手模仿，从而有力保障了中小企业的持续性竞争优势；另一方面，高水平探索式学习能帮助拼凑者建立新的外部网络[31]，有助于拼凑者从外部网络中构建具有潜在价值的资源、技术及人才[10]，并促进拼凑过程中实验活动的开展，为产品质量的提升奠定良好的基础，使中小企业获得进一步成长的机会。为此，提出以下假设。

H4：探索式学习在创业拼凑与中小企业成长绩效的 U 形关系中起调节作用。

（三）利用式学习的调节作用

利用式学习是指企业倾向于投入资源以精炼和拓展已有的产品创新知识、技巧及流程检验方法[28]。作为学习机制的另一种重要体现，利用式学习则难以帮助企业不断开展新的实践、编纂和整理新的经验知识及不断进行试错，因而不易引导动态能力效用的实现[29]。

在本研究中，我们推断利用式学习会负向调节创业拼凑与中小企业财务绩效之间的关系。首先，高水平利用式学习注重对已有网络进行拓展，其难以与创业拼凑中低成本获取和构建资源形成有效的协同，因而会阻碍中小企业获取财务绩效[30]。运用创业拼凑帮助中小企业获取财务绩效的途径之一在于以较低的成本来构建资源[14]，而这些构建的资源一方面来自于企业内部闲置和废弃的资源，另一方面来自于外部网络中其他企业所忽视的具有潜在价值的资源[32]。高水平利用式学习聚焦于对已有网络的拓展，因此难以帮助中小企业获取有关如何对内部闲置和废弃资源创造性利用的创意（Lavie 和 Rosenkopf，2006）[36]，因而不便以较低的成本来构建资源，也较难从已有的网络中进一步挖掘其他企业所忽视且具有潜在价值的资源[31]。原因在于，已有网络中的闲置且具有潜在价值的资源具有存量的限制，当过度对已有网络拓展时则难以帮助中小企业以较低的成本来构建资源。

其次，高水平利用式学习注重对已有技术的精炼，其不易与创业拼凑中识别和创造大量新资源相协同，因而会阻碍中小企业财务绩效的获取。创业拼凑可通过突破已有资源的原始用途，识别出资源的新用途帮助中小企业获取较多的新资源[23]，以保障财务绩效的获取[6]。但对已有资源新用途的识别和发掘需要企业具有较高的技术能力，而高水平利用式学习聚焦于对已有技术的精练，因此其难以帮助中小企业开发新技术和识别已有资源的新用途和新属性[22]。与此同时，高水平利用式学习对已有技术的精炼难以与创业拼凑中的资源创造性利用形成有效的融合[20]。这将不易提升资源创造性利用过程中的经验积累[17]，使得企业所形成的挖掘新资源的能力难以具有竞争优势，因而不便帮助中小企业获取较好的财务绩效。基于以上论述，提出以下假设。

H5：利用式学习在创业拼凑与中小企业财务绩效的正向关系中起调节作用。

在本研究中，我们还推断利用式学习会削弱创业拼凑与中小企业成长绩效之间的关系。首先，利用式学习会加剧创业拼凑对企业成长绩效的潜在负面影响。一方面，高水平利用式学习注重对已有知识的提炼，但难以帮助拼凑者获取新知识以创造新的市场机会[34]。拼凑的经验式学习过程中对手边资源的组合和重新配置需要企业具有新创意[32]，而高水平利用式学习对已有知识的提炼不易产生新创意，因而难以为中小企业创造出新机会。另一方面，高水平利用式学习注重差异性的降低不利于中小企业创造出新颖性的产品和服务[20]，以帮助其获取新的增长空间。拼凑过程中对闲置和废弃资源的创造性重组需要异质性的解决方案[8]，而高水平利用式学习对差异性降低的重视会使得解决方案的异质性相对较弱，最终导致产品和服务的新颖性不强，不利于中小企业成长绩效的获取。

其次，利用式学习会削弱创业拼凑对中小企业成长绩效的促进作用。一方面，高水平利用式学习注重对已有技术的提炼难以帮助拼凑者开展试错式学习以开发出高品质的产品[33]。拼凑者需要具备较强的技术能力才可提升试错式学习[3]，而高水平利用式学习注重于对已有技术的提炼难以帮助拼凑者提升试错式学习[20]，因而会损害流程知识的积累，不利于产品质量的提升，最终会损害成长绩效的获取。另一方面，高水平利用式学习注重对已有网络的拓展，难以帮助拼凑者开展实验以开发出新颖性的产品和服务[30]。拼凑者需要从网络中获取更多异质性的资源、信息、材料，才能有力推动实验活动的开展[32]，而高水平利用式学习注重对已有网络的拓展难以帮助企业获取更多异质性的资源、信息、材料[36]。这将会导致中小企业所开发的产品和服务缺乏新颖性，难以在市场中占据较强的竞争优势，不利于企业成长绩效的获取。为此，提出以下假设。

H6：利用式学习在创业拼凑与中小企业成长绩效的U形关系中起调节作用。

三、数据搜集与变量测量

（一）样本选取与数据搜集

2016年10—12月，我们在广东省进行了大规模的企业问卷调查。调查区域新兴经济体活跃，创业和创新积极性较高，中小企业比较集中，且普遍遭受资源约束的困扰。我们以广东省工商业联合会的会员名录为样本总体，利用邮寄和电子问卷两种途径随机分发了 1200 份调查问卷。每两周向未回复收到问卷的高管再次分发问卷，并利用邮寄、电子邮件、电话询问等多种通信方式查询问卷填写进展。调查问卷的收集先后持续了近 3 个月的时间，共回收问卷280 份，经检查剔除无效问卷 82 份，得有效问卷 198 份，有效问卷回收率为16.50%。其中，124 份为通过电子邮件方式所收集的问卷，74 份为通过邮寄方式所收集的问卷。有效问卷中，包括 106 家中型企业和 92 家小型企业。具体的样本分布情况详见表 1。

表 1　研究样本的主要特征描述

	企业数量（家）	占比		企业数量（家）	占比
企业年龄			发展阶段		
3 年以内	42	21.212%	投入阶段	34	17.172%
3~8 年	51	25.758%	成长阶段	107	54.040%
8~15 年	66	33.333%	成熟阶段	46	23.232%
15 年以上	39	19.697%	衰退阶段	11	5.556%
员工人数			研发投入		
300 人以下	134	67.677%	0 投入	36	18.182%
300~500 人	20	10.101%	0~1 投入	35	17.677%
500~2000 人	33	16.667%	1~3 投入	41	20.707%
2000~5000 人	9	4.545%	3~10 投入	44	22.222%
5000 人以上	2	1.010%	10~30 投入	27	13.636%
企业盈利排名			超过 30 投入	15	7.576%
前 10%	35	17.677%	企业规模		
前 30%	51	25.758%	中型企业	106	53.535%
居中	87	43.939%	小型企业	92	46.465%
后 30%	15	7.576%			
后 10%	10	5.051%			

　　为了查验未返回偏差和共同方法偏差是否存在于本研究样本中，我们首先采用 T-test 检验来比较前期与后期所回收的问卷在企业年龄、发展阶段、员工人数、研发投入等方面是否存在显著差异。检验结果表明，早期所收回的问卷与后期所收回的问卷在企业年龄、发展阶段、员工人数、研发投入等方面均不存在显著差异。此外，T-test 检验表明电子邮件受访者与邮寄问卷受访者之间在上述企业基本特征方面不存在显著差异。其次，Harman 单因素检验表明，采用主成分因子

分析，不旋转因子时，第一个主成分仅解释了 36.047% 的方差变异，由于没有单个主成分解释了较多的方差变异，说明共同方法偏差的问题不太突出。最后，运用验证性因子分析（CFA）对研究模型进行检验。如表 2 所示，一因子模型包括所有的因变量、自变量、中介变量，以及调节变量与五因子模型相比具有相对较差的模型拟合度。因此，本研究的调查样本较少受共同方法偏差的困扰。此外，VIF（变异膨胀因子）检验表明，VIF 值处于 1.176 ~ 2.009，说明多重共线性问题不突出，因此，调查样本较少受未返回偏差和共同方法偏差的困扰。

表 2　CFA 验证区分性拟合指数

模型	因子	χ^2/df	RMSEA	SRMR	CFI	TLI
五因子模型	BR, TL, LL, FP, GP	2.380	0.083	0.055	0.885	0.869
四因子模型	BR, TL + LL, FP, GP	2.591	0.090	0.059	0.865	0.849
四因子模型	BR, TL, LL, FP + GP	2.591	0.099	0.061	0.835	0.815
三因子模型	BR + TL + LL, FP, GP	2.951	0.132	0.111	0.705	0.673
三因子模型	BR, TL, LL + FP + GP	4.450	0.124	0.105	0.740	0.712
二因子模型	BR, TL + LL + FP, GP	4.037	0.143	0.099	0.652	0.617
二因子模型	BR + TL + LL + FP, GP	5.035	0.157	0.130	0.577	0.535
一因子模型	BR + TL + LL + FP + GP	5.900	0.171	0.135	0.498	0.450

注：+ 表示因子模型合并；BR = 创业拼凑；TL = 探索式学习；LL = 利用式学习；FP = 财务绩效；GP = 成长绩效。

（二）变量与测量

变量的测量均采用里克特五点打分法，1 表示完全不同意，5 表示完全同意。企业基本情况则通过填空题和选择题的方式来测量。借鉴祝振铎和李非（2014）[13] 的研究，选用 3 个题项来测度财务绩效，另用 3 个题项来测度成长绩效；参考 Senyard 等（2014）[12] 的研究，选用 8 个题项来测度创业拼凑；借鉴 Atuahene – Gima（2005）[28] 的研究，选用 5 个题项来测度探索式学习，另用 5 个题项来测度利用式学习。变量的具体测量详见表 3。

表 3　测量条目和信效度检验

构念及测量条目	因子载荷	解释方差	组合信度
创业拼凑（BR）			
面对新挑战时，我们对通过利用手边资源来找出可行方案的能力很有信心	0.604 ***	55.744%	0.886

续表

构念及测量条目	因子载荷	解释方差	组合信度
和其他企业相比，我们更乐意利用手边资源应对更多样化的挑战	0.603 ***		
我们利用任意可能有用的手边资源，来应对新问题或新机会	0.739 ***		
我们通过对手边资源和廉价获得的新资源的组合，来应对新的挑战	0.692 ***		
面对新的问题或机会时，我们总认为能够找到可行的解决方案	0.664 ***		
通过整合手边资源，我们有效应对了各种各样的新挑战	0.806 ***		
面对新的挑战时，我们通过利用手边资源，以获得可行的解决方案	0.780 ***		
我们通过整合原本计划用于其它目的的手边资源来克服新挑战	0.710 ***		
探索式学习（TL）			
我们获取了对本企业全新的制造技术和技能	0.783 ***	68.522%	0.885
我们学到了对全行业而言全新的产品开发技能与流程（如产品设计，新产品导入时机，为当地市场定制产品）	0.810 ***		
我们获取了对创新十分重要和全新的管理和组织技能（如预测技术和市场的发展趋势，识别新兴市场和技术，协调和整合研发、营销、制造和其他职能，管理产品开发流程）	0.784 ***		
我们学到了在新技术投资、研发人员配备、研发和工程技术人员的培训和发展等方面的新技能	0.795 ***		
我们增强在企业空白领域中的创新技能	0.722 ***		
利用式学习（LL）			
我们为熟悉的产品和技术更新了既有知识和技能	0.714 ***	57.138%	0.809
我们在提高利用成熟技术的技能方面进行了投资，以改善现有创新运作的效率	0.661 ***		
为了解决顾客问题，我们提高了搜寻与现有途径相接近而非全新方案的能力	0.468 ***		

续表

构念及测量条目	因子载荷	解释方差	组合信度
我们提高在公司已经具备了重要经验的产品开发流程上的技能	0.772 ***		
我们增强了提高既有创新活动效率项目上的知识与技能	0.753 ***		
财务绩效（FP）			
投资回报率	0.930 ***	83.195%	0.903
销售利润率	0.808 ***		
资产回报率	0.866 ***		
成长绩效（GP）			
利润增长水平	0.886 ***	84.142%	0.905
销售增长水平	0.894 ***		
市场占有率增长水平	0.836 ***		

注：表中报告的所有因子载荷均为标准化因子载荷；*** 表示在 0.001 水平上显著；$N=198$。

控制变量的测量，参考 Wu 等（2017）[8]的研究，企业年龄、规模、人数表征了资源存量的差异[10]；企业盈利表征了资源增量的多少；研发强度表征了创新能力的强弱[24]；发展阶段则表征了战略定位的不同[12]，上述因素均将会影响资源动员方式的选择及绩效目标的实现。为此，本文选择上述变量作为控制变量，以控制这些因素对成长绩效和财务绩效的影响。

（三）信度与效度分析

本研究分别采用两种方法来检验量表的信度和效度。首先，运用 SPSS 21.0 软件计算各变量的克朗巴哈系数（α）。其次，基于表2验证性因子分析中各变量题项的因子载荷来计算各变量的组合信度（CR）。检验结果表明，创业拼凑（$\alpha=0.886$，CR$=0.886$）、探索式学习（$\alpha=0.884$，CR$=0.885$）、利用式学习（$\alpha=0.810$，CR$=0.809$）、财务绩效（$\alpha=0.897$，CR$=0.903$）、成长绩效（$\alpha=0.906$，CR$=0.905$）均具有较好的信度。本研究还借助 MPLUS 7.0 软件进行结构和区分效度检验，并选取 χ^2/df、CFI、TLI、RMSEA、SRMR 为判别模型拟合度的指标。检验结果如表2所示，与四因子嵌套模型、三因子嵌套模型、二因子嵌套模型、一因子嵌套模型相比，五因子嵌套模型具有较好的模型拟合度。这表明，五因子模型中变量间能够被有效区分。此外，表4中各变量平均方差萃取值（AVE）的平方根均大于与其他变量之间的相关系数，进一步说明本文的变量之间具有较好的区分效度，可以开展各变量之间关系的分析。

表 4　各变量的均值、标准差、相关系数及统计

VR	YE	NE	RD	PR	SC	ST	BR	TL	LL	FP	GP
YE	1										
NE	0.332**	1									
RD	0.030	0.098	1								
PR	-0.184**	-0.198**	-0.105	1							
SC	-0.366**	-0.394**	-0.071	0.276**	1						
ST	0.497**	0.188**	-0.177**	-0.110	-0.220**	1					
BR	-0.041	0.002	0.003	-0.151**	-0.051	-0.114	0.704				
TL	-0.018	0.114	0.302**	-0.243**	-0.037	-0.048	0.403**	0.779			
LL	0.061	0.175**	0.340**	-0.224**	-0.059	0.012	0.297**	0.658**	0.683		
FP	-0.004	0.002	0.048	-0.524**	-0.053	-0.036	0.374**	0.373**	0.318**	0.869	
GP	-0.059	0.114	0.145**	-0.533**	-0.153**	-0.175**	0.296**	0.464**	0.447**	0.668**	0.872
ME	2.520	1.610	3.180	2.570	3.460	2.170	3.743	3.340	3.640	3.370	3.340
SD	1.036	0.985	1.527	1.029	0.500	0.774	0.596	0.827	0.630	0.815	0.838

注：** 表示在 0.01 水平上显著；下画线上的数据为相应变量的 AVE 平方根；VR = 变量；YE = 企业年龄；RD = 研发投入；PR = 企业盈利；
SC = 企业规模；ST = 发展阶段；ME = 均值；SD = 标准差；NE = 员工人数；GP = 企业盈利。

四、数据分析与结果

（一）描述性统计

表 4 呈现了本文中各变量的均值、标准差及变量之间的相关系数。探索式学习的均值为 3.640；利用式学习的均值为 3.370，两者均超过了 2.5 的中间值（里克特 5 分量表），说明企业既具有较高的探索式学习能力，又具有较高的利用式学习能力，因而所选样本的中小企业能够满足模型检验的要求。此外，表 4 中创业拼凑与探索式学习（$r = 0.403$；$P < 0.050$）显著相关、创业拼凑与利用式学习（$r = 0.297$；$P < 0.050$）显著相关、创业拼凑与财务绩效（$r = 0.374$；$P < 0.050$）显著相关、创业拼凑与成长绩效（$r = 0.296$；$P < 0.050$）显著相关。且表 4 中自变量间创业拼凑与探索式学习（$r = 0.403$；$P < 0.050$），创业拼凑与利用式学习（$r = 0.297$；$P < 0.050$）中等相关，再次说明了多重共线性会较弱的影响本文的研究模型，上述分析结果为随后的假设检验提供了有力支撑。

（二）模型验证分析

本文使用 STATA 14.0 软件采用逐层回归的方法检验假设模型，分别将控制变量、自变量放入回归模型，回归结果见表 5。逐层回归模型 2 显示，创业拼凑与中小企业财务绩效具有显著的正向关系（$\beta = 0.293$；$P < 0.001$），即创业拼凑对中小企业财务绩效有正向影响，因此，本文的假设 H1 得到支持。在模型 5，创业拼凑的二次项与中小企业成长绩效具有显著的正向关系（$\beta = 0.134$；$P < 0.1$），即创业拼凑与中小企业成长绩效呈 U 形关系，因此，假设 H2 得到了数据支持，详见图 1。模型 3 验证了探索式学习对创业拼凑与中小企业财务绩效关系的正向调节作用（$\beta = 0.345$；$P < 0.01$），以及利用式学习对创业拼凑与中小企业财务绩效关系的负向调节作用（$\beta = -0.426$；$P < 0.01$）。此外，根据图 2 显示，在高水平探索式学习的情境下，创业拼凑对中小企业财务绩效的促进作用会更强；而在低水平探索式学习的情境下，创业拼凑对中小企业财务绩效的促进作用会受到削弱，因此，假设 H3 得到了数据的支持。根据图 3，在高水平利用式学习的情境下，创业拼凑对中小企业财务绩效的促进作用会受到削弱；而在低水平利用式学习的情境下，创业拼凑对中小企业财务绩效的促进作用会增强，因此，假设 H4 也获得了数据的支持。

表 5　回归模型结果

	模型 1 财务绩效	模型 2 财务绩效	模型 3 财务绩效	模型 4 成长绩效	模型 5 成长绩效	模型 6 成长绩效
企业年龄	-0.080	-0.017	-0.029	-0.080	-0.052	-0.068
员工人数	-0.054	-0.072	-0.056	0.041	0.007	0.001
研发强度	-0.006	-0.039	-0.039	0.026	-0.046	-0.033
企业盈利	-0.448 ***	-0.382 ***	-0.380 ***	-0.441 ***	-0.358 ***	-0.363 ***
企业规模	0.081	0.076	0.066	-0.103	-0.129	-0.188 +
发展阶段	-0.061	-0.037	-0.034	-0.215 **	-0.222 **	-0.213 **
探索式学习		0.131 *	0.145 *		0.202 **	0.152 +
利用式学习		0.134	0.130		0.321 ***	0.336 **
主效应						
创业拼凑		0.293 ***	0.311 ***		0.106	-0.006
创业拼凑×创业拼凑					0.134 +	0.198 +
调节效应:						
创业拼凑×探索式学习			0.345 **			0.320 *
创业拼凑×利用式学习			-0.426 **			-0.543 **
创业拼凑×创业拼凑×探索式学习						0.155 *
创业拼凑×创业拼凑×利用式学习						-0.005
F value	13.360 ***	14.560 ***	13.500 ***	17.210 ***	18.590 ***	14.990 ***
R square	0.296	0.411	0.444	0.351	0.499	0.534
Adj. R square	0.273	0.383	0.411	0.330	0.472	0.498

注: *** 表示在 0.001 水平上显著, ** 表示在 0.01 水平上显著, * 表示在 0.05 水平上显著, + 表示在 0.1 水平上显著。

模型 6 证实了探索式学习对创业拼凑与中小企业成长绩效关系的调节作用 ($\beta = 0.155$; $P < 0.05$), 但没有证实利用式学习对创业拼凑与中小企业成长绩效关系的调节作用 ($\beta = -0.005$; $P > 0.1$)。可能的原因在于利用式学习中对已有市场信息的挖掘及对已有知识的提炼，难以帮助创业拼凑者把握时机，也不便于创业拼凑者构建新机会，还不能帮助创业拼凑者有效克服拼凑过程中"浪费努力""最低满意解""临时解决方案"等潜在的负面影响[12]。此外，根据图4显示，在高水平探索式学习的情境下，创业拼凑对中小企业成长绩效的促进作用会更强；而在低水平探索式学习的情境下，创业拼凑对中小企业成长绩效的促进作用会受到削弱。因此，假设H5得到了数据的支持，而假设H6没有得到数据的支持。

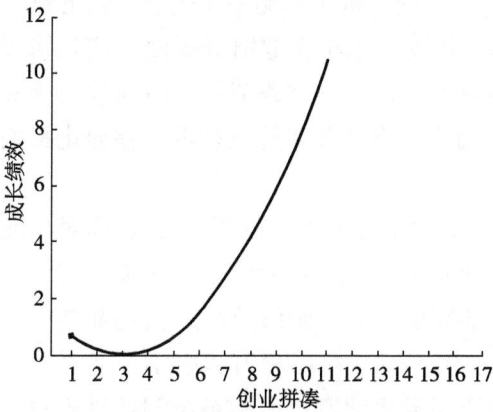

图1　创业拼凑与成长绩效之间的
曲线关系

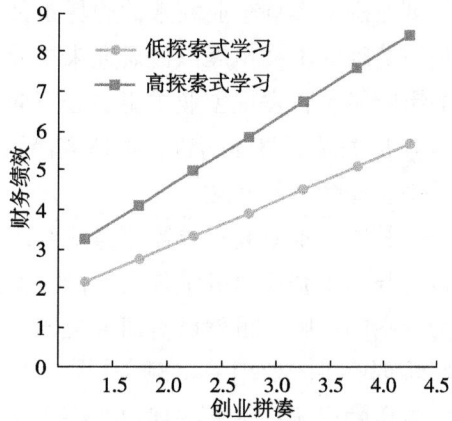

图2　探索式学习对创业拼凑与财务
绩效关系的调节作用

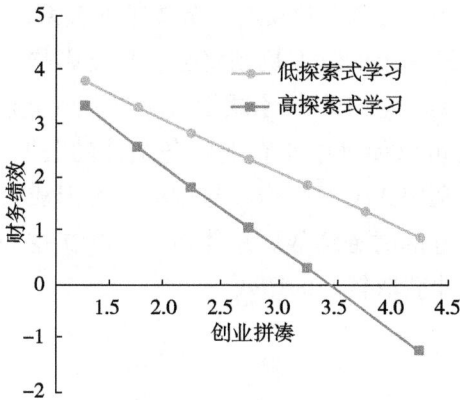

图3　利用式学习对创业拼凑与财务
绩效关系的调节作用

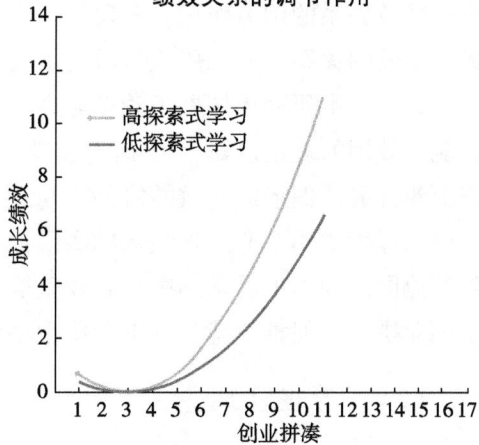

图4　探索式学习对创业拼凑与成长
绩效关系的调节作用

五、研究结论与启示

（一）理论与研究启示

本研究深化了创业拼凑对中小企业绩效的影响机制研究，揭示了动态能力理论在解释创业拼凑对中小企业绩效产生影响的重要作用[27]。尽管有学者挖掘了创业拼凑影响企业绩效的边界条件[16]，但创业拼凑影响中小企业绩效的机制仍不清晰。本文拓展以往研究来检验创业拼凑对中小企业财务绩效和成长绩效的影响机制，发现创业拼凑显著正向影响中小企业的财务绩效，而与成长绩效呈 U 形关系。整体而言，本研究澄清了创业拼凑将会如何及是否会差异化影响中小企业绩效等问题。

其次，本研究强调需要考虑组织学习对创业拼凑效用的影响，从而对创业拼凑与中小企业财务绩效之间的关系及创业拼凑与成长绩效之间的关系有了更为清晰的了解。虽然已有研究提出，外部环境、发展阶段及组织文化和结构会影响创业拼凑效用的实现[7-8,16]，但当前仍不清楚组织学习对中小企业创业拼凑效用的影响。本文拓展以上研究来检验探索式学习对中小企业创业拼凑与财务和成长绩效关系的影响；还检验了利用式学习对中小企业创业拼凑与财务和成长绩效关系的调节作用，发现探索式学习会增强中小企业创业拼凑与财务和成长绩效的关系，而利用式学习会削弱中小企业创业拼凑与财务绩效的关系。

最后，本研究还拓展了动态能力理论所提出的学习机制将会差异化影响动态能力效用的理论逻辑[18]。研究发现，组织学习中的探索式学习能与中小企业资源建构的惯例形成有效的协同，从而既可以促进中小企业财务绩效的获取，又可以保障中小企业成长绩效的实现；而利用式学习则难以与创业拼凑形成有效的协同，因而不易帮助中小企业获取较好的财务绩效。总体而言，本文挖掘了创业拼凑在何种情境条件下会使中小企业获取较好的绩效。

（二）管理实践意义

中小企业在应对机会和挑战时，要注重积累挖掘资源新用途的宝贵经验和知识，以便于突破已有资源的原始用途，识别出资源的新用途，从而帮助企业识别和创造新的资源。此外，中小企业应留意创业拼凑过程中潜在的负面影响，通过建立相应机制，克服负面影响，以提高企业进一步成长的可能性。另外，中小企业应重视探索式学习的开展，从而帮助创业拼凑者以更低的成本构建资源、提升组织敏捷性、创造新市场机会，以获取较好的财务和成长绩效。但中小企业要谨慎开展利用式学习，高水平利用式学习对已有网络的拓展、对已有市场信息的挖掘、注重差异性的降低，从而难以与中小企业的创业拼凑活动相协同，因而会削弱创业拼凑对中小企业财务绩效的正向影响。

（三）研究局限与未来展望

未来研究可对以下三方面加以完善。第一，本文仅在广东省进行问卷调查。未来研究可从我国的东部、中部及西部各省份中随机抽取样本，以进一步检验本文的研究模型及结论的普适性。第二，本研究基于动态能力理论分析了两种学习机制对创业拼凑与中小企业绩效关系的影响。未来研究可从其他理论出发来进一步探讨创业拼凑与中小企业绩效之间关系的边界条件。第三，横截面的数据不便于检验变量之间的因果关系，未来可采用纵向研究设计，以得到更完善的结论。

参考文献

［1］LÉVI-STRAUSS C. The savage mind ［M］. Chicago：University of Chicago Press，1966.

［2］BAKER T，NELSON R E. Creating something from nothing：resource construction through entrepreneurial bricolage ［J］. Administrative science quarterly，2005，50（3）：329 – 366.

［3］DUYMEDJIAN R，RÜLING C C. Towards a foundation of bricolage in organization and management theory ［J］. Organization studies，2010，31（2）：133 – 151.

［4］FERNELY E，BELL F. Using bricolage to integrate business and information technology innovation in SMEs ［J］. Technovation，2006，26（2）：232 – 241.

［5］GARUD R，KARNØE P. Bricolage versus breakthrough：distributed and embedded agency in technology entrepreneurship ［J］. Research policy，2003，32（2）：277 – 300.

［6］SALUNKE S，WEERAWARDENA J，MCCOLL-KENNEDY. Competing through service innovation：the role of bricolage and entrepreneurship in project-oriented firms ［J］. Journal of business research，2013，66（8）：1085 – 1097.

［7］SENYARD J M，BAKER T，DAVIDSSON P. Entrepreneurial bricolage：towards systematic empirical testing ［J］. Frontiers of entrepreneurship research，2009，29（5）：1 – 4.

［8］WU L，LIU H，ZHANG J. Bricolage effects on new-product development speed and creativity：the moderating role of technological turbulence ［J］. Journal of business research，2017，70（1）：127 – 135.

［9］何一清，崔连广，张敬伟. 互动导向对创新过程的影响：创新能力的中介作用与资源拼凑的调节作用 ［J］. 南开管理评论，2015（4）：96 – 105.

［10］ BANERJEE P M, CAMPBELL B A. Inventor bricolage and firm technology research and development ［J］. R & D management, 2009, 39 (5): 473 – 487.

［11］ DESA G. Mobilizing resources in constrained environments: a study of technology social ventures ［M］. Seattle: University of Washington, 2008.

［12］ SENYARD J M, BAKER T, STEFFENS P, et al. Bricolage as a path to innovativeness for resource-constrained new firms ［J］. Journal of product innovation management, 2014, 31 (2): 211 – 230.

［13］ 祝振铎, 李非. 创业拼凑对新企业绩效的动态影响——基于中国转型经济的证据 ［J］. 科学学与科学技术管理, 2014 (10): 124 – 132.

［14］ STINCHFIELD B T, NELSON R E, WOOD M S. Learning from Levi-Strauss' legacy: art, craft, engineering, bricolage, and brokerage in entrepreneurship ［J］. Entrepreneurship theory and practice, 2013, 37 (4): 889 – 921.

［15］ TURTUREA R, VERHEUL I. TMT improvisation, resource management and performance in SMEs: a mediated model ［J］. Academy of management proceedings, 2016 (1): 13714.

［16］ 赵兴庐, 张建琦. 资源拼凑与企业绩效——组织结构和文化的权变影响 ［J］. 经济管理, 2016 (5): 165 – 175.

［17］ ANDERSEN O J. A bottom-up perspective on innovations: mobilizing knowledge and social capital through innovative processes of bricolage ［J］. Administration & society, 2008, 40 (1): 54 – 78.

［18］ CHEN H, LI Y, LIU Y. Dual capabilities and organizational learning in new product market performance ［J］. Industrial marketing management, 2015, 46 (1): 204 – 213.

［19］ PETERAF M, DI STEFANO G, VERONA G. The elephant in the room of dynamic capabilities: bringing two diverging conversations together ［J］. Strategic management journal, 2013, 34 (12): 1389 – 1410.

［20］ LAVIE D, STETTNER U, TUSHMAN M L. Exploration and exploitation within and across organizations ［J］. Academy of management annals, 2010, 4 (1): 109 – 155.

［21］ DAVIDSSON P, BAKER T, SENYARD J M. A measure of entrepreneurial bricolage behavior ［J］. International journal of entrepreneurial behavior & research, 2017, 23 (1): 114 – 135.

［22］ 张建琦, 安雯雯, 尤成德, 等. 基于多案例研究的拼凑理念、模式双元与替代式创新 ［J］. 管理学报, 2015 (5): 647 – 656.

［23］ SONENSHEIN S. How organizations foster the creative use of resources ［J］. Academy of management journal, 2014, 57 (3): 814 – 848.

［24］ 吴亮, 赵兴庐, 张建琦, 等. 资源组拼视角下双元创新与企业绩效的中介机制研究 ［J］. 科学学与科学技术管理, 2016 (5): 75 – 84.

［25］ HENDRY C, HARBORNE P. Changing the view of wind power development: more than "bricolage" [J]. Research policy, 2011, 40 (5): 778 – 789.

[26] 张书军, 张芳. 社会创业导向与企业绩效 [J]. 珞珈管理评论, 2017 (2): 1 – 16.

[27] EISENHARDT K M, MARTIN J A. Dynamic capabilities: what are they? [J]. Strategic management journal, 2000, 21 (10 – 11): 1105 – 1121.

[28] ATUAHENE-GIMA K. Resolving the capability-rigidity paradox in new product innovation [J]. Journal of marketing, 2005, 69 (4): 61 – 83.

[29] EASTERBY-SMITH M, PRIETO I M. Dynamic capabilities and knowledge management: an integrative role for learning? [J]. British journal of management, 2008, 19 (3): 235 – 249.

[30] SMITH W K, TUSHMAN M L. Managing strategic contradictions: a top management model for managing innovation streams [J]. Organization science, 2005, 16 (5): 522 – 536.

[31] STETTNER U, LAVIE D. Ambidexterity under scrutiny: exploration and exploitation via internal organization, alliances, and acquisitions [J]. Strategic management journal, 2014, 35 (13): 1903 – 1929.

[32] BAKER T, POLLOCK T G, SAPIENZA H J. Winning an unfair game: how a resource-constrained player uses bricolage to maneuver for advantage in a highly institutionalized field [M] // JEROME A K, ANDREW C C. Advances in entrepreneurship, firm emergence and growth. Wagon Lane: Emerald Group Publishing Limited, 2013, 15: 1 – 41.

[33] CAO Q, GEDAJLOVIC E, ZHANG H. Unpacking organizational ambidexterity: dimensions, contingencies, and synergistic effects [J]. Organization science, 2009, 20 (4): 781 – 796.

[34] MARCH J G. Exploration and exploitation in organizational learning [J]. Organization science, 1991, 2 (1): 71 – 87.

[35] KIM N, ATUAHENE-GIMA K. Using exploratory and exploitative market learning for new product development [J]. Journal of product innovation management, 2010, 27 (4): 519 – 536.

[36] LAVIE D, ROSENKOPF L. Balancing exploration and exploitation in alliance formation [J]. Academy of management journal, 2006, 49 (4): 797 – 818.

第四章

基于多维贫困测度的贫困精准识别及
精准扶贫对策

——以粤北山区为例

陈　辉，张全红[*]

一、引言

2013 年 11 月，习近平总书记在湘西考察时首次提出了"精准扶贫"，指出"扶贫要实事求是，因地制宜"。2015 年 1 月，习总书记在云南考察时再一次强调要精准扶贫、精准脱贫，让贫困群众真正得到实惠。"精准扶贫"的内涵是指在有效识别贫困家庭和人口的基础上，通过有针对性的帮扶，让真正的贫困家庭实现脱贫，并实施科学的贫困家庭动态管理。贫困家庭的精准识别是实施精准扶贫的第一要务，只有做到了精准识别，才能确保精准扶贫。唐丽霞等（2015）[1]分析指出，当前精准扶贫机制面临的严峻挑战主要是指贫困农户识别的政策和技术困境。可见，贫困的精准识别是实施精准扶贫的基础。

目前，我国在贫困识别方面主要基于单一的收入维度（按照 2010 年价格计算为人均年收入 2300 元），通过调查摸底、群众评议、乡村公示等程序进行，对贫困家庭建档立卡，并录入贫困人口数据库，按周期进行动态调整。在扶贫实践中也存在很多问题和挑战。中国国际扶贫中心黄承伟和覃志敏（2015）[2]系统阐述了我国农村贫困治理体系演进和精准扶贫的重点问题，指出我国目前贫困人口的识别以 2013 年统计数据进行规模控制、逐级分解，并从在册贫困户中选出，容易因分解失当、人手不足等主观因素将真正的贫困人口排斥在识别范围之外。吴雄周和丁建军（2015）[3]认为单维瞄准过分强调瞄准贫困对象，而忽视对主体、原因、产业、时序等维度的瞄准，精准扶贫需要向多维瞄准嬗变。左停等（2015）[4]发现，精准扶贫还面临着规模控制、乡村内

＊　陈辉，五邑大学经济管理学院讲师；张全红，湖北经济学院经济学系教授，博士。

平均主义思想、村庄间贫困户实际识别标准差异等挑战。目前，在贫困户识别过程中，村级民主评议主要还是以收入为衡量标准，没有考虑健康、住房等生活条件，那些因疾病返贫的农村家庭可能会被排斥在识别范围之外。由此可见，以单一收入标准对贫困加以识别并不准确，忽视了贫困的多维福利特征，与当前学术界对于贫困的多维分析 理论也有较大出入。

1973 年，阿玛蒂亚·森在其代表作《贫困与饥荒———论权利与剥夺》一书中提出了"能力贫困"的概念，阐述了贫困的本质。他认为，不能单纯以经济资源的多寡来判断贫困，而应以取得收入、社会地位和其他生活条件的能力来衡量；在此基础上首次提出"多维贫困"概念，认为贫困不单指收入满足不了最低生活消费需求，还应包括如健康、教育、居住等能力上的缺失，贫困是对人的基本可行能力的剥夺[5]。Townsend（1993）[6] 指出，在现代社会除了考虑个人的基本营养需求，还要考虑个人对教育、住房和安全的需要。1999年，亚洲开发银行把贫困划分为 3 个需求层次，即生存层次：营养、健康、饮用水/卫生设施；安全层次：工作/收入、住所、和平；能力层次：教育、参与权、社会心理[7]。可见，从收入、健康、生活条件乃至体面生活的能力等多维视角考察贫困更具合理性。在阿玛蒂亚·森提出多维贫困理论之后，多维贫困的测量就成为贫困研究的另一个焦点问题。从 20 世纪 80 年代末开始，一些学者、机构和政府部门提出了一系列多维贫困指数及其计算方法，如 Hagenaars（1987）[8] 从收入和闲暇两个维度首次构建多维贫困指数；联合国开发计划署（UNDP）分别于 1996 年和 1997 年构造了能力贫困指标（Capability Poverty Measure）和人类贫困指数（Human Poverty Index）等。2007 年，牛津大学贫困与人类发展中心（OPHI）的研究人员 Alkire 和 Foster 从多维视角对贫困进行识别、加总，给出了多维贫困测度的一般模型（之后被简称为 A - F 模型），该模型不但可以测算多维贫困指数（Multidimen-sional Poverty Index，MPI），还可按照地区、维度等进行分解[9]。这是第一个从多维视角对地区或家庭贫困进行定量测度的模型，并且被广泛引用和应用。此后，国内外专家学者就多维贫困测度中维度指标的选择、贫困主体的确定、多维贫困指数的测算及单一贫困与多维贫困的比较等问题进行了广泛的研究。如我国学者王小林、邹薇、高艳云等采用 A - F 模型，利用中国健康和营养调查（CHNS）数据对我国城市和农村多维贫困状况进行测度分析，找出主要贫困维度并考察了多维贫困的动态变化[10 - 12]。

综上所述，精准扶贫的关键在于贫困的精准识别。传统的基于收入的贫困识别和监测忽略了贫困的本质，没有兼顾贫困户其他方面能力的缺失，而从多维视角对贫困进行精准识别更具科学性、合理性。本文将利用 Alkire – Foster 多维贫困测度模型，并适度调整了研究维度，增加了收入指标，从多维视角定量地对贫困地区、贫困维度和贫困家庭进行精准识别，并基于粤北山区农村家庭的调查数据进行实证分析，提出了具体的精准扶贫对策。

二、贫困精准识别的模型设定与指标选取

Alkire – Foster 多维贫困测度模型使用"双界线"方法，首先选择每个维度的贫困线以确定个体在各个维度下的贫困状况；然后选择维度贫困的临界值，当个体贫困维度数大于等于该临界值时确定该个体为贫困者。本文采用的多维贫困指数 M 借鉴了 MPI 指数，MPI 指数是经济学家 Alkire 和 Foster 于 2010 年合作开发推出的。与人类发展指数相比，MPI 虽然仍从教育、健康和生活水平 3 个维度来反映多维贫困，但用于测量各个维度的指标数从 3 个增加到 10 个（教育和健康维度各有 2 个指标，生活水平维度有 6 个指标）。这个指数与"不平等调整后的人类发展指数""性别不平等指数"作为 3 个创新性的度量指标首次被运用于 UNDP 的《2010 年人类发展报告》中。MPI 的计算分为五步：第一步，确定贫困的维度和指标；第二步，确定各指标的剥夺临界值；第三步，确定各维度和指标的权重；第四步，计算每个家庭的多维贫困剥夺数，从而识别家庭是否处于多维贫困，例如，可以假设当一个家庭的多维贫困剥夺数大于等于 3 时，即确定其为多维贫困家庭；第五步，计算多维贫困指数。模型构建具体过程如下。

1. 确定贫困维度、指标和剥夺临界值

贫困维度考量的是贫困的宽度，反映了对贫困更深层次的理解和认识。维度指标的选取既要能反映当地的客观情况，又要便于相互间的比较。本文在选取维度时首先借鉴了 MPI 指数的维度构成，该指标中的教育和健康维度更能反映个体的人力资本水平和基本生存能力。同时参照了联合国千年发展目标（MDG$_S$），例如，2015 年拥有安全饮用水的人口将达到全球人口的 92%，拥有良好卫生设施的人口达到 75%，基本普及初等教育，等等。鉴于 MPI 指数中缺少货币性指标，考虑到货币性指标对个体福利中的重要性，本文在 MPI 指数已有的健康、教育和生活水平 3 个维度的基础上，增加了收入指标，并单独作为一个维度。将健康状况中的营养和儿童死亡率 2 项指标调整为疾病状况和医疗保险，这主要是由于：一是因病致贫和因病返贫在农村普遍存在，二是中国近年来在推广医疗保险方面做出较大努力，选用是否拥有医疗保险能够反映出政府扶贫的效果。剥夺临界值的设定主要参考联合国千年发展目标及王小林和

Sabina Alkire（2009）[10]对我国的多维贫困测度实践，其中教育维度临界值的设定考虑到我国义务教育实际调整为 9 年。本文最终选取收入、教育、健康和生活水平 4 个维度共 9 项指标，调整后的维度、指标变量及其剥夺临界值归纳为表 1。考虑到每个指标在衡量农村家庭生存状况的重要程度差异不大，所以本论文采用各指标等权重测算。

表 1　多维贫困维度、指标和剥夺临界值

维度	指标	剥夺临界值
收入	人均收入	人均收入由家庭总收入除以家户人口数，分别以当地 CPI 指数调整到 2010 年，采用官方确立的最新贫困线 2300 元（2010 年不变价）的标准；若低于此标准，则被视为收入贫困，赋值为 1
教育	受教育年限	家庭成员年满 18 周岁完成 9 年义务教育；有一人未完成则赋值为 1
健康	疾病	没有疾病或疾病支出占收入比例很小；有重大疾病则赋值为 1
	医疗保险	参加医疗保险；没有任何医疗保险则赋值为 1
生活水平	清洁饮用水	有自来水或 5 米深井水；无则赋值为 1
	卫生设施	厕所类型，若不能使用室内冲水、室内马桶（包括无冲水），则赋值为 1
	厨房燃料	使用电、液化气或天然气；薪柴为厨房燃料则赋值为 1
	电器资产	至少有两种以上电器（冰箱除外）；两种或以下电器则赋值为 1
	居住条件	自建房或商品房（20 平方米）；无房、土坯房或人均不足 15 平方米则赋值为 1

按照以上思路，设观测样本家庭数为 n，则样本观测矩阵为：

$$X = \begin{bmatrix} x_{11} & x_{12} & \cdots & x_{1d} \\ x_{21} & x_{22} & \cdots & x_{2d} \\ \vdots & \vdots & \ddots & \vdots \\ x_{n1} & x_{n2} & \cdots & x_{nd} \end{bmatrix}$$

其中，x_{ij} 表示家庭 i 在维度 j 上的取值，$i = 1, 2, \cdots, n$；$j = 1, 2, \cdots, 9$。

贫困线或剥夺临界值 Z_d 是各指标的贫困标准，其高低决定样本家庭在该维度的贫困判定及贫困的深度。依据表 1 中的赋值标准对样本观测矩阵进行赋值，可获得贫困剥夺矩阵 G。

$$G = \begin{bmatrix} g_{11} & g_{12} & \cdots & g_{1d} \\ g_{21} & g_{22} & \cdots & g_{2d} \\ \vdots & \vdots & \ddots & \vdots \\ g_{n1} & g_{n2} & \cdots & g_{nd} \end{bmatrix}$$

2. 贫困地区的识别

依据式（1）测算出样本家庭在至少 k 个维度处于贫困时贫困维度的总和 $c_{ij}(k)$，式中：$k = 1, 2, \cdots, 9$。

$$c_{ij}(k) = \begin{cases} \sum\limits_{j=1}^{d} g_{ij}, \sum\limits_{j=1}^{d} g_{ij} \geq k \\ 0, 其他 \end{cases} \qquad (1)$$

再根据 $q_{ij} = \begin{cases} 1, & c_{ij}(k) > 0 \\ 0, & 其他 \end{cases}$，得到多维贫困剥夺个体数矩阵 Q：

$$Q = \begin{bmatrix} q_{11}(1) & q_{12}(2) & \cdots & q_{1d}(d) \\ q_{12}(1) & q_{22}(2) & \cdots & q_{2d}(d) \\ \vdots & \vdots & \ddots & \vdots \\ q_{n1}(1) & q_{n2}(2) & \cdots & q_{nd}(d) \end{bmatrix}$$

最后利用式（2）~式（4）计算贫困发生率 H、平均剥夺份额 A 和多维贫困指数 M。通过对各地区样本家庭多维贫困发生率和多维贫困指数的比较，可以找出最为贫困的地区。

$$H(k) = \sum_{i=1}^{n} q_{ij}(k)/n \qquad (2)$$

$$A(k) = \sum_{i-1}^{n} c_{ij}(k) / \sum_{i=1}^{n} q_{ij}(k) \cdot d \qquad (3)$$

$$M(k) = H(k) \cdot A(k) \qquad (4)$$

3. 贫困维度的识别

根据式（5）可测算出各个维度对多维贫困的贡献率，对贫困维度进行精准识别，从而为政府部门选择重点扶贫维度提供科学的依据。

$$I_j = (w_j/d) \cdot (H_j/M) \qquad (5)$$

4. 贫困家庭的识别

对贫困家庭的精准识别，既要考虑贫困的宽度，也要考虑贫困的深度。设当 $k = 1$ 时，在贫困剥夺矩阵 G 的基础上，对于赋值为 1 的维度依据该家庭在此维度远离贫困线的情况设定系数 w（$0 < w < 1$），越远离贫困，系数越接近 1。再利用式（6）汇总每个样本家庭在所有维度的贫困得分 D_i，并按从高到低的顺序进行排序，即可得出精准扶贫的瞄准对象排序。

$$D_i = \sum_{j=1}^{d} (w + g_{ij}) \qquad (6)$$

三、实证分析——以粤北山区为例

广东省是全国 GDP 规模最高的省份，但区域发展不平衡，粤东西北地区与珠三角地区经济发展水平差距大，贫富差距也较为悬殊。其中，粤北山区是广东省最为贫困的地区，广东省 21 个重点扶贫开发县（市）中有 16 个在该地区。本文基于粤北山区农村家庭多维贫困调查数据进行贫困精准识别。首先按照多维贫困测度的 9 个指标设计调查问卷。2013 年 7 月，由作者负责的粤北山区多维贫困测度与反贫困对策研究项目组派出 4 个调查小组，每组 4 人，分赴粤北山区韶关、清远、河源、梅州 4 市，按普遍性和代表性原则选择分布在 15 个自然村的样本家庭进行问卷调查。其中，韶关市在翁源县和乐昌县选择 3 个村 80 户家庭；清远市在佛冈和英德选择 4 个村 80 户家庭；河源市在东源县、和平县和紫金县选择 4 个村 67 户家庭；梅州市在兴宁县五华县选择 4 个村 80 户家庭。共发放问卷 307 份，回收有效问卷 300 份。利用获得的第一手调查数据，基于 Alkire – Foster 模型对该地区的贫困状况进行测度，对主要贫困县（市）、贫困村、贫困家庭和贫困维度进行精准识别。

1. 粤北山区贫困地区的精准识别

通过测算各地区的多维贫困发生率和多维贫困指数，可以确定主要的贫困地区。从表 2 可以看出，粤北山区韶关地区多维贫困发生率和多维贫困指数最高，相比其他 3 个地区更为贫困，属重点扶贫地区。

其中，韶关的 80 个样本家庭分布在翁源和乐昌两个县的 3 个村子，利用 A – F 模型进行测算的结果如表 3 所示。可以看出，基于贫困发生率和多维贫困指数比较，贫困程度由高到低的顺序依次是龙集村、新东村和坑源村。

2. 粤北山区贫困维度的精准识别

从贫困地区的精准识别结果可以看出，龙集村的多维贫困发生率最高，相对其他地区更为贫困。为进一步挖掘贫困的原因，了解贫困的维度，本文以龙集村 30 户农村家庭为例，测算该村样本家庭在各维度的贫困发生率和维度贡献率，从而对贫困维度进行精准识别，具体数据见表 4。

表2　粤北山区农村家庭多维贫困发生率和多维贫困指数　（设 $k=3$）

地区	韶关	清远	河源	梅州
样本家庭数 n	80	80	60	80
多维贫困发生率 H	52.71%	38.85%	50.43%	26.79%

续表

地区	韶关	清远	河源	梅州
多维贫困指数 M	0.217	0.172	0.204	0.138

表3　韶关市部分农村家庭多维贫困发生率和多维贫困指数　（设 $k=3$）

地区	龙集村	新东村	坑源村
样本家庭数 n	30	25	25
多维贫困发生率 H	57.71%	50.25%	47.24%
多维贫困指数 M	0.233	0.198	0.156

表4　龙集村样本家庭各维度贫困发生率和维度贡献率　（设 $k=3$）

维度指标	收入	教育	疾病	医疗保险	饮用水	卫生设施	厨房燃料	电器资产	住房条件
贫困发生率 H	16.8%	50.0%	10.0%	3.3%	0.0%	10.0%	13.3%	6.7%	30.0%
维度贡献率 I	7.4%	20.9%	4.7%	1.3%	0.0%	4.7%	5.4%	2.0%	13.2%

从表4可以看出，龙集村样本家庭主要贫困维度是教育、收入和住房条件3个维度。教育维度表现在家庭中存在未完成9年义务教育的劳动力较多。在广东省特别是广东农村地区，重男轻女的思想比较严重，超生是比较普遍的现象，多数家庭有3个孩子，家庭经济负担较重；另外，贫困家庭对教育重视不够，加之广东经济发展较快，用工企业多，贫困家庭的孩子辍学后比较容易找到工作。这些都是导致该地区教育维度贫困的原因。住房条件差主要是因为收入低，没有经济能力对危房进行改造或建新房，另一个原因就是孩子多导致人均居住面积小。收入维度贫困主要是该村缺乏特色产业项目，贫困家庭有劳动能力的人员少且缺乏就业渠道。

3. 粤北山区贫困家庭的精准识别

由上，可以进一步地将多维贫困识别从贫困村和贫困维度细化到贫困家庭。设 $k=1$，按公式（6）计算各个家庭的贫困得分 D_i。按贫困得分从大到小的顺序对贫困家庭进行排序。对于贫困维度数相同的家庭，由村委会针对每个家庭在贫困维度相对于贫困标准的偏离程度进行打分，维度值越偏离贫困线则得分越高，总分高的确定为更为贫困的家庭，排名越靠前，从而完成对贫困家庭的精准识别。最后，得出按贫困程度的贫困户排序结果，如表5所示。

表 5　样本家庭贫困得分及排序

家庭编号	收入	教育	疾病	医疗保险	饮用水	卫生设施	厨房燃料	电器类别	居住条件	贫困得分 D_i
006	1.6	1.3	1.1	0	1	0	1	1	1.3	8.3
014	1.2	1.2	0.0	0	1	1	1	0	1.2	6.6
...	...	...	...	...	...	...	...	...	...	...
002	0.0	1.3	0.0	0	0	0	0	0	1.0	2.3
018	1.0	0.0	0.0	0	0	0	0	0	0.0	1.0
...	...	...	...	...	...	...	...	...	...	...

　　实证分析表明，Alkire–Foster 多维贫困测度模型可以从多维视角对贫困地区、贫困村和贫困户进行精准识别，并找出主要贫困维度。在粤北山区中，韶关市相对于其他地区更为贫困，主要贫困维度是教育、居住条件和收入。总体来说，本文测算出来的粤北山区多维贫困发生率较高，可能的原因，一是有些家庭虽然从收入角度脱贫了，但在其他维度还处于贫困状态；二是多维贫困发生率的大小与被剥夺的维度数有关，被剥夺的维度数越小，多维贫困发生率越高。政府部门可以通过精准识别结果瞄准贫困地区、贫困村和贫困户，从主要贫困维度出发制定有针对性的扶贫方案，从而达到精准扶贫的目标。

四、基于多维贫困测度的精准扶贫对策

1. 瞄准特困，按贫困维度有针对性的施策

　　政府部门可根据多维贫困精准识别结果将扶贫重点瞄准特困地区、特困村和特困家庭，这样不但可以避免单从收入一维视角识别贫困造成的其他维度贫困主体漏出现象，还能找准贫困维度，分析致贫原因，进而做到"因地制宜、因户施政、因维度施策"。粤北山区的主要贫困维度是教育、住房条件和收入。针对教育维度贫困，可通过国家助学金或企业助学帮助学生完成学业并顺利就业。特别是粤北山区应全面提高各类学校的教学水平，改变市县镇乡的教育资源分配过度不公平的局面。大中小学教育要着眼于产业升级和社会进步，要越来越重视素质教育和专业教育，降低对应试教育的依赖性。对于高等教育要完善助学金制度，让更多贫困家庭的子女在接受 9 年义务教育之后，还能继续读高中和大学。针对居住条件贫困，政府部门可通过补贴农户自建、施工队统建、联村单位帮建等方式，也可通过新型城镇化建设，采取就近搬迁、插花安置、整体搬迁等不同

方式，引导贫困群众解决住房问题。针对收入贫困的家庭，不能只依靠政府部门提供的最低生活保障，而是要给他们提供就业机会和就业培训，加强对贫困人口自我发展能力的培养。

2. 按地区贫困、家庭贫困和维度贫困的程度决定扶贫资金的使用，提升扶贫资金使用效率

在我国的扶贫实践中，扶贫资金的使用存在扶贫对象不精准、项目缺乏统筹导致扶贫资金使用分散、地方配套不到位等问题，大大降低了扶贫资金的使用效率。多维贫困测量结果给出了地区和农户贫困状况的排序，政府部门可以根据地区贫困、家庭贫困和维度贫困的程度决定扶贫资金的使用；对扶贫项目统筹安排，重点用于贫困主体脱贫能力的提升，提高扶贫资金的使用效率。针对粤北山区的贫困精准识别结果，从扶贫地区看，扶贫资金应该更多地投入到韶关和河源的贫困县、村；从贫困维度角度，扶贫资金及政府配套资金应更多地用于促进地方教育发展和贫困户的住房改造。对于地方配套确实有困难的地区，可以政策性地减少甚至取消地方配套和贫困户自筹，用扶贫资金切实改善贫困户的生活条件。

3. 建立以能力扶贫为导向的扶贫机制

阿玛蒂亚·森认为，多维贫困表现为收入、健康、教育、生活等多种可行能力的缺失，而且这些能力指标之间是相互影响的[5]。收入水平高可以促进疾病的治疗、保障教育经费、提高生活条件；健康的身体、良好的教育又是提高收入的保证。而在我国当前的扶贫实践中，扶贫资金到贫困户一级主要是通过给予贫困户低保补贴，没有专注于脱贫能力的提升，所以有"年年扶贫年年贫"的说法。俗话说"授人以鱼不如授人以渔"，政府部门应该建立以能力扶贫为导向的扶贫机制，将扶贫资金用于贫困主体能力的提升。对于贫困户可以仿效美国的做法，建立家庭资产作为扶贫的高级手段。从本质上来说，建立家庭资产是一种旨在帮助中、低收入的家庭通过财务储蓄、投资长期性资产（如购置房屋、接受教育和培训、创办企业等）来远离贫困状况并最终实现自给自足的扶贫策略。从发展的角度来看，资产可以帮助一个人提高各方面的能力，使其在经济上、社会上、政治上及心理上得到发展。粤北山区地方政府应着力进行能力扶贫，可继续开展"双到"扶贫模式，根据贫困地区资源状况进行产业引导和开发，在扶贫资金有效利用的同时，也可引入小微银行开发一些小额贷款项目，或者成立互助协会筹措资金给有需要的农户，开展整村授信等创新金融扶持模式，帮助贫困村或贫困户发展特色产业，带动贫困村经济发展，增

加地方财政收入的同时也利于其他维度贫困状况的改善。还可开展多种形式的职业技能培训，促进贫困人口的就业和创业，进而提高贫困家庭的收入水平。教育是粤北山区的主要贫困维度之一，且教育具有公共品的性质，单靠家庭自身很难改变，因此政府要加大教育投入，着力落实9年义务教育，提升贫困人口人力资本。

4. 加强扶贫干部队伍建设，提高扶贫管理能力

扶贫开发工作是一项长期、复杂、艰巨的系统工程，贫困地区干部队伍建设是扶贫攻坚的一项基础性工作。一要加强对基层干部精准扶贫责任意识的培训。当前的扶贫实践中很多基层干部在贫困识别和资金分配方面存在卖人情、走关系甚至挪用扶贫资金等现象，通过培训不但要向其贯彻国家的精准扶贫政策，还要强化其责任意识，公开、公平、公正地做好贫困识别和扶贫工作。二是要加强基层干部精准识别技能和信息管理的培训。包括如何进行多维度贫困精准识别的问卷设计、入户调查、定量测算，贫困家庭动态信息管理系统的建设和维护等。办事公允、认真细致、有想法有魄力的扶贫干部队伍，是精准扶贫工作顺利开展、提高精准扶贫绩效的重要保证。

五、结论

本文基于 Alkire - Foster 多维贫困测度模型，以粤北山区为样本，计算了多维贫困程度和致贫因素，结果表明：第一，若从收入一维角度进行贫困的识别，由于存在主观因素、平均主义思想，在村级贫困户识别中有可能产生规模排斥和瞄准偏离问题。而基于收入、教育、健康、生活条件4个维度测算的多维贫困发生率要明显高于收入贫困发生率，这也表明，以收入标准衡量的贫困状况低估了实际贫困程度。第二，利用 Alkire - Foster 多维贫困测度模型，能够对贫困户进行识别、加总和分解，基于该模型定量测算出各地区的多维贫困指数、各维度的贫困发生率及各家庭的贫困维度数，能够对贫困地区、贫困维度和贫困家庭进行精准识别。这既满足了贫困多维度特征，又体现了定量测度的科学性。第三，从多维贫困测度结果来看，在粤北山区农村家庭中，韶关市多维贫困指数最高，为主要贫困地区；翁源县龙集村的贫困发生率和多维贫困指数相对较高，其中，教育、住房条件和收入为主要贫困维度。

在贫困的精准识别与精准扶贫实践中，采用多维福利指标比单一的收入指标更能反映一个地区或家庭的真实福利状况，因此，在精准识别环节，要充分重视从多维角度来关注贫困问题，结合货币性指标和其他福利指标中的综合信

息来识别和瞄定贫困，这样才能制定出更加科学合理、更具针对性的扶贫政策。一般可采用抽样方法进行多维贫困测度，但对于村级贫困户的精准识别有必要按本文所提出的方法对整村所有家庭进行调查问卷，定量测度，录入村级多维贫困家庭数据库，并做好动态信息管理，从而能针对性地实施精准扶贫措施，达到"扶真贫，真扶贫"的目的。

参考文献

［1］唐丽霞，罗江月，李小云. 精准扶贫机制实施的政策和实践困境［J］. 贵州社会科学，2015（5）：151－156.

［2］黄承伟，覃志敏. 我国农村贫困治理体系演进与精准扶贫［J］. 开发研究，2015（2）：56－59.

［3］吴雄周，丁建军. 精准扶贫：单维瞄准向多维瞄准的嬗变［J］. 湖南社会科学，2015（6）：162－166.

［4］左停，杨雨鑫，钟玲. 精准扶贫：技术靶向、理论解析和现实挑战［J］. 贵州社会科学，2015（8）：156－162.

［5］阿玛蒂亚·森. 贫困与饥荒——论权利与剥夺［M］. 北京：商务印书馆，2001.

［6］TOWNSEND P. The international analysis of poverty［M］. New York：Harvester，1993.

［7］ASIAN DEVELOPMENT BANK. Reducing poverty：major findings and implications Asian development bank［R］. Asian Development Bank Report，1999.

［8］HAGENAARS A. A class of poverty indices［J］. International economic review，1987，28（1）：583－607.

［9］ALKIRE S. Choosing dimensions：the capability approach and multidimensional poverty［R］. Chronic Poverty Research Centre，2007：88.

［10］王小林，SABINA ALKIRE. 中国多维贫困测量：估计和政策含义［J］. 中国农村经济，2009（12）：4－10.

［11］邹薇，方迎风. 关于中国贫困的动态多维度研究［J］. 中国人口科学，2011（6）：50－59.

［12］高艳云. 中国城乡多维贫困的测度及比较［J］. 统计研究，2012（11）：61－66.

社会资本、风险容忍与农民创业组织形式选择：基于广东省的数据

罗明忠，张雪丽[*]

一、引言

创业的过程即是从新的、独立的、有价值的资源中提取利润的过程。获取资源的难易程度是影响农民创业的直接因素，而组织形式的选择则体现了创业者有效整合与配置资源的方式。新生企业所面临的挑战及潜在成功都具有本质上的不可预测性，使得风险成为影响创业决策的关键因素[1]，对风险的有效容忍和反应能力是创业者走向成功的重要素质能力，是创业者在进行投资决策时能够容忍与投资预期回报收益率相匹配的特定水平风险的一种能力。

在"互联网+"时代，信息技术的快速发展使创业的实物门槛有所降低，但信息传播速度和广度的增加，使得创业者甄别和处理信息的难度增加，继而导致不确定性持续增加，创业的风险特性日益凸显，对创业者个体的风险容忍度提出了新的要求。在不确定性条件下，基于信任基础之上的社会性关系网络，通过作用于农民创业者的创业资源获取来发挥示范导向作用，从而降低农民创业者的风险，激发农民的创业动机，实施创业行为。

当前有关社会资本与农民创业之间关系的研究成果斐然，涉及创业的各个环节，如社会资本与农民创业的机会识别[2-3]、创业意向[4]、创业动机[5]、创业行为能力与资源获取[6-7]、创业绩效[8]等，但鲜有研究探讨农民创业者的社会资本与其创业组织形式选择之间的关系，少量相关文献也仅限于描述性统计或证实两者之间存在浅表的相关关系[9]。相关研究表明，社会网络能够增强创业者抗击创业风险的信心与能力[10]，对风险容忍效能感有显著的正向影响，且风险容忍效能感在社会网络规模和异质性对创业意向的关系中起到部分中介作

---

* 罗明忠，华南农业大学经济管理学院教授，江西现代农业发展协同创新中心研究员，博士生导师；张雪丽，华南农业大学经济管理学院研究生。

用[11]。创业作为创业者与环境的动态交互过程，若只关注客观环境或资源禀赋难免有失偏颇，增加对个体心理素质能力的关注，从环境–认知–行为的三元交互理论视角[12]出发，则会使研究显得丰盈而深入。基于此，本文将引入风险容忍作为中介变量，以期能够挖掘社会资本作用于农民创业组织形式选择的深层次内在影响机制。

二、理论分析与研究假说

企业的组织形式是创业者资源整合与配置方式的体现，它表明了一个企业的财产构成、内部分工协作及与外部社会经济联系的方式。不同组织形式在资源构成、决策方式、利益分配等方面都存有差异，创业主体需要匹配与其最适当的组织形式才能使资源配置方式最为有效。当前农民的创业资本不断丰富，但是如何将其合理开发从而带来创业成功呢？创业者在选择企业组织形式时，其创业情结、目标和格局非常重要。理性的农民创业者不仅需要评估自己的能力，还需要判断与他人联合的可能性，并基于此选择适合的创业组织形式。丁高洁和郭红东（2013）[8]指出，选择个体户作为其创业组织形式的农民创业者占比约为65.62%，选择独资企业的约为10.56%，另外约22.47%的创业者选择与他人合伙、股份制企业等组织形式，而个人独资企业又是个体工商户的高级形态。鉴于当前个体户依旧在农民创业组织形式选择中占据主导地位的现实，本文将农民创业组织形式划分为独立创业（个体户）与联合创业（股份制、与他人合伙创业）两种。

（一）社会资本与农民创业组织形式选择

创业、创新等经济行为无一不是嵌入在诸如社会、经济、制度、科技的发展与变化之中，创业者作为特定社会镶嵌和关系能力的网络成员[13]，通过其成员身份在社会网络中获取稀缺资源，这种嵌入社会网络中的资源在目的性行动中被获取或被调用[14]，但必须通过关系网络发展、积累和运用这种资源，而不能单方面拥有[15]。对于创业者而言，社会资本在创业过程中发挥着关键性的作用，是资源与信息交换、交互的通道和载体，不仅可以使创业者低成本获取异质性的稀缺资源[16]，而且网络内传递的知识与信息也可为创业者提供决策支撑。此外，社会资本作为一种情感纽带，为创业者提供了强大的持续性的精神支持。

虽然当前农民创业者仍较多利用其高度信赖的亲戚、朋友之间形成的强关系网络，但伴随着农村土地流转制度的出现、户籍制度的变革及移动互联网技术的发展，农民与生俱来的传统社会资本正发生着某种嬗变。共享经济的发展形成了越来越多的商业圈，学缘、商缘等给农民创业者带来了拓展性的多元化社会关系网络。随着网络触角的延伸，由此构建的创业支持网络规模不断扩大，创业者在网络中撬动的创业信息和相关资源也随之增加，创业能力和企业竞争力因之水涨船高，能独立完成创业任务的可能性较大。同时，个体户创业形式在资产所有权、控制权、经营权和收益权等方面高度统一，内部结构较为简单，在经营上具有较高的效率和灵活性，对拥有丰厚社会资本的农民创业者而言，独立创业是一个较佳的选择。据此，可提出以下假设。

H1：农民创业者的社会资本正向影响其选择独立创业。

（二）风险容忍与农民创业组织形式选择

风险容忍，也被称为风险容忍性或风险承担能力，是在风险偏好的基础上设定的对组织目标实现过程中出现差异的容限。具体对个人而言，风险容忍是指在一定的风险感知、风险价值观（风险知识）和心理特征的共同作用下形成的对风险的有效容忍和反应能力[17]。较高风险容忍度会增加个体创业的概率[18-20]，但风险厌恶情绪会导致人们对个人融资资源的依赖[21]，较低的自有资金（资本）供给会降低个人风险容忍度[22]。作为一个理性的创业者在自身经济实力不足的情况下，主动考虑与他人联合创业、共担风险是一个不错的选择。但联合创业真的能降低创业者个人所承担的风险吗？

一方面，若与他人合伙创业，每个合伙人对企业债务须承担无限连带责任，如果一个合伙人没有能力偿还其应分担的债务，其他合伙人则需承担连带责任。如果合伙人要转让其所有权，还需征得其他合伙人同意，甚至还需修改合伙协议，形成转让障碍。另一方面，合伙企业的决策通常是由集体做出，若彼此间在价值观、风险态度、管理理念及利益诉求等方面存在意见分歧，就容易起内讧，从而有可能增加企业的经营管理风险，降低企业的稳定性。当合作伙伴推卸责任时，合伙人之间就不再是共担风险了。事实上，合伙人因目标、性格等原因分崩离析，导致创业失败的案例不胜枚举。另外，在转型经济条件下，制度不尽完善、知识产权保护不够健全及信任水平较低等，均容易引发机会主义行为，联合创业者所需承担的潜在道德风险较高。对于股份制创业形式而言，复杂的股权关系、所有权与管理权之间的权衡与制约，对农民创业者的风险容忍水平提出较高的要求。已有研究指出，风险偏好者在做决策时往往缺乏思想和计划，即"有勇少谋"[23]。可见，风险容忍度较高的创业者更偏向于与他人联合创业，这样既可以拓展社会关系网络及网络内部资源，也可以在决策中实现取长补短、优势互补。基于此，提出以下假设。

H2：农民创业者的风险容忍度正向影响其选择联合创业。

（三）社会资本、风险容忍与农民创业组织形式选择

在不确定性条件下，农民往往将自身所处的关系网络成员作为比较参照物，并据此做出决策参考和风险评估，关系网络通过提供个体的外在比较（榜样示范效应）作用于农民创业的自我效能感，降低风险评估[24]。而且，人们对于创业和创业者的态度和评价，会影响潜在的农民创业者对于创业风险的感知。若农民身处支持和包容创业的文化氛围，周围又有创业成功的榜样，农民创业者能感知自己与他人的相似性，同时通过对创业榜样的模仿与学习积累创业知识与管理技能，则会对创业成功更有信心，在一定程度上会提高创业者的风险容忍度。

农民创业者的社会资本除作为创业榜样提供强大的情感支持和积极的心理预期之外，其作为创业资源的供给作用也不容小觑。农民创业者的社会资本越丰富，其拥有的潜在创业资源越多，对创业可行性的认知越强烈。在面临不确定情况及"被敲竹杠"时，所获得的可能的解决方案就会越多，容忍风险的能力就会越强大。

计划行为理论认为，意向基于行为态度及行为控制而感知，主体对目标对象在态度及观念上越认同，其感知对事物的控制能力越强，采取特定行为的意向就越强烈[25]。农民创业者的社会资本带给创业者的这种较低的风险认知和较高的自我效能感，可以促进创业者的风险偏好，提高创业者的风险容忍度，进而影响到其创业组织形式的选择。可见，社会资本、风险容忍与创业组织形式选择之间可能有一定的逻辑关系，故此，提出以下假设。

H3：风险容忍在社会资本与农民创业组织形式选择影响中起中介作用，方向未定。

三、数据来源与样本描述

（一）数据来源

本研究数据来源于 2016 年本文课题组对广东省清远、惠州、河源及江门四市的部分农民创业者的随机抽样问卷调查，共收回问卷 206 份，剔除关键信息缺失及逻辑性错误的无效问卷后，共获得有效问卷 164 份，有效率为79.61%。通过对有效问卷进行编码处理并建立数据库，运用 Spss 20.0 软件进行数据处理和分析，得出样本人群个体特征、家庭特征及创业特征等相关信息，具体描述性统计见表1。

（二）样本描述

总样本中男女比例接近 2：1，选择联合创业的男性占比（69.4%）高于选择独立创业的男性占比（58.7%）；创业者以已婚为主，占全部样本的 75%，其中，选择独立创业的已婚人群占比为 80.4%；年龄主要集中在 26～45 岁，其中，26～35 岁这一年龄段占比在联合创业和独立创业样本中均超过 50%，表明"互联网＋"形势下创业者趋于年轻化。文化程度在初中及以下水平者全样本占比仅为 11.6%，在联合创业者中占比仅为 8.3%，其中选择独立创业的以高中文化水平为主，选择联合创业的以本科及以上学历者为主，说明当今的创业者普遍具有较高的文化水平。无论是联合创业还是独立创业，绝大部分创业者都有 1 个及以上的兄弟姐妹。家庭人均年收入在 1 万元及以下和 5 万元以上的创业者中选择联合创业的占比均高于独立创业者，这是一种很有意思的现象。从表象上来看，选择联合创业似乎是贫富相结合，可能的原因是资金少的创业者投入了更多的人力资本，资金丰富的创业者则投入了更多的经济资本，体现了一种分成合约的意味。另外，本文中联合创业包括股份制形式，资金丰富的创业者以其出资额入股参与创业，这有可能是其选择联合创业的一个原因。创业者中多为第一次创业，且创业前有外出打工的经历，初始资金多为自有资金。联合创业者在参加互联网培训和加入网商协会方面占比均高于独立创业者，表明市场性的关系网络可能有助于促进联合创业。全样本中绝大部分创业者表示其周围有人（同村村民、亲戚、朋友等）通过互联网实现创业，且61.0% 的人表示有亲戚担任村干部、经商或者公务员，表明社交网络中这些积极的创业榜样及关系性网络有助于农民实现创业。

表1　全样本数据基本特征描述性统计（N=164）

变量	定义	独立创业（N=92）		联合创业（N=72）		创业	
		频数	占比	频数	占比	频数	占比
性别	男	54	58.7%	50	69.4%	104	63.4%
	女	38	41.3%	22	30.6%	60	36.6%
婚姻	未婚	18	19.6%	23	31.9%	41	25.0%
	已婚	74	80.4%	49	68.1%	123	75.0%
年龄	25 岁及以下	17	18.5%	11	15.3%	28	17.0%
	26～35 岁	49	53.3%	43	59.7%	92	56.1%
	36～45 岁	21	22.8%	16	22.2%	37	22.6%
	46 岁及以上	5	5.4%	2	2.8%	7	4.27%

续表

变量	定义	独立创业（N=92）		联合创业（N=72）		创业	
		频数	占比	频数	占比	频数	占比
文化程度	初中及以下	13	14.1%	6	8.3%	19	11.6%
	高中/中专/技校	37	40.2%	23	31.9%	60	36.6%
	大专	27	29.3%	14	19.4%	41	25.0%
	本科及以上	15	16.3%	29	40.3%	44	26.8%
兄弟姐妹个数	0个	7	7.6%	6	8.3%	13	7.9%
	1~3个	60	65.2%	46	63.9%	106	64.6%
	4~6个	23	25.0%	17	23.6%	40	24.4%
	7个及以上	2	2.2%	3	6.2%	5	3.1%
家庭人均年收入	1万元及以下	15	16.3%	21	29.2%	36	22.0%
	大于1万元小于等于2万元	13	14.1%	4	5.6%	17	10.4%
	大于2万元小于等于3万元	17	18.5%	9	12.5%	26	15.9%
	大于3万元小于等于5万元	29	31.5%	18	25.0%	47	28.7%
	5万元以上	18	19.6%	20	27.8%	38	23.2%
是否有创业经历	是	26	28.3%	25	34.7%	51	31.1%
	否	66	71.7%	47	65.3%	113	68.9%
创业主要资金来源	自有资金	45	48.9%	31	43.1%	76	46.3%
	向亲戚朋友借钱	34	37.0%	10	13.9%	44	26.8%
	向银行等正规金融机构借钱	7	7.6%	6	8.3%	13	7.9%
	合伙出资	5	5.4%	24	33.3%	29	17.7%
	其他	1	1.1%	1	1.4%	2	1.2%
是否有打工经历	是	85	92.4%	68	94.4%	153	93.3%
	否	7	7.6%	4	5.6%	11	6.7%
是否有亲戚担任村干部	是	60	65.2%	40	55.6%	100	61.0%
	否	32	34.8%	32	44.4%	64	39.0%
身边人是否实现创业	是	72	78.3%	55	76.4%	127	77.4%
	否	20	21.7%	17	23.6%	37	22.6%
是否参加过互联网培训	是	41	44.6%	47	65.3%	88	53.7%
	否	51	55.4%	25	34.7%	76	46.3%
是否加入网商协会	是	22	23.9%	26	36.1%	48	29.3%
	否	70	76.1%	46	63.9%	116	70.7%

四、变量选择、赋值及相关性分析

(一) 变量选择与赋值

1. 因变量：农民创业组织形式，分为独立创业和联合创业

其中，独立创业形式是指个体户，赋值为 1；联合创业则包括合伙形式、股份制形式及其他非个体创业形式，赋值为 0。

2. 核心变量：社会资本

本文通过选择"兄弟姐妹人数""家中是否有亲戚担任村干部、经商或者公务员""身边人是否实现创业""是否加入网商协会"四个题项来衡量农民创业者的社会资本，具体赋值情况见表 2。

表 2　变量含义及其赋值

变量		含义及赋值
因变量	创业组织形式选择 (Y)	独立创业 =1；联合创业 =0
社会资本	兄弟姐妹人数 (X_1)	0 人 =1；1~3 人 =2；4~6 人 =3；7 人以上 =4
社会资本	是否有亲戚担任村干部、经商或者公务员 (X_2)	是 =1；否 =0
	身边人是否 (同村村民、亲戚、朋友) 通过互联网实现创业 (X_3)	是 =1；否 =0
	是否加入网商协会 (X_4)	是 =1；否 =0
控制变量	家庭人均年收入 (X_6)	1 万元及以下 =1；大于 1 万元小于等于 2 万元 =2；大于 2 万元小于等于 3 万元 =3；大于 3 万元小于等于 5 万元 =4；5 万元以上 =5
	教育水平 (X_7)	初中及以下 =1；高中/中专/技校 =2；大专 =3；本科及以上 =4
	是否参加过互联网培训 (X_8)	是 =1；否 =0
	是否有打工经历 (X_9)	是 =1；否 =0
	是否有创业经历 (X_{10})	是 =1；否 =0
	性别 (X_{11})	男 =1；女 =0
	婚姻 (X_{12})	已婚 =1；未婚 =0
	年龄 (X_{13})	25 岁及以下 =1；26~35 岁 =2；36~45 岁 =3；46 岁及以上 =4

3. 中介变量：风险容忍

从既往研究来看，尽管与经济理论相联系的测度方法很有意义，但鉴于数据的可得性，大多数与风险容忍有关的研究仍然采用主观性质的措施[26-27]。基于此，本文在借鉴国内外学者关于风险容忍度的测度方法基础上，结合创业领域的相关内容自编量表，包括 11 个题项。通过提供一系列相关描述，由被试者在"很不赞同""较不赞同""不确定""比较赞同"和"非常赞同"中进行选择，采用李克特 5 点量表法，并依次赋值 1~5 分。

对风险容忍度量表进行信度检验的结果显示，Cronbach α 系数值为 0.791，说明量表内部一致性信度符合要求。剔除因子得分小于 0.5 的 C11 题项（"我感觉互联网创业不难"）后，KMO 检验值为 0.756，Bartlett 球形检验值为 563.337，累积方差贡献率为 66.745%，可以对其进行因子分析。这 10 个题项共提取出 3 个公因子，其中，因子 1 由 C7、C8、C9、C10 4 个题项组成，由于其更多地表述为创业者在风险承担控制力方面的衡量，故命名为"风险承担控制力"；因子 2 包括 C2、C3、C5 3 个题项，更多地体现创业者承担风险的意愿和倾向维度，命名为"风险态度倾向"；因子 3 包括 C1、C4、C6 3 个题项，更多地体现创业者对风险的自我认知和心理评估，命名为"风险心理认知"，并根据加权平均法计算因子综合得分，即为风险容忍得分。具体结果见表 3。

表 3　风险容忍的探索性因子分析结果（$N = 164$）

维度	题项	因子载荷
风险承担控制力	C7：对创业过程可能遇到的风险我已做好准备	0.715
	C8：我不担心创业失败	0.826
	C9：我可以抵御创业失败的风险	0.726
	C10：我可以承担创业的前期投入	0.766
风险态度倾向	C2：当有机会冒险时，我不太考虑安全性	0.843
	C3：我倾向做有风险的事情	0.777
	C5：我倾向做风险大收益高的投资	0.727
风险心理认知	C1：我喜欢尝试新奇的事物	0.804
	C4：在做决定前，我会先仔细想想	0.745
	C6：我有信心使企业获得成功	0.751
KMO（0.756）	$\chi^2(45) = 563.337$**	累积方差贡献率（66.745%）

4. 控制变量

本文选取了可能对农民创业组织形式选择产生影响的个体特征（如性别、年龄、婚姻状况等）、人力资本特征（如教育水平、是否参加过互联网培训、是否有打工经历等）和家庭资源禀赋特征（如家庭人均收入）作为控制变量，具体赋值情况见表2。

（二）相关性分析

表4为主要研究对象的相关系数矩阵，其中教育水平（X_7）、培训经历（X_8）与农民创业组织形式之间存在显著的负相关关系，表明学历越高，培训经验越多的农民创业者越倾向于选择联合创业；风险容忍与农民创业组织形式选择之间存在显著的负向相关关系，即风险容忍正向影响农民创业者选择联合创业，假设H2得到验证。

表4 相关系数矩阵

变量	X_1	X_2	X_3	X_4	RT①	X_6	X_7
X_1	1						
X_2	−0.151	1					
X_3	−0.062	0.077	1				
X_4	−0.082	0.075	0.027	1			
RT	0.015	0.044	−0.072	0.131	1		
X_6	−0.203***	0.096	0.086	0.147	0.082	1	
X_7	−0.242***	0.112	0.159**	−0.083	−0.043	0.160**	1
X_8	0.061	0.109	0.025	0.410***	0.095	0.098	−0.074
X_9	0.019	−0.015	−0.086	0.065	0.113	−0.045	−0.162**
X_{10}	0.094	0.024	0.016	0.234***	0.137	0.210***	−0.082
X_{11}	−0.030	0.015	−0.016	0.210***	0.159**	−0.100	0.041
X_{12}	0.207***	0.029	−0.008	−0.062	−0.042	0.062	−0.191**
X_{13}	0.377***	−0.093	−0.198**	0.026	−0.048	−0.027	−0.303***
Y	−0.015	0.098	0.022	−0.133	−0.186**	0.025	−0.219***

变量	X_8	X_9	X_{10}	X_{11}	X_{12}	X_{13}	Y
X_8	1						
X_9	0.044	1					
X_{10}	0.202***	0.022	1				
X_{11}	−0.046	−0.052	−0.009	1			
X_{12}	0.028	−0.099	0.205***	−0.058	1		
X_{13}	0.079	−0.034	0.324***	0.065	0.454***	1	
Y	−0.206***	−0.041	−0.069	−0.111	0.142	−0.010	1

注：*** 表示在0.01水平（双侧）上显著相关；** 表示在0.05水平（双侧）上显著相关。

---

① RT 是风险容忍（risk tolerance）的首字母简称。
② RT 是风险容忍（risk tolerance）的首字母简称。

五、实证检验

根据中介效应检验程序，对社会资本、风险容忍与农民创业组织形式之间的关系进行分析，运用 Stata 软件对样本进行回归分析，构建如下 3 个模型。其中，模型 1 是社会资本对农民创业组织形式的回归；模型 2 是社会资本（因模型 1 中只有 X_2 题项通过了显著性检验，故仅含 X_2 题项）对风险容忍的回归；模型 3 则是总效应的回归模型，具体结果见表 5。

表 5 模型估计结果

变量	模型 1（组织形式）	模型 2（风险容忍）	模型 3（组织形式）
兄弟姐妹人数（X_1）	-0.166（0.318）	—	-0.130（0.329）
是否有亲戚担任村干部、经商或者公务员（X_2）	0.691^*（0.371）	0.0193（0.062）	0.763^{**}（0.382）
身边人是否通过互联网实现创业（X_3）	0.294（0.426）		0.272（0.438）
是否加入网商协会（X_4）	-0.294（0.443）		-0.272（0.452）
风险容忍（RT）	—		-1.109^{**}（0.507）
家庭人均年收入（X_6）	0.119（0.127）	0.021（0.021）	0.144（0.130）
教育水平（X_7）	-0.697^{***}（0.209）	-0.026（0.032）	-0.753^{***}（0.216）
是否参加过互联网培训（X_8）	-1.061^{***}（0.399）	0.051（0.062）	-1.057^{***}（0.409）
是否有打工经历（X_9）	-0.479（0.694）	0.164（0.122）	-0.291（0.696）
是否有创业经历（X_{10}）	-0.281（0.411）	0.115（0.070）	-0.164（0.423）
性别（X_9）	-0.441（0.378）	0.145（0.062）	-0.270（0.391）
婚姻（X_{10}）	0.625（0.462）	-0.011（0.079）	0.630（0.474）
年龄（X_{11}）	-0.148（0.293）	-0.065（0.047）	-0.231（0.300）
常数项	2.653^{**}（1.306）	-0.170（0.211）	2.503^*（1.324）
Log likelihood	$-97.932\ 425$		$-95.393\ 282$
LR chi2	29.04		34.12
Prob > chi2	0.0039		0.0012
Pseudo R^2	0.1291		0.1517
R^2		0.0856	

注：括号内为标准差，$***$、$**$、$*$ 分别表示在 $P<0.01$、$P<0.05$、$P<0.1$ 的水平下显著。

由模型 1 的回归结果可知，衡量社会资本的四个变量中只有 X_2（是否有亲戚担任村干部、经商或者公务员）通过了显著性检验，且正向影响农民创业者选择独立创业，即假设 1 得到验证，表明可以继续进行中介效应的检验。

模型 2 中 X_2 的系数不显著，但模型 3 中 X_2 和 RT（风险容忍）的系数都显著，根据温忠麟等（2004）[28] 提出的中介效应的检验方法，对此进行 Sobel 检验，检验结果如表 6 所示。Sobel 检验的统计量在 10% 的置信水平下显著，表明风险容忍在社会资本与农民创业组织形式选择之间存在部分中介效用，但其与社会资本对农民创业组织形式选择的直接影响效应存在符号不一致性，也即社会资本对农民创业组织形式选择之间的关系受到风险容忍的抑制。

表 6   Sobel 检验结果

模型 2 中 X_2 的系数、标准误	模型 3 中 X_2 的系数、标准误	检验统计量	标准误	P 值
0.1926（0.062）	-1.109（0.507）	-1.789	0.119	0.0736

六、结论与启示

本研究结果表明，社会资本与农民创业组织形式选择之间并不全部表现为直接作用关系，还有一部分是通过创业者的风险容忍度间接发挥作用，但在此过程中风险容忍是发挥抑制作用或不一致的中介作用的。社会资本的 4 个变量对农民创业组织形式选择的回归检验结果表明，只有"是否有亲戚担任村干部、经商或者公务员"这一变量通过了显著性检验和中介效应的检验，且正向影响农民创业者选择独立创业。

由此可见，一方面，对于农民创业者而言，基于血缘关系的社会网络属于强社会资本，若亲戚当中有人担任村干部、经商或者公务员，其所能带来的社会网络规模会比一般农民大，继而能够为创业者提供资金、信息等创业核心资源的支持，农民感知的社会支持越强，则其选择独立创业的可能性就越大；另一方面，丰富的社会资本又带来农民创业者风险容忍度的提升，继而也会增加其选择联合创业的可能性。农民创业者究竟会选择哪一种组织形式，则取决于社会资本的直接效应和间接效应的相对大小。这也是本研究需要进一步拓展和深化的方向。

参考文献

[1] SCHERE J. Tolerance of ambiguity as a discriminating variable between entrepreneurs and managers [J]. Proceedings paper in academy of management best, 1982, 42: 404 – 408.

［2］ GAO J, ZHANG Y L, HE C Z. The farmer entrepreneurs' social capital and opportunity rec-
ognition behavior ［J］. Asian agricultural research, 2013, 5 (3)：84 - 88, 93.

［3］ GAO J, YANG F. Analysis of factors influencing farmers' identification of entrepreneurial
opportunity ［J］. Asian agricultural research, 2013, 5 (6)：112 - 117.

［4］ 蒋剑勇, 郭红东. 创业氛围、社会网络和农民创业意向 ［J］. 中国农村观察, 2012
(2)：20 - 27.

［5］ 罗明忠, 邹佳瑜. 创业动机到创业选择与实施：农民创业中的社会资本因素 ［J］. 广
东财经大学学报, 2012 (6)：52 - 58.

［6］ 黄晓勇, 刘伟, 李忠云, 等. 基于社会网络的农民工返乡创业研究 ［J］. 重庆大学学
报 (社会科学版), 2012 (6)：66 - 72.

［7］ 蒋剑勇, 钱文荣, 郭红东. 社会网络、社会技能与农民创业资源获取 ［J］. 浙江大学
学报 (人文社会科学版), 2013 (1)：85 - 100.

［8］ 丁高洁, 郭红东. 社会资本对农民创业绩效的影响 ［J］. 华南农业大学学报 (社会科
学版), 2013 (2)：50 - 57.

［9］ 罗明忠, 陈江华. 资源禀赋、外部环境与农民创业组织形式选择 ［J］. 产经评论,
2016 (4)：103 - 115.

［10］ SHANE S, VENKATARAMAN S. The promise of entrepreneurship as a field of research
［J］. Academy of management review, 2000, 25 (1)：217 - 226.

［11］ 吴晓波, 张超群, 王莹. 社会网络、创业效能感与创业意向的关系研究 ［J］. 科研管
理, 2014 (2)：104 - 110.

［12］ BANDURA A. Social cognitive theory：an agentic perspective ［J］. Annual review of psy-
chology, 2001, 52 (1)：1 - 26.

［13］ GREVE A, SALAFF J. Social networks and entrepreneurship ［J］. Entrepreneurship theory
and practice, 2003, 28 (1)：1 - 22.

［14］ 林南, 张磊. 社会资本：关于社会结构与行动的理论 ［M］. 上海：上海人民出版
社, 2005.

［15］ 边燕杰. 城市居民社会资本的来源及作用：网络观点与调查发现 ［J］. 中国社会科
学, 2004 (3)：136 - 146.

［16］ HANSEN J D, DEITZ G D, TOKMAN M, et al. Cross - national invariance of the entrepre-
neurial orientation scale ［J］. Journal of business venturing, 2011, 26 (1)：61 - 78.

［17］ 罗明忠, 张雪丽. 创业风险容忍及其规避：一个文献综述 ［J］. 珞珈管理评论, 2016
(1)：53 - 64.

［18］ HARTOG J, FERRER - I - CARBONELL A, JONKER N. Linking measured risk aversion to
individual characteristic ［J］. Kyklos, 2002, 55 (1)：3 - 26.

［19］ CALIENDO M, FOSSEN F M, KRITIKOS A S. Risk attitudes of nascent entrepreneurs-new
evidence from an experimentally validated survey ［J］. Small business economics, 2009,
32 (2)：153 - 167.

［20］ AHN T. Attitudes toward risk and self-employment of young workers ［J］. Labour economics,

2010, 17 (2): 434 – 442.

[21] KOTEY B, MEREDITH G G. Relationships among owner/manager personal values, business strategies and business performance [J]. Journal of small business management, 1997 (1), 35: 37 – 64.

[22] INGRID VERHEUL, ROY THURIK. Start-up capital: does gender matter? [J]. Small business economics, 2001, 6 (4): 329 – 345.

[23] HVIDE H K, PANOS G A. Risk tolerance and entrepreneurship [J]. Journal of financial economics, 2014, 111 (1): 200 – 223.

[24] BROWN I, INOUYE D K. Learned helplessness through modeling: the role of perceived similarity in competence [J]. Journal of personality & social psychology, 1978, 36 (36): 900 – 908.

[25] AJZEN I. The theory of planned behavior [J]. Organizational behavior & human decision processes, 1991, 50 (2): 179 – 211.

[26] DOHMEN T, FALK A, HUFFMAN D, et al. Individual risk attitudes: measurement, determinants and behavioral consequences [J]. Journal of european economic association, 2011, 9 (3): 522 – 550.

[27] BOENTE W, JAROSCH M. Gender differences in competitiveness, risk tolerance, and other personality traits: do they contribute to the gender gap in entrepreneurship? [J]. Schumpeter discussion papers, 2011, 12 (1): 1 – 42.

[28] 温忠麟, 张雷, 侯杰泰, 等. 中介效应检验程序及其应用 [J]. 心理学报, 2004, 36 (5): 614 – 620.

普惠金融与城乡收入差距:
基于广东省的实证分析

黄燕辉*

一、引言

我国自 1978 年实行改革开放政策以来,居民收入水平不断提高,但与此同时,城乡居民收入差距却逐渐扩大。根据国家统计局数据,2016 年城镇居民人均可支配收入为 33 616 元,农村居民人均可支配收入为 12 363 元,前者是后者的 2.7 倍;人均可支配收入基尼系数为 0.465,明显高于 0.4 的国际警戒线。这些均表明我国居民收入不平等问题仍然严峻,而这种不平等会影响到社会的稳定和经济的可持续发展。

普惠金融立足机会平等要求和商业可持续发展原则,以可负担的成本为有金融服务需求的社会各阶层和群体提供适当、有效的金融服务,小微企业和农民等低收入群体是普惠金融的重点服务对象。联合国于 2005 年国际小额信贷年提出普惠金融概念,并将普惠金融作为实现千年发展目标的重要途经;2010 年 G20 峰会将普惠金融作为全球经济发展的九大支柱之一,并启动"普惠金融全球伙伴"项目;2012 年,世界银行发布《全球普惠金融指数》,为各成员国的普惠金融发展提供借鉴;2015 年,世界银行发布《2014 年全球金融发展报告:普惠金融》,敦促各国推进普惠金融建设。我国也高度重视普惠金融发展,2013 年党的十八届三中全会明确提出要发展普惠金融;2015 年《政府工作报告》提出大力发展普惠金融,让所有市场主体都能分享金融服务;2016 年国务院出台《推进普惠金融发展规划(2016—2020 年)》,明确提出大力发展普惠金融是我国全面建成小康社会的必然要求。

目前,我国各地区普惠金融发展水平存在较大差距,整体来看,东部地区

---

* 黄燕辉,广州大学经济与统计学院讲师,经济学博士。

的普惠金融发展水平明显高于中西部地区，各地区不同发展程度的普惠金融对城乡收入差距的影响可能存在区域异质性及边际效应。因此，深入分析普惠金融对城乡收入差距的影响机制及实证研究普惠金融对城乡收入差距影响的区域异质性及边际效应，不仅具有重要的理论意义，而且对完善我国收入分配体系及实现全面小康社会建设目标等具有重要的现实指导意义。

作为我国第一经济大省，广东省也存在显著的城乡收入差距。据广东省统计局的数据，2016 年广东省城镇居民人均可支配收入为 37 684 元，农村居民人均可支配收入为 14 512 元，城镇居民收入是农村居民收入的 2.6 倍，与全国 2.7 倍的差距较为接近。此外，广东省各地区普惠金融发展水平也存在显著差距，整体来看，珠三角地区的普惠金融发展水平明显高于粤东、粤西和粤北地区。因此，本文将基于广东省市级面板数据，实证分析普惠金融发展对城乡收入差距影响的区域异质性及边际效应，以期能为相关政府部门制定政策提供参考。

二、文献回顾

国内外相关文献早期主要集中于金融深化与城乡收入差距关系研究，并形成了 3 种不同的观点：正相关、负相关和倒 U 形假说。近年来，随着普惠金融的发展，有关普惠金融发展对城乡收入差距影响方面的研究日益增多。

国外方面，相关文献主要以发展中国家为样本，实证分析普惠金融发展对城乡收入差距的影响。如 Burgess 和 Pande（2005）[1]考察了印度普惠金融发展对贫困的影响，发现农村银行机构密度及银行效率的提升有助于缩小城乡收入差距；Beck 等（2007）[2]基于跨国数据研究普惠金融发展对城乡居民收入差距的影响，发现普惠金融发展能有效缩小城乡收入差距；Chibba（2009）[3]通过实证分析证明了普惠金融发展有助于减少贫穷，并认为私营金融部门发展、金融自由化和政府支持有助于普惠金融的发展；Mookerjee 和 Kalipioni（2010）[4]通过对 65 个国家的相关数据进行实证分析，发现普惠金融发展会显著影响城乡收入差距；Ambreena（2010）[5]基于南非、墨西哥等发展中国家的案例分析，认为普惠金融在发展中国家具有显著的减贫效应；Challa 和 Bala（2013）[6]研究了印度农村的情况，发现普惠金融发展提高了农村居民的生活水平，等等。

国内方面，相关研究主要是基于时间序列或省级面板数据实证分析普惠金融发展对城乡收入差距的影响。前者如徐敏和张小林（2014）[7]运用 VAR 模型、协整和格兰杰检验的实证分析发现，普惠金融发展对缩小城乡收入差距的效果不明显；李建伟等（2015）[8]基于 VEC 模型及脉冲响应函数的实证研究发现，普惠金融发展与城乡收入差距之间存在长期均衡关系，并且普惠金融发展有利于缩小城乡收入差距。后者如吕勇斌和李仪（2016）[9]采用空间面板模型实证分析了中国普惠金融发展与城乡收入差距之间的关系，其研究结果显示二者间呈倒 U 形关系，且当前我国大部分地区仍处于倒 U 形的左侧；黄永兴和陆凤芝（2017）[10]基于中国省级面板数据检验发现，普惠金融对城乡收入差距的影响表现为先扩大后缩小的非线性特征；温茜茜（2017）[11]的研究证明，普惠金融发展有助于缩小城乡收入差距，并且该效应随着普惠金融的发展而增强；张彤进和任碧云（2017）[12]的研究认为，普惠金融发展对缩小城乡收入差距具有明显促进作用，且这种作用主要是通过降低金融服务成本来实现，等等。

纵观已有研究，大体具有如下特点：一是相关文献大多是基于金融深化的角度分析普惠金融对城乡收入差距的影响机制，但实际上，强调金融发展广度的普惠金融对城乡收入差距的影响机制不同于金融深化对城乡收入差距的影响机制；二是相关研究主要是实证分析普惠金融对城乡收入差距的影响，关于普惠金融对城乡收入差距影响的区域异质性及边际效应的研究则很少；三是在构建普惠金融发展指数时，国内现有研究主要是基于 Sarma 和 Pais（2011）[13]的方法进行构建，但这一方法在维度权重赋值时存在个人主观偏好。

在以往研究的基础上，本研究的创新之处主要体现在：一是将基于金融可得性的直接途经和企业投资效应的间接途经两种机制，分析普惠金融对城乡收入差距的影响；二是基于广东省的市级面板数据，实证分析普惠金融对城乡收入差距影响的区域异质性及边际效应；三是基于 Chakravarty（2013）[14]的研究方法构建普惠金融发展指数，以解决权重赋值的个人主观偏好问题。

三、理论分析

金融深化理论认为，金融发展是通过门槛效应、排除效应和涓滴效应等影响城乡收入差距。普惠金融不同于金融深化，金融深化强调金融发展的深度，而普惠金融强调金融发展的广度。因此，本文认为具有普惠涵义的普惠金融对城乡收入差距的影响机制不同于金融深化对城乡收入差距的影响机制，并认为普惠金融发展影响城乡收入差距的作用机制包括金融可得性的直接途径和企业投资效应的间接途径两种，具体传导过程见图 1。

从直接途径来看，普惠金融影响城乡收入差距的途径主要是通过提高农村居民的金融可得性从而增加农村居民收入的机制发挥作用，具体包括提高农村居民的经营性收入、财产性收入和工资性收入。

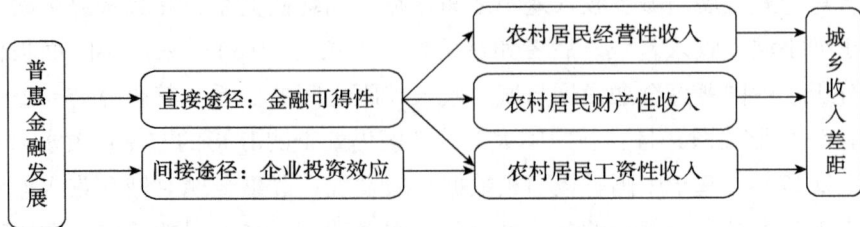

图1 普惠金融发展对城乡收入差距的影响机制

经营性收入方面，普惠金融提高了农村地区金融的覆盖面，直接为农村居民提供金融服务特别是融资服务，从而提高了农村居民的金融可得性，使其能够通过外部融资渠道获取经营性资本以进行生产，从而获取经营性收入，并缩小与城镇居民的收入差距。湛泳和徐乐（2017）[15]的实证研究认为普惠金融显著提升了家庭创业的可能性，原因在于普惠金融降低了家庭创业的融资风险，提高了家庭金融市场参与度。从我国普惠金融发展实践来看，主要是通过以下几个途径提高了农村地区的金融覆盖面：一是引导和鼓励商业银行加大涉农贷款；二是巩固和强化农村商业银行和农村信用社作为农村普惠金融的主体地位；三是创建了村镇银行、农村资金互助社等新型农村金融机构；四是借助互联网金融和数字金融提高了农村地区普惠金融的覆盖面。

财产性收入方面，随着普惠金融的发展，农村居民能更方便地储蓄，从而降低了交易成本，同时有机会接触理财和投资等非传统银行业务。普惠金融为农村居民提供了便利的储蓄环境及理财、投资等服务，增加了农村居民的财产性收益，不仅让农村居民享受到了经济和金融发展的成果，而且有助于缩小与城镇居民的收入差距。

工资性收入方面，普惠金融通过向农村居民提供助学贷款，使他们有机会继续接受教育或参与各类专业技能培训，从而提高了农村居民的人力资本，进而提高其收入水平。任碧云和张彤进（2015）[16]的研究发现，普惠金融发展通过人力资本积累效应影响了个人的职业选择和收入水平。

从间接途径来看，普惠金融主要是通过影响企业投资效应以增加农村居民的工资性收入来影响城乡收入差距。随着工业化和产业结构的升级，农村出现了大量剩余劳动力，而小微企业能够吸收部分剩余劳动力，剩余劳动力的再就业有助于提高农村居民的收入水平。融资难是小微企业发展过程中面临的主要问题之一，普惠金融向小微企业提供融资服务，在促进小微企业发展的同时，也促进了农村居民再就业，不仅增加了农村居民的工资性收入，也缩小了城乡居民收入差距。从我国普惠金融扶持小微企业发展的实践来看，主要措施包括：政府通过制定相关优惠政策鼓励商业银行增加小微企业货款；创建和大力发展小额货款公司和民营银行，以满足小微企业融资需求；支持互联网金融发展，创新小微企业的融资方式。如张晓云等（2016）[17]基于省级面板数据的实证研究证明了普惠金融通过提高就业率等路径可影响收入分配，等等。

　　基于上述分析可知，普惠金融发展通过金融可得性的直接途径和企业投资效应的间接途径，能影响农村居民收入，进而可缩小城乡收入差距。然而，由于各地区农村居民和小微企业对普惠金融的依赖程度不同及普惠金融发展水平存在较大差距，各地区普惠金融发展对城乡收入差距的影响也存在区域异质性及边际效应。

四、普惠金融发展指数的构建

（一）普惠金融发展指数的构建方法

　　Beck 等（2007）[2]最早提出测度普惠金融发展的 8 个指标：每百平方千米银行机构网点数、每万人银行机构网点数、每百平方千米 ATM 数、每万人 ATM 数、人均贷款/人均 GDP、人均储蓄/人均 GDP、每千人贷款账户数及每千人储蓄账户数，但不足之处是缺乏综合指数来测度普惠金融发展水平。Sarma 和 Pais（2011）[13]借鉴人类发展指数（HDI）的构建方法，基于每千人银行账户数、每十万人银行机构数和存贷款余额/GDP 3 个指标，首次构建了普惠金融发展指数 IFI（Index of Financial Inclusion）。Chakravarty（2013）[14]针对其在指标赋权重时存在的主观偏好问题做了进一步改进，并基于每千平方千米银行机构网点数、每十万人银行机构网点数、人均贷款/人均 GDP、人均储蓄/人均 GDP、每千人贷款账户数、每千人储蓄账户数 6 个指标，构建了普惠金融发展指数 IFI。本文借鉴其方法构建如下广东省普惠金融发展指数：

$$IFI = I\{A(X_1, m_1, M_1), \cdots, A(X_k, m_k, M_k)\} = \frac{1}{k}\sum_{i=1}^{k}(\frac{X_i - m_i}{M_i - m_i})^r \quad (1)$$

式中：k 表示指标个数，i 表示第 i 个指标，$A(X_i, m_i, M_i)$ 表示指标 i 对普惠金融指数的贡献，X_i 表示第 i 个指标的实际取值，m_i、M_i 分别表示第 i 个指标的最小值和最大值；r 为敏感性系数，一般取 0.5；IFI 的取值在 0 到 1 之间，数值越大，表示普惠金融发展程度越高，即金融包容度越高，反之，则表示普惠金融发展程度越低，即金融排斥度越高。

（二）广东省普惠金融发展指数的构建

本文选取每百平方千米银行机构数、每万人银行机构数、人均贷款余额和人均存款余额4个指标构建广东省普惠金融发展指数。其中，每百平方千米银行机构数和每万人银行机构数分别从地理和人口两方面衡量普惠金融的渗透程度，而人均贷款余额和人均存款余额则从贷款和存款两方面衡量普惠金融的使用维度。

以广东省地级市以上的20个城市作为研究样本，包括珠三角地区的广州、珠海、佛山、惠州、东莞、中山、江门、肇庆8个市，粤东地区的汕头、汕尾、潮州、揭阳4个市，粤西地区的湛江、茂名、阳江3个市和粤北地区的韶关、河源、梅州、清远、云浮5个市。由于深圳已完全实现城镇化，没有农村居民收入数据，因此样本不包含深圳。本文的原始数据均来源于历年的《广东统计年鉴》。

基于Chakravarty（2013）的方法构建2010—2015年广东省普惠金融发展指数，具体结果见表1。从表1可以看出，历年广东省各市普惠金融发展指数的平均值均介于0.3~0.5，说明广东省整体普惠金融发展程度处于中等水平①。此外，普惠金融发展指数从2010年的0.37上升到2015年的0.45，表明广东省普惠金融发展水平逐年提升并且发展迅速。其中，广州、珠海、佛山、东莞和中山5个市普惠金融发展指数均大于0.5，说明其普惠金融发展程度较高；汕头、惠州和江门的普惠金融指数介于0.3~0.5，说明这些城市近年来的普惠金融发展程度处于中等水平；其他城市也呈现不断提高的趋势。

表2列出了广东省各地区普惠金融的发展指数。可以看出，珠三角普惠金融发展指数介于0.5~1，说明其普惠金融发展处于较高水平，且远远高于其他地区；其次为粤东地区，经过近几年的发展粤东地区于2014年进入中等水平阶段，但与粤西、粤北的差距不大；粤北地区的普惠金融发展水平最低，但仅略低于粤西地区，两者相差很小，经过近几年的发展，粤西和粤北的普惠金融于2015年进入中等水平阶段。

表1　广东省各市普惠金融发展指数

	2010	2011	2012	2013	2014	2015
广州	0.7508	0.7719	0.7985	0.8295	0.8475	0.8835

---

① 根据国际划分标准，普惠金融发展指数介于0.3~0.5，代表普惠金融发展处于中等水平；大于0.5，代表普惠金融发展处于较高水平。

续表

	2010	2011	2012	2013	2014	2015
珠海	0.7215	0.7460	0.7753	0.8263	0.8593	0.9139
佛山	0.7405	0.7594	0.7794	0.8030	0.8092	0.8202
惠州	0.3675	0.3846	0.3985	0.4256	0.4401	0.4612
东莞	0.6041	0.6220	0.6435	0.6643	0.6839	0.7070
中山	0.5973	0.6185	0.6417	0.6699	0.6862	0.7081
江门	0.4301	0.4463	0.4669	0.4864	0.5041	0.5179
肇庆	0.2805	0.2939	0.3065	0.3237	0.3398	0.3519
汕头	0.4067	0.4160	0.4262	0.4423	0.4488	0.4601
汕尾	0.0669	0.1091	0.1200	0.1338	0.1397	0.1418
潮州	0.2654	0.2777	0.2932	0.3050	0.3152	0.3288
揭阳	0.2506	0.2664	0.2816	0.2953	0.3100	0.3203
湛江	0.2624	0.2725	0.2860	0.2990	0.3086	0.3206
茂名	0.2176	0.2307	0.2434	0.2567	0.2665	0.2751
阳江	0.2409	0.2559	0.2707	0.2867	0.3036	0.3124
韶关	0.2664	0.2787	0.2932	0.3075	0.3210	0.3301
河源	0.1838	0.1982	0.2168	0.2356	0.2499	0.2663
梅州	0.2341	0.2441	0.2566	0.2717	0.2830	0.3078
清远	0.2461	0.2558	0.2690	0.2855	0.2971	0.3096
云浮	0.2596	0.2753	0.2876	0.3027	0.3125	0.3257
平均值	0.3696	0.3862	0.4027	0.4225	0.4363	0.4531

表2　广东省各地区普惠金融发展指数

	2010	2011	2012	2013	2014	2015
珠三角	0.5615	0.5803	0.6013	0.6286	0.6463	0.6705
粤东	0.2474	0.2673	0.2802	0.2941	0.3034	0.3128
粤西	0.2403	0.2531	0.2667	0.2808	0.2929	0.3027
粤北	0.2379	0.2504	0.2646	0.2806	0.2927	0.3019

五、实证分析

（一）变量选取

1. 被解释变量：城乡收入差距（GAP）

学者们在衡量城乡收入差距时，主要采用泰尔指数、基尼系数、S基尼系数和城镇居民人均可支配收入与农村居民人均可支配收入比值。本文采用城镇居民人均可支配收入与农村居民人均可支配收入比值衡量城乡收入差距。

2. 解释变量：普惠金融发展指数（*IFI*）

具体计算依据参见前文。

3. 控制变量

根据现有研究，本文将城镇化、经济发展水平、财政支出、教育水平、对外开放水平和产业结构作为控制变量纳入模型。

①城镇化（*UR*）。现有关于城镇化对城乡收入差距影响的研究结论相互对应，城镇化一般选取城镇人口与总人口之比来衡量。

②经济发展水平（*PGDP*）。现有研究表明，经济发展水平会影响城乡收入差距，典型观点是库兹涅茨倒 U 形曲线假说，其认为在经济未充分发展阶段，收入分配将随同经济发展而趋于不平等，当经济进入充分发展阶段后，收入分配将趋于平等。本文采用人均 GDP 并取对数即 Ln *PGDP* 来衡量经济发展水平。

③财政支出（*PAY*）。长期以来，经济增长率是考核地方政府官员政绩的重要标准，因而政府支出更偏向于投入工业、服务业等非农部门。这些产业的发展也有助于提高农村居民收入，但对提高城镇居民收入的作用更加显著，即地方政府财政支出可能会加剧城乡收入差距。本文采用地方财政一般预算支出并取对数即以 Ln *PAY* 表示财政支出。

④教育水平（*EDU*）。教育能提高劳动者的素质并相应提高人力资本，进而可提高劳动者的收入。在我国，无论是教学条件还是师资力量，城市均明显好于农村，因此，教育水平将对城乡收入差距产生影响。本文选取总人口中每百人在校高中学生人数来衡量教育水平。

⑤对外开放水平（*OPEN*），采用美元与人民币汇率折算的进出口总额与 GDP 的比值来衡量。

⑥产业结构（*IS*），采用第二、第三产业增加值与 GDP 的比值来表示。具体变量选取见表 3。

（二）变量描述性统计分析

变量描述性统计分析结果见表 4。根据表 4，被解释变量城乡收入差距的平均值为 2.08，最大值为 2.85，最小值为 1.53，标准差为 0.28，表明广东省城乡居民收入差距较大。解释变量普惠金融发展的平均值为 0.41，表明广东省整体的普惠金融处于中等发展水平；最大值为 0.91，最小值为 0.07，标准差为 0.21，说明广东省各城市之间的普惠金融发展水平存在较大差距。控制变量方面，城镇化、经济发展水平、财政支出和产业结构在不同城市之间存在一定差距，而教育水平和对外开放程度在不同城市之间存在很大差距。

表3　变量选取

变量名称	变量符号	备注
城乡收入差距	*GAP*	城镇居民人均可支配收入与农村居民人均可支配收入比值
普惠金融发展指数	*IFI*	采用 Chakravarty（2013）的方法构建
城镇化	*UR*	城镇人口与总人口之比
经济发展水平	*PGDP*	人均 GDP 取对数 Ln *PGDP*
财政支出	*PAY*	地方财政一般预算支出取对数 Ln *PAY*
教育水平	*EDU*	总人口中每百人在校高中学生人数
对外开放水平	*OPEN*	进出口总额与 GDP 之比
产业结构	*IS*	第二、第三产业增加值与 GDP 之比

表4　变量描述性统计分析

变量	均值	中位数	最大值	最小值	标准差
GAP	2.0753	2.0854	2.8526	1.5265	0.2810
IFI	0.4117	0.3112	0.9139	0.0669	0.2108
UR	0.6016	0.5423	0.9494	0.3506	0.1886
Ln *PGDP*	4.5839	4.5206	5.1341	4.1598	0.2481
Ln *PAY*	2.3137	2.2806	3.2375	1.7481	0.2938
EDU	2.2551	2.2299	3.7040	0.8560	0.6368
OPEN	0.5273	0.3018	2.4311	0.0343	0.5410
IS	0.8946	0.8900	1.0061	0.7488	0.0717

（三）单位根检验

单位根检验包括 IPS、PP – Fisher、ADF – Fisher、Breintung 和 LLC 5 种方法，检验方法不同结果自然存在差异。为避免单一检验方法的片面性，本文采用相同根检验方法 LLC 和不同根检验方法 PP – Fisher 分别进行检验。检验结果表明，在 5% 的置信水平下，各变量的 LLC 检验 P 值和 PP – Fisher 检验 P 值均小于 0.05，拒绝存在单位根的原假设，说明各个变量不存在单位根，为平稳序列。具体检验结果见表5。

表5 单位根检验

	LLC 检验 P 值	PP 检验 P 值	平稳性
GAP	0.0000	0.0027	平稳
IFI	0.0000	0.0000	平稳
UR	0.0000	0.0003	平稳
Ln *PGDP*	0.0000	0.0000	平稳
Ln *PAY*	0.0000	0.0006	平稳
OPEN	0.0000	0.0170	平稳
EDU	0.0000	0.0003	平稳
IS	0.0000	0.0000	平稳

（四） 全样本实证回归分析

本文采用 Hausman 检验判断面板模型的属性，检验结果见表6。根据表6，Hausman 检验的 χ^2 值为 23.0647，P 值为 0.0017，检验结果拒绝原假设，表明应采用固定效应模型。因此，本文全样本实证回归分析的固定效应面板数据模型如下：

$$GAP_{i,t} = \alpha_i + \beta_1 IFI_{i,t} + \beta_2 UR_{i,t} + \beta_3 \text{Ln } PGDP_{i,t}$$
$$+ \beta_4 \text{Ln } PAY_{i,t} + \beta_5 EDU_{i,t} + \beta_6 OPEN_{i,t} + \beta_7 IS_{i,t} + \mu_{i,t} \tag{2}$$

表6 Hausman 检验结果

Test Summary	χ^2	*Prob*
Cross – section Random	23.0647	0.0017

表7 报告了面板数据模型（2）的回归结果。根据表7，解释变量普惠金融发展通过检验并与被解释变量城乡收入差距呈负相关关系，表明普惠金融发展显著影响城乡收入差距，并且有助于缩小城乡收入差距。实证结果不仅验证了本文的理论分析，而且证明了普惠金融发展对缩小城乡收入差距具有显著促进作用，这对我国进一步发展普惠金融以调节城乡收入差距、实施精准扶贫及全面建成小康社会等都具有重要的现实指导意义。控制变量方面，各个变量均通过检验，其中城镇化变量与城乡收入差距呈正相关关系，表明城镇化水平的提高反而扩大了城乡收入差距，这可能是由于在城镇化过程中，农村居民失去土地的同时却没有获得城市居民所享有的社会保障和就业机会，从而扩大了与城镇居民的收入差距。此外，经济发展水平、财政支出、对外开放水平、教育水

平和产业结构变量均通过检验并与城乡收入差距呈负相关关系，表明提高经济发展水平、增加财政支出、提高教育水平、加大对外开放程度和升级产业结构均有助于缩小城乡收入差距。

表7　全样本回归分析结果

	系数	t 值	P 值
IFI	− 3. 8964 **	− 2. 5653	0. 0132
UR	4. 5038 ***	2. 9618	0. 0046
Ln PGDP	− 1. 8039 **	− 2. 6137	0. 0116
Ln PAY	− 0. 4028 *	− 1. 7880	0. 0795
OPEN	− 0. 1845 *	− 1. 8410	0. 0712
EDU	− 0. 4714 *	− 1. 8472	0. 0703
IS	− 8. 6001 ***	− 5. 3929	0. 0000
R^2	0. 9610		
$Adjust - R^2$	0. 9272		

注：***、**、* 分别表示通过 1%、5%、10% 的显著性水平检验。

（五）基于区域划分的子样本实证回归分析

为了分析普惠金融发展对城乡收入差距影响的区域异质性和边际效应，本文采用相同的方法实证分析广东省珠三角、粤东、粤西和粤北各地区普惠金融发展对城乡收入差距的影响。为了节省篇幅，本文没有列出具体的建模过程，只列出最终实证分析结果，具体回归结果见表8。

表8　子样本回归分析结果

	珠三角	粤东	粤西	粤北
IFI	− 2. 5747 *	− 4. 8279 ***	− 5. 0374 *	− 7. 4036 ***
	(− 1. 8573)	(− 12. 4801)	(− 1. 8201)	(− 5. 3485)
UR	2. 0513	0. 2495 **	− 8. 5827 ***	4. 7656 ***
	(0. 4428)	(1. 7233)	(− 6. 0734)	(9. 1575)
Ln PGDP	− 1. 4212	− 3. 3317 ***	3. 7977 ***	1. 1543 ***
	(− 1. 2244)	(− 13. 3768)	(4. 9288)	(5. 7575)
Ln PAY	0. 2501	1. 3429 ***	− 0. 6705 **	− 0. 8383 ***
	(0. 8243)	(6. 1518)	(− 2. 1916)	(− 6. 2817)
OPEN	1. 1415 **	0. 4000 ***	− 0. 2667 **	− 0. 0144
	(2. 3500)	(8. 2422)	(− 2. 3970)	(− 1. 7542)

续表

	珠三角	粤东	粤西	粤北
EDU	−0.0038	−0.2906 **	3.1566 ***	−0.7253 *
	(−0.0179)	(−2.1114)	(5.8193)	(−1.9161)
IS	−12.9304	15.5814 ***	−10.2260 ***	−1.2274 *
	(−1.5246)	(18.1194)	(−3.1340)	(−1.8644)
R^2	0.9208	0.9868	0.9301	0.9724
$Adjust - R^2$	0.9034	0.9822	0.8919	0.9652

注：***、**、*分别表示通过1%、5%、10%的显著性水平检验；括号内为 *t* 值。

根据表8，珠三角、粤东、粤西和粤北地区的普惠金融发展均通过检验并与城乡收入差距呈负相关关系，表明广东省各地区的普惠金融发展均有助于缩小城乡收入差距。然而，从各地区普惠金融发展变量回归系数的绝对值来看，经济不发达地区（粤北）的回归系数绝对值最大，经济较发达地区（粤西和粤东）次之，经济发达地区（珠三角）最小，说明普惠金融发展对于缩小经济不发达地区（粤北）城乡收入差距的促进作用最强，其次为经济较发达地区（粤西和粤东），对于经济发达地区（珠三角）的促进作用最弱。普惠金融发展对城乡收入差距的影响存在显著的区域异质性，主要是由于各地区农村居民对普惠金融的依赖程度不同所导致。在经济发达地区，农村居民的部分金融服务可以通过商业性金融得到满足，从而降低了对普惠金融的依赖，使得普惠金融对经济发达地区农村居民收入的影响较小，进而经济发达地区普惠金融发展对缩小城乡收入差距的促进作用较低。相反，经济不发达地区的农村居民更多依赖于普惠金融，使得普惠金融发展对缩小城乡收入差距的促进作用较大。此外，根据前文各地区普惠金融发展指数可知，珠三角地区普惠金融发展程度最高，其次是粤东地区，再次是粤西地区，最后是粤北地区，说明普惠金融发展对缩小城乡收入差距的有效性具有边际递减效应。即随着普惠金融发展程度的提高，普惠金融对缩小城乡收入差距的促进作用降低。因此，子样本实证分析结果不仅证明了普惠金融发展对缩小城乡收入差距的有效性存在区域异质性，而且具有边际递减效应。

六、结论与政策建议

本文基于广东省市级面板数据实证分析普惠金融对城乡收入差距的影响。全样本研究结果表明，普惠金融发展对缩小城乡收入差距具有显著的促进作用；而基于区域划分的子样本实证结果显示，普惠金融发展对缩小城乡收入差距的有效性存在区域异质性，其中，普惠金融对经济不发达地区（粤北）的促进作用最强，对经济较发达地区（粤西和粤东）的促进作用次之，而对经济发达地区（珠三角）的促进作用最弱。此外，子样本研究结果还发现，普惠金融发展对缩小城乡收入差距的有效性存在边际递减效应。

近年来，由于普惠金融的发展和政府扶贫力度的加大，我国城乡收入差距总体上有所下降，城乡居民收入比从 2012 年的 2.9 逐渐下降到 2016 年的 2.7，但 2.7 倍的城乡收入差距仍处于较高水平。因此，大力发展普惠金融以缩小城乡收入差距具有重要的战略意义。

一直以来，小微企业及农村居民由于各种原因被正规金融机构所排斥，使得他们没能获得相应的金融服务特别是融资服务。因此，构建完善的普惠金融体系，有助于让小微企业和农村居民获得相应的金融服务，从而享受经济和金融发展的成果，有利于缩小城乡居民收入差距。具体措施包括：鼓励金融机构在农村地区开设营业网点；巩固和强化农村信用社和邮政储蓄银行作为农村普惠金融的主体地位；放宽农村金融市场准入条件，并鼓励和引导民间资本在农村地区设立新型金融机构，如城镇银行、小额贷款公司等；制定优惠的税收政策，鼓励金融机构增加普惠金融的投入比例，从而促进金融资源流向小微企业及农村居民；增加农村抵押品范围，探索农村林权、住房产权和土地承包经营权等作为抵押品的创新；借助互联网金融和数字金融，降低农村地区金融服务成本，以增加涉农金融业务等。

参考文献

［1］BURGESS R，PANDE R. Do rural banks matter? evidence from the Indian social banking experiment［J］. American economic review，2005，95（3）：780 - 795.

［2］BECK T，DEMIRGUC - KUNT A，MARTINEZ P. Reaching out：access to and use of banking services across countries［J］. Journal of financial economics，2007，85（1）：234 - 266.

［3］CHIBBA M. Financial inclusion，poverty reduction and the millennium development goals［J］. European journal of development research，2009，21（2）：213 - 230.

［4］MOOKERJEE R，KALIPIONI. Availability of financial services and income inequality：the evidence from many countries［J］. Emerging markets review，2010，11（4）：404 - 408.

［5］AMBREENA M J. Eliminating poverty? financial inclusion，access to land，and gender equality in international development［J］. Modern law review，2010，73（6）：985 - 1004.

［6］CHALLA R，BALA G. Financial inclusion for bridging the rural - urban divide for balanced economic growth：demand perspective［J］．Journal of international financial management & accounting，2013，3（3）：141 - 156.

［7］徐敏，张小林．普惠制金融对城乡居民收入差距的影响［J］．金融论坛，2014（9）：9 - 15.

［8］李建伟，李树生，胡斌．具有普惠金融内涵的金融发展与城乡收入分配的失衡调整［J］．云南财经大学学报，2015（1）：110 - 116.

［9］吕勇斌，李仪．金融包容对城乡收入差距的影响研究［J］．财政研究，2016（7）：22 - 34.

［10］黄永兴，陆凤芝．普惠金融能缩小城乡收入差距吗？——基于非线性与线性面板模型的检验［J］．商业研究，2017（6）：63 - 68.

［11］温茜茜．普惠金融对城乡收入差距的影响研究［J］．宏观经济研究，2017（7）：47 - 55.

［12］张彤进，任碧云．包容性金融发展与城乡居民收入差距——基于中国内地省级面板数据的实证研究［J］．经济理论与经济管理，2017（5）：90 - 101.

［13］SARMA M，PAIS J. Financial inclusion and development［J］．Journal of international development，2011，23（5）：613 - 628.

［14］CHAKRAVARTY S R. Financial inclusion in India：an axiomatic approach［J］．Journal of policy modeling，2013，35（5）：813 - 837.

［15］湛泳，徐乐．"互联网 +"下的包容性金融与家庭创业决策［J］．财经研究，2017（9）：62 - 75.

［16］任碧云，张彤进．包容性金融发展与个人职业选择及收入变动：理论与经验研究［J］．金融经济学研究，2015（5）：16 - 28.

［17］张晓云，范香梅，辛兵海．机构准入、金融包容与收入分配［J］．中国农村观察，2016（6）：12 - 29.